無文字民族の神話

ミシェル・パノフ／大林太良 他著
大林太良／宇野公一郎 訳

白水社

無文字民族の神話

目次

本書に訳出した各論文の原題と著者名

「オセアニアの神話」—— M. Panoff, "Mythologie d'Océanie", *in*: P. Grimal (ed.), *Mythologies des montagnes, des forêts et des îles*, pp. 212–229, Paris, Librairie Larousse, 1963.

「ウラル諸族の神話」—— A. Sauvageot, "Mythologie des peuples de langue ouralienne", *ibid.*, pp. 107–115.

「シベリアの神話」—— E. Lot-Falck, "Mythologies sibériennes", *ibid.*, pp. 256–265.

「エスキモーの神話」—— E. Lot-Falck, "Mythologie eskimo", *ibid.*, pp. 266–272.

「北アメリカの神話」—— M. Bouteiller et Ph. Monin, "Mythologie de l'Amérique du Nord", *ibid.*, pp. 176–183.

「中央アメリカの神話」—— M. Simoni, "Mythologie de l'Amérique centrale", *ibid.*, pp. 184–201.

「南アメリカの神話」—— A. Métraux, "Mythologies de l'Amérique du Sud", *ibid.*, pp. 202–211.

「アフリカの神話」—— R. Bastide, "Mythologies africaines", *ibid.*, pp. 230–255.

オセアニアの神話

ミシェル・パノフ

神話を口承文学の多種多様な形態（祈禱歌、伝説、民話、諺など）のあいだで定義するのは難しいとしても、神話的な物の見方・考え方を見分けるのは容易であり、それ特有の機能はどんな民族もはっきりと識別している。この機能は正確に定義できる。つまり、クロード・レヴィ＝ストロースによれば、信仰と実経験とのあいだに生じる痛ましい矛盾を克服するための論理的なモデルを社会の成員に提供する、という機能である。この点が最も明瞭に現われているのは、世界や生物や文化の起源を説明しようとする諸伝承である。それらは、形而上学的・宇宙論的・道徳的原理における最も激しい諸対立を用いて、かかる弁証法を模範的なかたちで示しているのである。

それゆえ、オセアニアのきわめて多様な諸地域で採集された神話のあいだの主題や人物の類似——確かに多いが——を見て満足するのではなく、それぞれの文化領域の内部において、神話ドラマの主要素間の相関と不調和の意味を探るほうがよさそうである。実際、オセアニアは複数の異質な大文化（ポリネシア、メラネシア、ミクロネシア、オーストラリア）を包括しており、昔の移住に基づくそれらの文化間の親縁関係は、歴史学者や言語学者にとっては興味津々たるものがあるが、オセアニア神話を単一の実在として扱うことを許すものでは決してないのである。この分野では、住民の大部分にある島国根性からくる地域分派主義のために、諸文化の全体的な異質性が一層ひどくなっているので、一般化の企てはなおさら危険である。せいぜい言いうることは、これらの社会のそれぞれが、普遍的（イデオロギー的、社会学的、経済的）な諸問題に直面して、自らの解決法を神話のレベルで考え出そうと努めているということである。かくして同じ神話が、単一の文化領域内でも《地区《カントン》》によって、また社会階級や儀礼団体によって、さまざまな形《ヴェルション》で現われることになる。そのうえ、同じテクストが、ある村では神話と呼ばれ、隣の村では歴史とされる、ということがしばしばある（とくにポリネシアで）。したがって最も思慮ある方法は、オセアニアの四つの大きな文化構成体の起源神話を順々に別々に説明したのち、分析過程で現われてきた共通の特徴を明らかにして結びとするというものであろう。

一　ポリネシアの神話

この渺茫たる領域では、移住（少なくとも二つのあい次ぐ波を数える）、先住民と侵入者との融合の仕方の不規則性、そして島々の極端な拡散が原因となって、それぞれの人間集団に真の独自性を与える多様性が生じた。しかし、社会ごとに政治体系、技術的創造あるいは造形芸術にきわめて対照的な相違が見られるとはいえ、逆に神話的思考は、その深層構造において、メラネシアやオーストラリアには見られない等質性を示しているようである。たしかに差違は存在するし、この地域を分かち合う三つの文化的中心（ニュージーランド、ライアテアを含む東部ポリネシア、ハワイ諸島）のあいだにはとりわけ目立った相違があるが、そういう違いはむしろ共通の主題の転調として現われる。

実を言えば、最も大きな困難は、分析すべきポリネシアのテキストの選択そのものに内在しているのであるが、その理由は二つある。まず、これらの人々から百五十年以上にわたって系統的に採集された口承文学がおびただしい量にのぼっていること。そして何よりも、土着の思考では神話と歴史的年代記の区別がなされないことであり、両者は同じ言葉（マオリ語ではコレロ）で呼ばれている。さらに付け加えておかねばならないが、征服者や支配階級が支配の正当化をたえず必要としていたため、この二つの範疇はますます完全に融合させられたのである。神話は、しばしば事がすんだあとで、政治的目的や威信のために作り直されてきたのであり、その場合、神話はもはや系図の木々が生えてくる腐植土でしかない。他の場合には、神話は、聖職者（トフンガ）の言うところによれば、儀礼の決まり文句（カラキア）を整理するための記憶術用具である。してみると、現地人の評釈や神話の実地使用に気を配りつつ資料を外から批判することによって多くを学びうるのであろうが、それは本章の枠を越えている。ここでは神話の中身を、さまざまな社会を対比しつつ考察することにしよう。この観点から見ると、二つの大きな信仰集合がとくに重要であることが容易にわかる。その第一は、世界と生物の起源を説明するものであり、第二は、最初の状態の改修整備、より正確に言えば、文化の練り上げ(技術、社会規範、価値の出現)を語るものである。

世界と生物の起源

厳密な意味でのポリネシアの起源神話は、二つの異なった形で現われる。一つは進化主義的ないしは系図的と呼ばれる起源神話で、最初の渾沌《カオス》の出現を、物質——これ自体が無の変化の産物であるが——のあい次ぐ変容の結果と見なしたり、あるいは、形而上学的実在(無、思考、空間)や感覚世界の諸要素がかわるがわる自らを生みだす長い単性生殖の系列の終点と見なしたりするものである。極度に抽象的な点で注目すべきこの観念は、クック諸島とハワイ諸島で優勢だったようである。

宇宙起源神話のもう一つの形は、一般にイオと呼ばれる無人格の最初の存在が、その気息によって宇宙の実体を創ったとするものである。このような類型論的比較によって明らかになる最も注目すべき特徴は、大多数の群島(ニュージーランド、ソシエテ、マルケサス、サモア諸島など)でこの二つの説話《ヴェルシヨン》が共存しているという点である。

第一の型の神話を民衆起源のもの、第二の型を聖職者階級の教義に属するもの、と想定することによってこの共存状態を説明しようと試みられたことがあった。その論争はどうでもよい。二つの体系の相対的な古さや真正さがどうであろうと、両者はある時期に同じ文化によって受けいれられていたのであり、それらはまさにその共存において考察されねばならない。この行き方は別の考慮からも正当化される。すなわち、のちの人格神や生物の出現を問題にする段になると、提出される説明は一つなのである。その説明との対比によって、逆に宇宙起源にかんする二つの観念に共通の構造を形成しているものが浮かび上がってくる。つまり両者はともに、生命の発現によって破壊された原初の単一性へのノスタルジーを表現しているのである。実際どちらの場合にも、渾沌の表象は、同一の未分化の実体に関係している。単性生殖による産出としての変身は他者性《アルテリテ》原理の拒否であるが、創造者の介入は、この閉じられた自己同一性《イダンティテ》と矛盾しはしない。なぜなら、一般にイオは《世界の魂》、つまり創造の主体であると同時に客体であると定義されているからである。

　以下のエピソードとともに、神話的思考は諸矛盾のとめどのない流れに身をまかせる。渾沌の内奥で生じた性の区別が、宇宙の実体に磁気を帯びさせる。こうして、パパとランギ、つまり女性である大地と男性である天との結合から、生命が発生する。しかしこの生ある存在たちは、抱擁の解けることのない両親の体のあいだに永久に閉じこめられるよう、生まれながらに運命づけられている。天が大地の上に重なっている限り、光も闇も知られることはない。この夫婦から生まれたポリネシアの神界《パンテオン》の最初の人格神たちは、隠れている生命を解放する方法を相談しあう。のちに戦争の神となるトゥはパパとランギを殺すことを提案するが、森と鳥の神たるタネは暴力ぬきで二人を分離しようと言う。現状の変更に一切反対する風と嵐の神タウヒリを除き、他の兄弟たちはタネの解決法に賛成した。そこでタネは両親を押し分け、自分の体を柱にして二人を離ればなれに保った。光が世界に現われた。しかし、タウヒリは父の側に退き、兄弟に対して風の軍隊を差し向け、兄弟たちは逃げる。だがトゥは抵抗し、以来、この二神のあいだの戦いは終わりを知らぬものとなる。次にトゥが、タウヒリとの戦いで落伍した他の兄弟を懲らしめようとし、彼らを打ち負かすことに成功する。その後、今度はタネが、激戦の末にトゥを負かし、彼を天から追放して大地をその亡命地として割り当てる。最後にタネは、砂と粘土で最初の女ヒネを創り、彼女と結ばれる。ある日、自分の夫が同時に父でもあることを知ったヒネは、恥ずかしさにたまらなくなって地下の世界に逃げこみ、そこでヒネ・ヌイ・テ・ポ（大いなる夜の婦人）という名の女王となる。この最初のインセスト――ここから人間が生まれたのであるが――のために、世界に死がもちこまれ、以来、ヒネ・ヌイ・テ・ポは生者を彼女の王国に引き寄せることに没頭する。

　この長い神話は何を意味しているのであろうか？　先の渾沌の記述に似て、それは執拗に一つの弁証法的構造を表現している。物語を基本的なシークェンス〔物語の展開の構成単位をなす一続きの場面〕に切ってみると、そこには、かわるがわる強く明示されたのちに中和される諸対立の緻密な連鎖が見いだされる。ポリネシア、とくにマオリ族の形而上学は、昼―夜の二律背反とその二次的様態（天―地、生―死）によって支配されている、と表現すれば、この神話の論理的機能は明らかになるだろう。かくして、潜在的な生命を閉じこめている天と大地の結合は、動けないよう釘付けされた、完全な矛盾にかんする純粋思惟の最初の状態を露呈しているのである。天と地の分離、およびそれに伴う光の出現とともに、先に指摘した根本的対立がはじめて立ち現われ、そしてただちに中和される（タネによる媒介。彼はこの対《つい》の二要素間の接続を保証する）。それに続く戦いは、両親を分離する穏健な方法を支持した神々の逃走で注目される一方、タウヒリとトゥは勝者も敗者もない永遠の対決を運命づけられる。ここで問題になっているのは、恒常性への二つの法外な要求のあいだの還元不可能な拮抗なのだが、この二つの要求は、両者がともに受容することを拒んでいる天―地の対立の、こちら側と向こう側に、それぞれ位置している。実際、一切の変化に反対するタウヒリは原初の不動性を存続させようと空しく試み、他方、最初の両親という形における生殖を廃止しようとするトゥの破壊への意志は、始まりも終わりもない生への夢を表現しているのである。

タネのトゥに対する後日の勝利の結果、前者は天に住むことになり、後者は地へと決定的に追放される。したがって、タネは媒介者の役割を放棄したのであり、以前に軽減されていた対立が新たな力をもってここで再確立する。最後に、タネとヒネ、つまり天神と土製の被造物との結合は、調停の第二の試みを表わしているのだが、ヒネの冥界への逃走によってその失敗が確定する。

以上によってわかるように、話全体が、一つの根本的な形而上学的矛盾の種々の様式を深めては解決する弁証法的装置として組み立てられている。神話的思考は、論理的な分離から結合へと進みながら、また各対立においてその次の段階への突破に必要なエネルギーを汲みとりながら、原初の単一性を復権させる休息状態へとたえず向かっている。タネとヒネの最後の結合において探求されているのはこのような解決法であり、その結合は天と地の最初の融合を再現する。しかしこの結合はインセストであり、このことは、時の流れを遡ろうという希望が罠であることを意味している。神はヒネを妻にしたが無駄であった。彼女は、妻となってもなお神の創造物なのである。彼女が身をもって宣言していることは、生命の出現以来もはや天と地の区別を取り消すことは不可能になっている、ということである。なお、インセストによって一時的に否定された矛盾は、世界への死の登場とともに、新しい姿で蘇り、別の神話の展開を推進することになる（とくにマウイ話群《シクル》）。

　この解釈はニュージーランドで採集された説話《ヴェルシヨン》にほぼ対応しているのだが、他の群島の異伝《ヴァリアント》によっても確認されるだろうか？　ここで細部に立ち入ることはできないけれども、いくつかの地方的差違を示せば論証には十分であろう。たとえばサモア諸島では、大地と最初の女を創造したのはタガロアであるとされ、彼がヒネと結ばれる。一見したところ、この物語はマオリ族の図式と明らかに矛盾している。というのは、一般にはタガロアは海の神と定義されているので、先に指摘した諸対立が適切でなくなるように思えるからである。しかしもっと注意深く分析すれば、マオリとサモアの説話を容易に和解させることができる。実際サモア人は、他のポリネシアの人々とは反対に、タガロアを天神にしているのである。そして、タガロアが天からいくつかの岩を取って空虚のなかに投げこむことによって大地を創造したという神話においてさえ、彼は天神なのである。しかし、先述の仮説を無効にするどころか、この異伝は、天の機能をもつタガロアの例外的性格のおかげで諸対立を強化した形で示すのであるから、注目されてしかるべきである。（ほかにこの異伝があるところはトンガだけであるが、そこでも文脈と結果は全く同じである。)

タヒチの起源神話について言えば、そこでは宇宙劇の登場人物や状況設定に入れ替えが行なわれているが、その変更は、マオリの資料で明らかになった構造をより一層むき出しに照し出すものである。かくして最初の状態の描写にあたって、物語はパパとランギの交接を原初の卵に取り替えており、タアロア(タガロアのタヒチ名)が卵を二つに割ると、一方は大地に、他方は天になるのである。また、ニュージーランドでタネがもたされていた諸機能は、タヒチでは、まず最初の期間中はタアロアに帰属させられているが、次にタアロアが媒介者の役に専念するようになると今度はタネに帰属替えされ、タネが諸対立の戯れに必要な天の性格をもってくる。

最後に、ヒネの創造とその結婚が別の問題を提起する。すなわち、ソシエテ諸島とマルケサス諸島のいくつかの神話では、ヒネを創ってこれと結婚するのはタネではなくて、ティキ(あるいはティイ、言語集団により違う)である。それではティキとは何者であろうか? 長いあいだ専門家たちは彼を最初の男であるとか、呪術師の祈願する悪霊であるとか考えていた。今日では、儀礼や婚礼歌の最近の研究によって、この人物が男性の力を表わしていることが明らかになった。ところで東部ポリネシアでは、タネが自分の職人・使者として使うためにティキを創った、と説明されている。したがって、ヒネの出るシークェンスにティキが介入しても、話の意味は変わらない。つまり、その男根的性格によって両性間のコミュニケーションを確保するよう定められているティキは、タネが天地二極間で行なおうとする媒介の重要性を宣言しているわけである。

以上、起源神話のなかでも最も明瞭なものに意図的に限定して論述した。しかし、ポリネシアの神話的思考の複雑さや、哲学的な問題の定式化に用いられる論理的手順の多様さを垣間見ることはできた。だが実際にはほとんどすべての口承文学が、歌の最初の数句での暗示とか、格言や諺の言外の意味によって、世界の形成や人間の創造を指し示しているのである。ましてやポリネシアの神《パン》界《テオン》とその諸機能ということになると、この章の枠内では簡単な分析を試みることすら無駄であろう。

文化の起源

ポリネシア神話のすべての英雄のなかで、問題なくマウイが一番名高い。彼は、何十もの伝説が緊密に結びついてできている大話群《シクル》の主役である。子供たちを楽しませるため今なお語られている彼の無数の冒険譚は、かつては、ある島々では聖職者階級の難解なイデオロギーの付属物となり、別の島々では民衆の知恵袋をなしていた。専門家たちがマウイに抱きつづけてきた関心を正当化するには、こうした社会学的考察だけで十分であろう。しかし肝心なのは、ポリネシア人が彼らの主要な技術の発明やいくつかの価値の創設を、多かれ少なかれ直接的にマウイに帰しているということである。さらに、彼の活動の根本的な両価性は以前から注目されてきた。すなわち、文化英雄であるマウイは、同時に英語国民がいうところのトリックスターであって、その悪戯が笑いや憤慨を引きおこすのである。社会によって、文化英雄の側面を大事にしたり、トリックスターの面を大切にしたり、神話の形《ヴェルション》はさまざまである。こうして、ハワイ諸島では英雄の社会的非順応主義が強調され、他方、トゥアモトゥやマルケサスの住民は彼の恋愛面での華々しい行動を強調し、またソシエテ諸島で優勢なのは、儀礼的地位の階級秩序を尊重する昇華されたマウイの姿である。

まず、ニュージーランドで採集された、とくに等質的で完全なものと思われる説話《ヴェルション》を述べよう。マウイの誕生は事故として描かれる。マウイを早産した母親は、月足らずの子の不吉な力を恐れ、大海に投げこむ。祖父である太陽が半死半生の赤ん坊を助けて、自分の王国に連れて行く。彼は青年になるまでそこに滞在し、神としての教育を受ける。その後、大地に戻った彼は母に認知してもらい、兄たちとの喧嘩は絶えなかったけれども、人間のところで住むことにした。彼が最初にみせた魔法の手並(とくに変身)に驚いた父は、彼に祝福を与えようとしたが、その儀礼を行なうさいに誤ちを犯してしまう。それ以来われらの英雄は、いつの日か神々に裏切られるよう運命づけられたのである。それでもなお彼は一連の驚くべき《仕事》に取りくむ。地上世界の果てるところに辿りついたマウイは、祖母神ムリ・ランガの顎を奪取し、それで無敵の武器をつくる。次に、日の長さが人間活動にとって十分でないので、彼は日を長くしようと決心した。そこで彼は太陽が毎朝現われてくる戸口の近くに隠れ、魔法の顎を棍棒に使って神を攻撃する。この襲撃を受けて以来、体が不自由になった太陽は、ゆっくりとしか軌道を歩けなくなったのである。当時の人間には未知だった火の秘密はどうかといえば、地中世界の境界を治める祖母マフイカから、マウイが策略をめぐらせて無理やり取り上げたのだった。次にマウイは、魚獲りのとき、獲物を分けるのを拒んだ義兄弟のイラワルと喧嘩をする。マウイはイラワルの利己主義を罰するため彼を犬に変え、ポリネシアの二種類の哺乳類家畜〔つまり犬と豚〕のうちの一つを創り出した。最後に英雄は、最も困難な仕事を成し遂げるときが来たと判断する。すなわち、人間に不死をもたらすという仕事である。彼は冥界に降り、彼の祖母と考えられているヒネ・ヌイ・テ・ポが眠っているのを見る。仲間の鳥たちに沈黙を守るよう申しつけてから、服を脱ぎ、女神の下肢のあいだに滑りこんだマウイは、彼女の子宮にひそむ死を打ち負かすため、なかに入りこもうと試みる。しかし、巨人の体内にマウイが半分呑みこまれている珍妙な光景を見て、一羽の鳥がどっと吹き出してしまう。ただちに女神は目覚め、英雄を殺す。この失敗によって人間の運命が決まった。永遠に人間は第二の生を享受できなくなったのである。

　この物語を読んですぐ気付くのは、マウイの活動が神々と人間のあいだをたえず往復しなら展開していくということである。この非常に明瞭な特徴が、分析の行なわれるべき方向を示唆している。この神話は文化の起源の説明と称されているのであるから、あれこれ仮説を立てる前に、英雄の誕生時に人間がどういう状態に至っていたかを問うてみるのがよい。非常にはっきりと定式化された三つの矛盾が答えとなる。まず第一に、人間はまだ自然と文化のあいだをさまよっていた。つまり人間は、神話の言葉を借りれば、《動物と同じように》生《なま》の食物を食べており、また、天を高く上げたのはマウイだとするハワイの説話《ヴェルシヨン》によると、動物のように四足で歩いていた。日の短さのため人間が正常な仕事をすることは全く許されず、いくつかの基本的な技術を人間は知らなかった。

第二に、原初のインセストゆえに死すべき存在ではあったが、人間は、夜のなかにいったん追放されてから再び生きかえることができた。最後に、宇宙起源神話からの推論であるが、人間は、タネとヒネの結合に由来する天の本質と地下の本質の高密度の混合物と見なされるべきである。最初の状態は以上のようなものであり、それをマウイは、人間の条件の特殊性が確立されるよう、変えねばならなかったのである。この任務が三矛盾の止揚にあることは今や明らかである。このレベルで神話を読み直してみれば、その意味がさまざまな基本シークェンスから現われてくる。

すでにこの英雄の奇跡的出生からして、彼の運命を予告することによって、ポリネシアの思考が彼の冒険に何を期待しているのかを暴露している。人間の両親から生まれた彼は、必然的に人間性の三矛盾をそっくり引き受けていたはずである。しかし、海に棄てられて親との縁が断たれるや、彼はただちに一切の属性から解放されて、神からも人間からも動物からも等距離にある中立的な行為者に変わる。まさしく彼の一生の決定的瞬間であり、極性を受けとるべく待機し、またすべての潜在性を宙吊りにしている空記号に、彼はなっている。まさにそのとき彼は太陽に引き取られて天の性格付けを与えられるのだが、その限定を彼はすぐあとで拒むことになる。次のシークェンスで話の前半が円環を描くようにして閉じる。つまり最初の状況に戻ることがまさに問題にされていて、マウイは、地上に住む決意をすることによって、再び人間の両価性に身をさらすのである。彼の新しい身分を確認する祝福儀礼は、物語の冗漫な部分などではなく、物語の体系に駆動的要素を導入するものである。すなわち、いまや英雄は、たえず脅かされつづけている均衡の具現者となったのだが、儀礼における父親の過失は、あらかじめ生に対して死を優位につけることによって、この均衡を破ってしまったのである。実際、その後の彼の手柄はどれもこれも、ここで現われた悪運に対するひとすじの挑戦を、劇的なもりあがりのなかで表現しているのである。ムリ・ランガの顎の奪取はというと、それは、打ち負かした敵を穢すためにポリネシア人が行なう最高の冒瀆行為を想起させる。先段での不均衡を直す試みとして、このエピソードは祝福儀礼のそれと全く対称的である。つまり、心底では祝福のつもりだったのにマウイの破滅の原因となる儀礼に対応しているのが、この最も破廉恥ではあるけれどもマウイをその後ずっと無敵にすることになる不道徳行為なのである。

このあとの三つの《仕事》（太陽の捕獲、火の発見、イラワルの変身）は、自然状態に対する文化の勝利を象徴している。つまり、生産労働の起源、火の発見、インセストの禁止である。第三の点は説明に値する。クロード・レヴィ＝ストロースの研究以来知られているように、普遍的に全時代を通じて確認される唯一の規則として、インセストの禁止は最高度の規則と見なされるべきものであり、これによって人間は生物学的拘束から免れて完全に人間になるのである。レヴィ＝ストロースはまた他方で、この規則の役割は、ある種の結婚を妨害するということよりは、社会集団内での女性の合理的な分配を保証することにあると指摘した。ところで、ここで注意すべきは、イラワルがマオリ語でまさしくインセストを意味することである。さらに、すべての未開文化において、食物の分配と女性の分配が〝交換〟という一つの制度のもつ二つの面として考えられており、この制度が社会の統合を支えていることを付け加えれば、マウイとその義兄弟との争いの意味は明らかである。イラワルに対して加えられた処置は、分配の拒否に対する制裁であり、象徴的にインセストの禁止を創設するものなのである。

最後のシークェンスとともに神話の論理の活動力は頂点に達し、人間の条件のすべての矛盾を解消しようという絶望的な試みがなされる。したがって、このエピソードの分析では複数のレベルを考察する必要がすぐにでてこよう。まず強い印象をうけるのは、マウイの死をその誕生と対立させている対称性である。実際、英雄の諸冒険は二つの産科的事故によって両側から挟みこまれているように見える。すなわち、彼は母の子宮から異常な出方をして生まれ、ヒネの子宮に入りこもうとして死ぬのである。こういうふうに見ると、この不死の追求は疑いなく、母胎回帰という普遍的主題の一つのくり返しであるが、同様にそれは、儀礼の面では、新加入者に新しい生をもたらすイニシエーションの試練におそらく関係づけられるだろう。しかしこういう解釈は、このシークェンスのもつさまざまな意味を汲みつくしているわけではなく、いくつかの関与的特徴を捨象するやいなや、神話の他の諸事件との結びつきが露呈してくる。かくして、とりわけ、死の起源が考慮に入れられていないのは、この場合ほとんど弁明の余地のない脱漏である。ところで、タネとヒネのインセストから死が始まったとする説明が、要点にかんして、このエピソードと興味深い対称性を示している。したがって少なくとも臨時の仮説として、死を打ち負かそうという試みは、最初のインセストの結果を取り消そうとする第二のインセストと見なされるべきである。二人の同一（同血）者があたかも異なる者どうしであるかのように振舞って結合するのがインセストであるから、インセストはまた、同一性《イダンテイテ》と他者性《アルテリテ》のあいだのジレンマを超越する方法を提供するものである。これはマウイの最後の手柄に賦与するのにちょうどふさわしい意味ではあるまいか？　死すべきものでありながら第二の生を享受することができ、地下と天の二極のあいだで分裂している、これが神話時代の人間性の定義であり、その宿命を英雄は地上への帰還以来、完全にわが身に引き受ける。これに対しヒネは一義的な限定に対応している。彼女は典型的な地下の存在であり、不死である。それゆえ、単一性が複合性に、一が多に対立するように、ヒネとマウイは対立している。彼らの対決は、背反する範疇に従うことを余儀なくさせられた思考の裂け目を表わしているのである。そこで、マウイの試みる突飛な結合がこの対立の調停を表現していることがわかる。その報酬は休息と恒常性であり、物語が触れている不死の探求ということが十分にそれを語っている。英雄の死について言えば、それは、文化にかんする信仰の全体を明らかにし、また第二のインセストの仮説が無根拠ではないことを証明してくれる。実際、この仮説を認めれば、最後の懲罰が意味をもってくるのである。つまり、自分の祖母とのインセストにおいてマウイは文化の秩序を自ら進んで無視したのであるが、マウイに死の懲罰を加えることで物語は文化の秩序のほうを重視したのである。マウイの劇的な努力が無駄に終わったということから明らかになるのは、人間本来の諸矛盾を耐え忍ぶ手段として人間は文化よりほかに何ももっていない、というマオリ族の考え方である。最後に一言しておいたほうがよいと思われるのだが、この神話の登場人物は全員、その態度が敵対的か協力的かにかかわらず、遠近いずれにせよ親族関係にある。おそらくそこに、文化の練り上げの手段も限界もともに親族関係のなかにあるということが確言されているとみる必要があるだろう。

今や、採集されたさまざまな説話《ヴェルション》がどうしていつもマウイの行動に当惑的な両価性を与えているのかを効果的に探ることができる。どうして文化英雄がトリックスターなのだろうか？　上述の分析は、二つの面が矛盾するのではなくて相補うものであることを示すことにより、この問いに暗に答えていることになろう。マウイが人類に文化をもたらすことができるのは、彼がトリックスターの地位を享有しているからである。実際、英雄が次々に天、地上、地下世界に滞在するということも、彼が神と人間のあいだを始終行ったり来たりするということも、ともに、彼の活動が特定の宇宙領域の規定から根本的に免れていることを示唆している。

ところでこの活動は、人間が自分自身とのあいだでたえずくり返す和解の追求に還元できる。そのような考察が摘出する論理的要請に応えるものが、この人物の一見ちぐはぐないくつかの特徴にほかならない。つまり、彼の出生の状況にまつわる恥辱、母による遺棄が彼に運命づけた孤独、厚かましく神や人間に挑戦するトリックスターとしての非順応主義。確かに、ここにマオリの語り手の個人的な空想の表出をみることも可能であるが、この空想は勝手気儘に行なわれたのではない。それは、マウイのさまざまな様相のあいだに現われる収斂が立証している。間違いなく、いつも問題になっているのは、つけ足しのようにみえる多種多様な描写やエピソードを用いて、英雄を媒介者の使命が遂行できる状態にしておくことなのである。

異なる説話《ヴェルション》の比較から何が得られるだろうか？　まず最初に注意を惹く点は、ニュージーランド以外で採集された伝説がマウイの死について沈黙しているということである。こういう重要な欠落に対しては、マオリ族が他のポリネシア人より圧倒的に知的に優れているからだといってすませるのではなく、もっと真面目な説明が必要である。もっと調査する必要があるのは確かだが、すでに一つの、意味のある相関を指摘できる。すなわち、最後のシークェンスを欠いている諸説《ヴェルシヨン》話は、不死の探求に少しも触れていないのである。したがって、こういう欠落があっても、神話はマオリの資料で認められた構造に沿って整理できる。そして実際、英雄の別の手柄を好んで語る異伝がこの図式にすっぽり当てはまることを確かめるのは容易である。マウイが天を高くしたことになっているハワイ、クック、サモアの島々の伝承の場合がそうで、情況のいかんにかかわらず、英雄の企ては、世界をもっと住みよくするために、創造神の仕事を完成させることにつねに帰着する。この企てが挑む難問についてのデータは実に明瞭である。つまり、タネによって大地から引き離された天が花や茂みの上に横たわりつづけ、人間は動物のように四つんばいで歩くことを余儀なくさせられていたのである。現地人によって明確に述べられた人類の動物界との同化は、英雄のここでの任務が文化を利するために自然の領域を押しのけることにあったことを証言している。ハワイとトゥアモトゥ諸島で語られる水中からの陸地の釣り上げについても同じことが言える。この物語は創世論的信仰の性格を帯びているのだが、どのようにしてマウイが文化に二重の勝利を確保したかを述べている。自然状態にとどめられた人類を象徴する彼の兄弟の執拗な敵意を克服したのち、マウイは魔法の顎骨を釣針にして釣をすることにし、大海の底から単数ないし複数の島を引き上げる。ポリネシア人に植民のための新しい土地を提供したこの離れ技は、同時にまた、適当な儀式によって神々に感謝の意を表することなくしては、漁師が獲物を分配することはできないことを教えている。

マウイの手柄話は非常に受けがよくて、その影響はポリネシア地域から広く溢れてメラネシアやミクロネシアにもしょっちゅう現われるが、だからといって他の何人かの英雄の人気を忘れてはならない。なかでも、マウイと激しい対照をなすタハキが最も重要である。美しく力強く、術策を弄することを潔しとしない彼は、ハワイからニュージーランドまで、尊敬される首長のお手本である。勇敢な航海者としての彼の生涯に強い感銘を受けて、何人かの専門家がこの貴族のなかに歴史上の人物を見いだそうとしたのだが、実際は、この人物が神話の範疇よりもおとぎ話の範疇に属することが、注意深い分析から明らかになる。彼をここで扱わないのは、このためである。

二　メラネシアの神話

地理学者にとっては、メラネシアは三つの主要な地域からできている。つまり、ニューギニアと、一連の火山群島（ソロモン、ニューヘブリデス、ニューカレドニア諸島）と、少し外れたフィジー諸島とである。だが、人間にかかわる事実に何よりも関心をもつ者にとっては、メラネシアという概念そのものが問題になる。というのも、ポリネシアとは反対に、しかもポリネシアの五分の一の面積しかないにもかかわらず、ここでは途方もない異質性が注意を惹いてやまないからである。メラネシア的世界とでも呼ぶべきこの領域のなかに、形質人類学、言語学、社会学は各自の規準で分類の線を入れるが、それぞれの範囲は、衝突しあったり、包含しあったり、重なりあったりしながらも、境界が一致することはない。

便宜的に三つの大きな文化構成体を区分するが、その決め方は、私たちの多少大きな無知をさらけ出すものでしかない。第一の文化構成体は、中部ニューギニアのネグリートによって代表される。この非常に未開な人々はおそらく彼らの今の居住地の唯一の土着民であろうが、彼らについてはほとんど何もわかっておらず、中部マラヤのネグリート（セマン）にかんする数少ない研究のおかげで、きわどい推測を少し試みることができるというのがせいぜいである。二番目のパプアと呼ばれるグループは、ニューギニアおよびソロモン群島のいくつかの島に大勢住んでおり、はるかな昔に移住してきた人々である。これについては、採用した分類法の弱さを指摘しておかねばならない。実際《パプア語》という術語は、似ても似つかないような諸言語を包含しているのである。だから、これに分類されている諸社会にかんする情報の性格がちぐはぐであっても、驚くにはあたらない。第三のグループを形成しているのが狭義のメラネシア人で、この地域に来たのは一番あとだが人口は今日最も多く、前二者より相当洗練された文化をもち、マライ・ポリネシア〔南島〕諸語を話す。大部分の島に住みついている彼らが最もよく知られており、神話の採集量もかなりのものである。

パプア人とメラネシア人の独創性は、彼らの神話作品のあら筋に現われている。こうしてパプアの伝説は、幽霊の重視と性の主題の強調で目をひく。メラネシア人のほうは、人喰い鬼と人喰い人を、神話に不可欠な登場人物と見なしているようである。しかし最も意味のある両者間の相違は、宇宙の起源についての考え方にかんするものである。世界はつねに存在していたと信じるパプア人は、神話的時代のはじめにすでに世界が今の形になっていたと認めるのだが、他方、メラネシア人は、世界を整えて資源を完全にするために超自然的存在の介入がまだ必要だったと語るのである。それにもかかわらず、ともに狭義の創造神たちなしですませようとする点で、両者の観念はポリネシアの伝統とは対照的である。

世界と生物の起源

もちろん、メラネシア人の資料がここでは最も重要な貢献をしてくれる。利用可能なパプア神話は、別の資料による検証が必要なときに、二次的に参照するにとどめる。

メラネシア人は世界を最初の所与とみるのだが、超自然的存在や人間が出現する以前の世界は、荒野として描かれ、情報提供者に馴染のある風景などまだ何もなかった。とくに、その不毛の物質の上には絶え間なく輝く光が残酷にじっと居すわり、それを変化させる季節の推移はなかった。他方、海は潮の干満を知らなかった。したがって、すべてがこの神話時代を極端な恒常性の支配する世にしていたのであり、それは、宇宙の組織化を担当する精霊が出現するまで続いた。バンクス諸島の住民たちにとって、この出来事は一つの岩の破裂に一致しており、岩から彼らの神話の主人公のクァットが出現するのである。

神ではなく精霊（ヴイ）であるクァットが、さまざまな生物（木、豚）を創造する。人類を創るため、彼は一本の木から三人の男と三人の女の体を削り出して、丁寧に仕上げ、三日のあいだ茂みの陰に隠した。最後に、像の前で踊ったり太鼓をたたいたりして、それらに生命を与えた。ところが、クァットの行動を観察していたマラワという別の強力な精霊が、真似をしようと思いたち、同じようにして人間を製作した。しかしそれらの被造物が動き始めたとき、マラワは彼らを森のなかの穴に、枝葉といっしょに埋める。七日後にマラワが穴から取り出してみると、人間たちは動かず、腐っていた。人間が死すべきものとなったのは、マラワがこの縁起の悪いことをしでかしたからである。

のちにクァットは、世界に君臨する永遠の真昼に苛立った兄弟たちの要請により、人間に夜をもたらす。彼は、季節循環の周期性を創設し、大洋に潮汐を、大地に規則的な雨を与えて、自分の仕事を全うした。

この神話の意味を探る前に強調しておいたほうがいいのは、雨や収穫を求めるいろいろな呪術の重要性が証明しているように、メラネシア人は何よりも菜園農業を行なう人々であり、彼らの行動と思考は農事暦に支配されているということである。その種の気遣いの痕跡を、クァットの物語のなかに見つけるのはやさしい。この物語はそもそも、農業が事実の上で優位にあることを、法的に基礎付けるために考え出されたのではないかと思えるほどである。実際、二人のヴイの多種多様な介入は、恒常性の原理を周期性の原理によって置きかえることを目指すものであるが、この周期性は、生命の観念を自分たちの農園の植物の周期と同一視する傾向のある人々にとっては、何よりも重要なことなのである。昼と夜の規則的な交替の制定を求めたクァットの兄弟たちに植物の名前が付いていることに気付くなら、この解釈を受けいれるのに躊躇はいらない。人間の創造について言えば、それは植物界との完全な同一視を表現しており、しかも二重の意味においてそうである。なぜなら、人間の先祖はその実体を一本の木から得たと同時に、土と枝のなかに埋められたことから死が人間にもたらされたからである。

メラネシア人の住む大部分の地域で、これと非常によく似た主題が見いだされる。かくしてニューヘブリデスの神話は、農耕の起源を昼と夜の対抗によって説明する。太陽の主にして昼の精霊であるトルタリが、人間の女アヴィンを妻にする。彼女は、大変豊かな食料をつねにもたらしてくれる不思議な農園で、幸せに、何の労働もせずに暮した。ある晩彼女は、夫の留守をいいことに、前からの夫の警告を無視して、月の主であり夜の精霊であるウルと結ばれる。帰宅したトルタリは、姦通を知らされ、アヴィンを農園から追放する。それ以来、女たちは重労働をして食物を大地から掘り出さねばならなくなり、また彼女らの体は月経によって悩まされる運命になったのである。農耕作業に付与された懲罰の性格がここで新しい調子をもたらしているのは確かだが、何よりもまず認めなければならないのは、前にも指摘した、農耕の観念と恒常性の否定との結び付きである。恒常性の否定は、夜の誘惑に対して昼が権威を維持できない点に、そして月経の周期性を引き合いに出している点に、とくに強調的に表現されている。

人類の起源と本性については、採集された別の諸伝説から同じ構造が導き出される。バンクス諸島で語られるクァットの物語の第二の伝承《ヴェルシヨン》の場合がそうである。創造者は木に彫った人物を用いないで、男を粘土で、女をサゴ椰子の葉を編んだもので製作する。この象徴論は、人間が自分の実体そのものの内に、大地と植物界の根本的な調和を包含していることを示唆している。ずっと北のソロモン群島のサアの住民たちの信じているところでは、彼らの先祖は一本の砂糖キビのなかでひとりでに形作られ、ある日その砂糖キビの二つの芽が裂けると、なかから一人の男と一人の女が現われた。この表象の意味は全く明白である。

ニューブリテンのメラネシア人はどうかと言えば、彼らは、バンクス諸島の二説話《ヴェルシヨン》といくつかの共通点を示す神話を提供してくれる。名前のない最初の存在が、地面に二人の人間の輪郭を描き、それに自分の血を振りかけて、葉で覆う。こうして二大文化英雄トカビナナとトカルヴヴが創られた。彼らが椰子の実を取って地面に投げると、割れた実のなかから四人の女が現われ、彼らの妻となった。人間は、自分たちが生じたこの大地と果実の結合のうちに、自らの運命を読みとるのである。最後に、何らかの用心をしていれば避けることができたはずの偶発現象として、つねに理解されている死の発生もまた、循環的な生成流転によって日常経験を説明することを機能とするこの信仰体系のなかに入る。失策（上述のバンクス諸島の例）ないしは悪意（ニューヘブリデス）が原因となって、潜在性として人間の世界にもたらされてはいたが、死はまだ、人間のほうから働きかけない限り発動しない休止状態にあった。精霊とは根本的に異なっていたけれども、神話時代の人間は、その両価性によって、今日の人間とは大層かけ離れた身分を享受していた。メラネシア人の住む全領域で、そしていくつかのパプア人の集団においてさえ、神話時代の人間は何よりも、暇なりに若返って死から逃れる能力をもっていたとされている。この点にかんしては、様態こそ違え最大の一致が見られ、老年になると人間は蛇と同じように皮を脱ぎ、もう一度若返って生き続けたのである。この再生の能力は、ある日、若い娘の姿になって家に帰った一人の母親が、子供たちに自分が母だとわからせることができなくて、窮余の一策に古い皮を着なおしてみせたときに、最終的に失われてしまった。多くの群島で知られている上のような話の意味は、それを二つの注目すべき異伝と比較したとき明らかになる。第一のアドミラルティ群島で採集された異伝は、祖母と孫息子が主役で、孫が若返りの変身を信じようとせず、自分の祖母と結婚しようとし、祖母はインセストを避けるため元の姿に戻る。第二のバンクス諸島で語られる異伝では、吝嗇と貪欲によって引き起こされた争いを終わらせるための解決策として、クアットが死を考案する。人間が限りなく殖えて人数があまりにも多くなったので、若い世代は先行世代の利己主義のため貧窮化を余儀なくさせられた。そこで、独占を防止し富の平等な配分を確保するために、死が必要となったのである。このように、二つの場合とも、不死は無秩序の源と考えられている。つまり、婚姻や経済の規則の働きを狂わせることによって、不死は世代間の衝突を引き起こすのである。

しかし、確かに、土着の説明よりももっと突っこんで考える必要がある。神話の状況設定を越えて、こういう形の不死には、それ自身の内部に、本来的な、論理の次元に属する永劫の罰《コンダムナシヨン》が含まれていることを認識しなければならない。実際、クァットによって廃止されたあの状態というものは、次に述べるような支えようのない矛盾から生じたものなのである。つまり、脱皮によって与えられる執行猶予を享受している人間は、恒常性への熱望を体現しているのだが、同時に人間は、性による増殖を行なうことによって、恒常性を否定しているのである。こうして私たちは、すでに放棄された探求とこれからなさねばならない選択とのあいだの、このつらい過渡期にある土着の思考をとらえたわけである。死を甘受することは性による増殖を行なうことの代償にほかならず、それによって、袋小路から脱することができる。種の恒常性を確保するために、個人がおのれの恒常性を断念するのである。

　したがって、夜と季節の起源を語るにせよ、人間の創造あるいは死の不可避性を語るにせよ、今まで考察してきた個々の神話はどれも、メラネシア人の哲学の重大な裂け目に関係しているのである。これらの神話の機能は、恒常性と変化とのあいだの対立を超越する方法を示唆することにある。他のいくつかの農耕社会（たとえば北アメリカのズニ族）においてと同様、その解決法は、主要な技術的＝経済的活動をモデルにして想起されたと思われる。

　メラネシアの多くの人々のあいだに同一の神話的構造が存在しているからといって、フィジー諸島に見られる重要な例外を無視してよいわけではない。ポリネシア文化の影響が以前から指摘されているこの群島には、人間が神蛇ンデゲイの孵した鳥卵から生まれたとする伝承がある。ンデゲイは地獄の力と土の生命原理を体現しているので、ここには、地下と天に二重起源をもつことの結果として、人間に両価的本性を付与するポリネシアの観念と非常に類似した観念が識別できる。

文化の起源

メラネシア神話には創造神がいないので、大抵の場合、文化の起源は、すでに宇宙の整備において不可欠な役割を果たした人物たちに帰せられる。それは、ニューヘブリデスではタカロとムエラグブ・トであり、バンクス諸島ではクァットとマラワであり、ニューブリテンとニューギニアではトカビナナとトカルヴヴである。彼らの最も目をひく共通性は、彼らが二人ずつ組になっていることである。さまざまな地域の伝説で語られるときも、祈禱で助けを請われるときも、彼らは二人組の構成分子として現われる。二人は、対称的かつ正反対の特性と行動によって定義される。こうして、物質的世界に生命を分配する役のクァットは、人間たちに死をもたらすマラワと対応している。同様に、トカビナナは、人間の運命の決め方でトカルヴヴと対立する。さらに、二人の英雄の性格説明がなされるときはいつも、一方は善良さと知性の模範を表わし、他方は意地悪さと愚かしさの具現とされる。最後に、いくつかの儀礼の文句で、これらの二人組は右と左の対立の比喩として用いられている。こういった二元論の意味は何なのだろうか？　どうやら、これらの超自然的存在のあいだの敵対よりも、彼らの結合のほうがもっと重要であるらしく、人間が自分の運命を我が身に引き受ける原因となったもの、つまり節度の受容を、この結合は表現しているようだ。実際、彼らの対立が静止的な中和に帰着することは決してないのであり、対立は動的な内容をもっている。たとえばマラワは、生を否定するのではなくて、クァットの業績に死を添加するのであり、永遠性を、始めと終わりのある生成転化性に取りかえたのである。さらに、この二人の多種多様な争いを語る神話もまた、彼らの協力を強調し（マラワはクァットを絶望的な状況から救出する）、彼らの機能が相補的であることを教えている。この点について最も示唆に富むのは、擬餌漁法の起源にかんするニューブリテンの話である。トカビナナが主要食用魚に似せて木製の魚をこしらえ、それらを水中に入れて、沢山の獲物を海岸に引き寄せる。毎度のことながら、義理を欠いてはならぬと、トカルヴヴは鮫を殺到させるような姿をした擬餌を作る。鮫が他の魚をほとんど食べてしまったので、漁はまさに原理的に難事業となり、人間が漁に有り余る獲物を期待することは許されなくなる。もし二人の絶え間のない対抗が失敗に対する強迫観念とは別のことを表現しているのだとすれば、それはほかでもない、人間による人間自身と自然環境とのあいだの均衡の追求という、完了することのない共同事業への執着を表わしているのだろう。実際ここで、富の際限のない増加に対する軟弱な夢想を退けることによって問題となっているのは、人間を稀少性の場に位置させることであり、また、人間とは、おのれのもつ生産諸技術によって張られた賭け金であり、物質に対する勝者であると同時に物質の囚人である、と定義することなのである。

これと大変よく似た教訓を、ココ椰子の禁忌の創設を語るニューヘブリデスの神話が例証している。精霊タカロがココ椰子に禁令を課したが、彼の競争者のムエラグブ・トがさっそくこれを破る。ムエラグブ・トの大食いを罰するため、タカロは彼に椰子の実を休みなく、死んでしまうまで食べさせる。禁忌の違反が食物の過剰による死を導いているのが注目される。ところで、ココ椰子の禁忌が実際に用いられているのは、まさにこういう結果を避けるためなのである。今でも多くの社会で、首長は周期的に、村人にある種のココ椰子の実を採集するのを禁止するが、それは、苦しい日々のあることを見越して備蓄するためである。

最後に、文化英雄二人組には注目すべき非常に際立った特徴があり、それによって神話における彼らの機能をより明確に把握できる。その特徴というのは、ほとんどの伝説が一致して彼らに認めている媒介者の地位である。彼らは喧嘩をし、その情況も地域により、また人間に提供される技術や価値――小屋の建設とか婚姻集団の制度とか――により違ってくるが、そういう争いを超えて、二人の人物の行動がつねに超自然的存在と人間とのあいだで展開していくということから、実際、彼らのあいだに深い統一性があることが確かめられる。こうして、バンクス諸島の原住民に対しては、クァットは天と地のあいだを漂う独り雲や、薄霧のなかを横切る陽光、あるいは火山の煙のなかに、次々と出現するのである。それゆえ、諸伝承は勝手気儘に彼らを文化の創始者に仕立てているのではなく、彼らが文化そのもの（矛盾の和解、生と死の絆）なのであり、彼らに帰せられた諸活動は、ただこの観念を一般人によりわかりやすく表現しているにすぎない。

二人の協力者＝敵が姿を見せない神話（ニューブリテンのパプア人地域、アドミラルティ諸島）

について言えば、まさにそれらは意味のある検証をしてくれる。というのは、ここで最も重要な役割を果たす半神的な蛇に、同様の諸特性が付与されているからである。だが、まるでこの登場人物の地位をより明確にすることが問題であるかのように、神話はまた彼を、死者の代弁者と、男根の重要な機能（両性間の媒介）の担い手にしている。

三　ミクロネシアの神話

ミクロネシアは、広大な苗床に非常に小さな島々を播いたような形をしており、島々は、ギルバート、マーシャル、マリアナ、カロリンおよびパラウという五つの群島に大きくまとめることができる。総人口十万人そこそこのミクロネシアの住民は、人類学者からみればポリネシア人種、メラネシア人種、インドネシア人種の三要素の多少とも均質的な組みあわせであり、他方、言語学者にとってはマライ・ポリネシア語族に分類すべき一集合体を形成している。長いあいだ大通商路から外れていたために、また一般に民族誌家に顧みられなかったので、日本による植民地化にもかかわらず、彼らのことは第二次世界大戦までほとんど知られていなかった。だから採集された神話の資料も非常に貧弱なものであり、一九四五年以後に行なわれた調査はいくつかの根本的な伝承を忘却から救い出すには遅すぎたのではないか、という懸念が出てくるのも当然である。

神話の大部分に、ポリネシア的あるいはメラネシア的な主題との顕著な類似が認められる。逆に、いくつかの特徴は典型的にミクロネシア的である。たとえば、まじないをかけた模擬鳥ないしは編細工の袋を使って行なわれる魔法の飛行、海牛や鰐の役割の強調などがそうで、後者はたぶんトーテム信仰と関係しているだろう。しかし、実を言うと、ミクロネシアの口承文学の独創性は、むしろ地方的要素と借用要素の配列の仕方のなかにある。

世界と生命の起源

ギルバート諸島の創世神話は別扱いする必要がある。ポリネシアのモデルを模倣しているからである。天と地が結合しているあいだは原初の夜がつづいており、やがてこれら二つの要素が分離すると、光が現われた。この図式は容易に見分けられるのだが、ナレアウ神の介入によって複雑化している。この神については追って若干の註釈が必要となろう。ポリネシアの伝承と比較して細かい違いのある諸異伝について言えば、それらは有益な指標を社会学にもたらしてくれるだろうが、緻密な分析が必要であり、それをここで試みることはできない。

　他の群島、とりわけカロリンとパラウでは、世界の起源の説明は、無から《アブ・ニヒロ》の創造という原理を拒否する独自の観念に、本質的に帰着する。すべての自然的ないしは超自然的な作用に先立って、一つの岩が宇宙の母胎として与えられている。はてしなく広がる原初の海としばしば結びあわされて、岩は最初の神々を生み、神々が世界を造る。中部カロリンでは、年長の神のソラルが、原初の岩に一本の木または帆柱を植えて、よじ登って行く。中程で止まって彼は大地を作るが、これは平面と考えられた。さらに登って頂上に達すると、彼はそこに天を置いた。天にはアルエロプが君臨し、他方、説話《ヴェルシヨン》次第で彼の兄弟または彼の創造者とされるソラルは、下方世界、つまり原初の岩を中心とする海底領域の主となる。

同様に、パラウ諸島で語られるところでは、神トペレアクルと女神ラトミカイクが、波に洗われる一つの岩から生まれて宇宙を分割統治し、すべての生命の源となった。トペレアクルは天に、ラトミカイクは海の底にそれぞれ居を構えたが、後者は、《天の第一者》と《下方世界の第一者》と呼ばれる二人の息子と沢山の魚を海底で産んだ。その直後、魚たちは巨大な塔を建てたが、これが大洋から立ち現われて大地になった。人類はどうかというと、ある種の神々と魚との結合から生じたらしい。

ただちに二つの特徴が注意を惹く。これらは、上に要約した神話の既知の六伝承《ヴェルシヨン》が執拗に敷衍している点なのである。その第一は、世界の組織および最初の神々の権限を特徴づける二元論である。天界は、海中であり地下である《下方世界》と明瞭に対立しており、地上の領域は両者のあいだの無人地帯《ノー・マンズ・ランド》でしかない。なるほどミクロネシアの信仰に地上の神や精霊が欠如しているというわけではないが、彼らの役割は重要度が低く、その相貌に目立つところはない。大地の統治権をそれでも明白に女神アウヂァルに託しているイファルク（中部カロリン群島）の神界でさえ、その例外ではない。第二、に明るみに出されている不変的特徴は、下方世界から出発して展開する宇宙生成に対応している垂直的な膨張運動である。高と低の観念を強調するこの構想は、天と下方世界との対立に確実に結びつけられるべきである。塔や梯子用の木を立てて宇宙を三層化するという魚や深海の神の仕事は、世界軸に沿って行なわれたが、この世界軸は、のちに文化と自然災害が人間にもたらされるときの通路となる。

このような表象の意味は、土着の思考が人類の起源をどう説明しているかを考えてみれば、明らかになる。すなわち、下方世界の諸力だけによって生み出された人間は、自分の本質の内に、ポリネシアの場合とは異なり、宇宙組織の両極のあいだの媒介役を果たせるような素地を含んでいない。日常取り返しのつけようもなく本性的に、人間は地下および海中の神々に隷属しているのである。生活で一時的な権威が認められている部族や氏族《クラン》の首長に至るまで、すべての人間は、これらの最初の精霊たちによって大地に住まわせられたと見なされているのである。ポナペ島（カロリン）の神話がこのような解釈を間接的に確認してくれる。他の島々と異なり、この島の住民は、人類が水と植物との結婚から生じたと実際信じているようである。そこで問題となっているのは、上述の共通の図式は元のままにしておいて、図式中の海中に属する登場人物を、本来的に大地的な機能によって置きかえることである。おそらく技術的＝経済的要因がこの特殊性に関与しているだろう。つまり、近隣の島々では漁業と航海が主要な活動であるらしいのに対して、ポナペでは、発芽呪術と収穫呪術の豊富さが証明するように、農耕が一番重要なのであり、そのことはポナペの豊かな植生や、他所よりも変化に富む伝統的食物からもうかがえる。

だがしかし、さまざまな物語にこんなにも力強く表現されているこうした人間性の一義的規定は、土着の哲学を、重大な矛盾から保護するものではない。つまり、下方世界にすべての生命の起源を置くことによって、ミクロネシア人は、自らを魚ないし植物と同一化したのであるが、それと同時に、自然現象との比較において人間の独自性の根拠を説明する道を、自ら閉ざしてしまったのである。しかるに、人間の独自性は経験的事実として深く感じとられていることであって、それは、動物との区別の必要性によって除毛や文身《いれずみ》を正当化する神話が証明するとおりである。それゆえ、天界が体系のなかで何を表わしているのかを調べてみたほうがよい。天上界と下方世界は、相補的な機能をもつものとして現われ、そこに住む神々や精霊たちは、起源を同じくし、宇宙の秩序の維持のため緊密に協力する。かくしてカロリン諸島の住民によると、津波や台風や暴風雨は、上と下の力（アルエロプとソラル）の協力事業である。しかし注目すべきことは、この場合に決定を下すのはつねに天の神であり、下方世界の役割は大異変を突発させるのに必要なエネルギーと材料を提供することに限定されていることである。この特徴が、天神たちと人間との関係の意味を明確にしてくれる。つまり、人間は天神から、遵守すべき行動規範と価値体系を受けとるのである。人間活動の監督と批准の役目をになう高みの諸力が、大地に文化の基礎をもたらすのであり、彼らの働きかけはつねに判決の性格をもっている。すでに死の発生からして、不可解な生得の運命であるどころか、倫理的志向性を完全に帯びている。はじめ人間は不死で、富と力を際限なく蓄積していたが、そのときアルエロプ神が事態に気付き、不安を覚えた。そこで、永遠の威嚇であり克服不可能な限界である死が、大地に送りこまれたのである。

同様に、パラウ諸島の神話が語るには、光は、人間を強制的に働かせるために、また闇のなかでしか動けない精霊たちが人間を援助するのを妨げるために、イエガドによって世界にもたらされた。生命と自然現象が生じるエネルギーセンターと想像された下方世界に対して、これらの例に見られるように、天上界は死と文化の源泉を表わしている。もっと正確に言うと、天上界は〝規範界〟なのである。今や、ミクロネシア人による宇宙のなかの人間の位置付けが内包している矛盾を、明確に定義することができる。もとの起源からいっても生物学的要求からいっても、下方世界に深く根をおろしてはいるが、人間は、いくつかの価値の遵守を迫る天上の諸力の命令によって、自分が精霊からも動物からも引き離されていることを知っている。現にそうであるものと、そうあらねばならぬものとのあいだのこの分裂が表現しているものを、西洋哲学の言葉を使って、超越《サンチマン・ドラ・トラン》の感覚《サンダンス》と呼ぶことができる。こういう確認をした以上、この神話系に対するキリスト教思想の影響の可能性を探ってみなければならない。ギルバート諸島でグリンブルが採集した資料の大部分に、間違いなく、宣教師たちによる教育の痕跡が認められる。禁止に違反して知恵の木を味わったための死の発生、肉の交わりに与えられる呪いの言葉、これらは聖書の物語からの明白な盗用である。しかしながら、こうした模作の現象が見られるおかげで逆に、それらと競合し全く別の構造と細部をもつ諸神話の独創性が、より一層明白になるのである。結局、高と低のあいだの二律背反を超克したいという夢を象徴する、文化英雄の天への上昇や、呪術師による空中浮揚が証明しているように、西洋からの借りものなどでは決してない超越への欲求が、土着の思想のなかに存在するのである。

文化の起源

文化の確立を語る諸神話を検討してみると、ギルバート諸島をもう一度特別扱いする必要があることがわかる。実際そこには、それぞれ大層異なる影響を受けた、二つの傾向が見分けられる。第一の傾向は、ポリネシアの諸伝承と驚くほど類似しており、マウイとほぼ同一の手柄を立てるブエという文化英雄に、最も重要な役割を与えている。第二はナレアウを介入させるもので、この人物は、あるときにはすでに述べたような創造神（蜘蛛＝主《ぬし》、すべての存在の第一者）として、またあるときはその息子として定義される。いずれにせよ注意すべきことは、これらの物語でナレアウが空中に漂う蜘蛛ないし雲の姿をして現われることであり、これはメラネシアに広く普及している表象である（クァットとマラワの具現として）。ここで採集された一番よく整った信仰は、火の起源にかんするものである。太陽光線を捕獲することによって天からもぎ取られた火は、まず海と下方世界の主によって追い払われ、次いで大地にもたらされると、そこでも受けいれられる前に激しく攻撃される。どうやら、先にカロリンとパラウの資料で解明されたのと同じ高と低の弁証法が問題になっているようである。つまり、天上の諸力から送られてきた文化は、自然界を代表する地下の諸力によって拒否され、また、人間もそれを外部からの押しつけとしてしか受けとらず、それに抵抗するというわけである。

基本的な技術や価値の獲得を語るカロリンとパラウの神話の特徴は、天神とトリックスター英雄が主導権を分かちもっているということである。かくしてカロリン諸島中部では、アルエロプの息子にしてポナペ島の神ルクにおそらく等しい神であるルゲイランが、人間に最初の教育をもたらすために天から降下する。その教育は、文身《いれずみ》と調髪の技術、およびココ椰子の利用にかんするものであった。同じく天神である彼の兄弟の一人は、木工とカヌー建造の指導員と考えられている。この地方では文化の練りあげの第一段階がもっぱら天上の諸力の主宰のもとで行なわれていることに注目すべきであるが、彼らはまた、死の発生にも責任があると考えられている。文身の機能にかんするいくつかの信仰がミクロネシア人の文化の概念を明らかにしてくれるのは、この死の問題との連関においてである。文身の文様は島によっていろいろであるが、この技術は不死を確保するための手段としてルゲイランが人間に提供したものらしい。してみると、神々から人間を決定的に引き離す超越的裁決のために死すべきものにされたものの、人間は、ほかのすべての種には閉ざされた延命の希望を再び手に入れたわけである。この特権は、生物学的次元の刑の宣告に抗する最後の上訴をなすものである。すなわち、個人が死を免れることができるのは、ただ、集団の文化的世襲財産を構成する作品と自己を同化することによってのみなのである。

文化の発展の第二段階は、これらの神話では、オロファドという非常に人気のある英雄の冒険と対応している。神ルゲイランと人間の女とのあいだにできた彼は、母親の頭蓋から奇跡的に生まれたとき、すでにもう大人であった。いくつかの怪《け》しからぬ悪戯を人間にしたのち、彼は天に上り、神々に対して長いはらはらするような激戦を挑む。結局彼は神々に殺されるが、父神が生き返らせて、自分の天上宮殿に住まわせる。それ以来オロファドは、天と地の両方で暮すようになり、人間たちの歌舞に加わったり、ルゲイランの指示を人間に伝えたりした。ある巡回のおりに、彼は天から火の秘密をもってくることになる。

人間の神話的起源に内在する高と低の根本的な二律背反を越えようとする土着の思考の努力が、オロファドの介入とともに表面化する。相反する忠義立て――生物学的本性が下方世界に対して宣誓する忠誠と、天神に押しつけられた価値の採用が含意する忠誠――のあいだで引き裂かれたカロリン諸島の島民は、この英雄を調停役に任命する。その二重の本性ゆえにこの役目を果たす素質をもっているオロファドは、今や、火の導入とともに、文明化の仕事を完成させ、また、それまで欠如していた無害性を文化に付与するのである。

四　オーストラリアの神話

一七八八年つまりイギリスに併合された当時、およそ五百の部族から成るオーストラリア原住民は、推定三十万人の人口を形成していた。驚くほど少ないこの数字は、苛酷な自然や、これらの人間集団の極度に初歩的な生活様式と結びつけて考えられるべきである。農耕も製陶術も知らず、ディンゴ犬以外に家畜ももたず、彼らは狩猟と採集の放浪生活を送っていたのである。だが、甚だしい窮乏という共通性があるからといって、オーストラリア諸社会を完全に等質的なものと思ってはならない。この大陸の一方の端から他方の端までのあいだに、著しく多様な社会組織〈外婚《半族》体系、セクション体系、亜《サブ》セクション体系〉や親族規則の型が、次々と現われてくるのである。多様性があまりにも強烈なので、とくに北部の諸族にかんする最近の優れた研究が出てみると、もしも中部オーストラリアの住民たちより先にアーネムランド地方の住民たちが研究されていたならば、民族学思想は全く今とは違った展開をみせていただろうと言う人があったほどである。このような状況では、いくつもの相反する観念が神話資料中で混ざりあったり衝突しあったりしていても、驚くにはあたらず、さらにその神話資料の採集も、地域によって大きなむらがある。なるほど、古代のかずかずの移住とそれらの起源地、消滅して久しいネグロイド集団のタスマニア島人が果たした役割、そしてメラネシアからの影響についてもっとよくわかれば、事態の解明の鍵を提供してくれるだろうが、これらにかんしてはほとんどの場合、推測にたよらざるをえないのが現状である。

しかしともかく、非常に際立った二つの特徴がオーストラリア神話のすべてに認められるように思われ、それによってオーストラリアの神話を他のオセアニアの伝承と区別することができる。第一に、他の地域より一般にずっと緊密な神話と儀礼の結合が見られる。つまり起源神話は、イニシエーションの種々の課程を裏付けする《啓示》の対象となるばかりでなく、またいくつかの儀式の参加者によって再体験されもするのであって、儀礼は行為化された神話にほかならないのである

（たとえばアーネムランドのクナピピ祭祀）。第二の特色はトーテム崇拝の存在と関係するもので、そのイデオロギーは、より古い神話をしばしば変化させ、また同時に、特定の諸表象のなかに表現された。

世界と生命の起源

世界の最初の起源はめったに説明されず、天と地は永遠の昔から存在していたと考えられている。中部オーストラリアのアランダ族は部分的に例外をなし、彼らは、限りなく広がる原初の海から大地が次第に出現してきたようだと語る。

そのかわり、人間や動植物やいろんな風景の起源については、多数の大変豊かな神話が生まれた。その意味を十分に理解するためには、これらの口承文学を、土着の思考の基本的な方向付けのなかに置いてみるとよい。そこでは、人間の生命と動植物の増殖とが同一視されている。同じ豊饒儀礼が、獲物をより豊富にするのにも、女性に母となる準備をさせるのにも役立つのは、このためである。神話自身について言えば、情報提供者によると、それは、個人や集団を《夢の時代》、つまり全生命の源を成し永遠に存在する神話的時代に結びつけることによって、彼らに《生命を与える手段》となる。簡略化すると二種類の解釈が識別できるが、それらが同じ部族に並存していることもしばしばある。第一の解釈は、おそらく一番古《アルカイック》いものだろうが、生物の創造を天上の英雄たちに帰する。これに対し、第二の解釈はそれをトーテム先祖の仕事と見なす。

バイアメ、ダラムルム、ネルンデリといった名前で知られる天上の英雄は、東部オーストラリアの信仰の中心人物らしく、その地方で彼は一般に成人式とシャマンのイニシエーションに結びつけられていた。彼は天に住む《万物の父》であり、そのすみかには冷水と水晶（呪医の魔法の道具）が満ちていると考えられた。いくつかの物語は彼を生と死の主としており、人々は彼に病気の治療を要請した。生殖（受胎の生物学的機能が知られていなかったため人間に主導権はなかった）と死（その原因はいつも超自然的なものとされた）のあいだで、天の英雄は弁証法の媒介者として行動するが、その弁証法は呪医の機能によって十分に明示されている。呪医は、その召命や就任を決定する型にはまった神秘的な夢のなかで、天上の存在によって殺され、蛇＝虹の背に乗って天上界に運ばれる。そこでダラムルムが彼を生き返らせて、魔法の力を伝授する。伝統によって厳密に体系化されたこれらの想像上の試練の象徴論は、いたって明確である。すなわち、シャマン候補者は、上位の生に到達するために、いったん死んで、無知の支配する自然生を捨てるのである。こうして、社会によって呪医に認められた地位は、神話が定義するような人間の条件に内在している矛盾の超越を表現している。その人間の条件というのは、こうである。超自然的な介入によって点々と標尺が打たれるとはいうものの、普通の人間の生は、大部分、聖性とは必然的に無縁である。しかし他方で、彼らの生は生殖と死という二つの超越的な事件によって枠をはめられている。この内在的な二律背反を克服するために、土着の思考は特権的人間の一典型を考えついたようで、社会は彼に調停工作を委任するのである。そうすると、天上の英雄は、矛盾の源泉としてと同時に、それを統合しうる至上の力として現われるようである。アランダ族（中部オーストラリア）では、イニシエーションの主と考えられている一人の原初的な天の英雄にも、祭祀が行なわれている。彼を扱っているすべての神話は、実際、彼が夢の時代よりも前に生きていた人物だとしているのだが、このことは、この種の信仰が一般に非常に古いとされていることを確認するものらしい。さらに情報提供者は、昔のイデオロギー闘争を表わしているような話を付け加える。つまり、この英雄は高い山を通して天と地のあいだを行き来していたのだけれど、夢の時代に出現したトーテム先祖が身の程を越えたことをするのを妨げるため、この山を崩倒させたというのである。しかし実際には、彼が崇められるのは、むしろ宗教儀式を確立させた文化的指導者としてであり、彼の創造者としての活動は後方に退いている。

シャマンの死と復活の主題とともに、天上の英雄は、恒常性と変化との弁証法によって集団の存続を象徴論的次元で確保する再生係として認められたのだった。これと類似した構造が、アーネムランド東北部で発達したヂャンガウル話群に見いだされる。ヂャンガウル一家は女二人・男一人のきょうだいから成り、彼らの天上起源は明確に述べられている。少なくとも、太陽を母親にもつと見なされている女たちにかんしてはそうである。これらの神話的存在は、オーストラリア大陸東北部に位置する遠い不明確な国からやってきた。アーネムランドへの舟旅の途中で彼らはブラルグ島にしばらく逗留したが、そこは原初の精霊たちの王国であり死者たちのすみかであった。アーネムランドの東海岸に到着した彼らは、曲がりくねった道筋をたどって東から西へとこの地域を歩きまわって、さまざまな人間集団の先祖を創造したり、この土地に現在のような地形と植生を与えたり、特定の場所に聖物を投げ棄てたりしたのだが、その聖物をめぐって今日最も重要な儀式が行なわれている。この神話と結びついている祭祀には、注目すべき特色が見られる。すなわち、その祭祀は一方の外婚《半族》ドゥアにのみ固有のものであり、これと対立する《半族》ジリチアは、ギャンガウルたちを遠い祖先と認めながらも、それとは別の神話的存在をめぐって彼らの最も重要な儀礼を作りあげたのである。これは、第一の《半族》の第二のそれに対する儀式上の優越を示しているのであろうか？　R・M・バーントが十分に論証したように、ギャンガウルたちの東から西への旅とか、彼らの飾る陽光を象徴する赤い羽根といった多種多様な特徴によって、彼らのうちに太陽神たちを見分けることができる。この伝説・歌謡群で語られる諸事件にかんして言えば、それらはすべて豊饒性の主題に帰着する。この地方の原住民は生殖における性行為の役割に無知ではなかったので、あらゆる物の起源が印象深いエロティックな象徴表現を用いて説明される。こうして三神は、魔法の棒（ランガ）を地面に立てることによって、アーネムランドの水源と樹木を出現させるのだが、この棒の男根機能は情報提供者がはっきり指摘している。他方、この地方に初めて人が住むようになったのは、ギャンガウル姉妹が旅の宿泊地ごとに出産しまくったことに由来する。こうした一部始終から明らかになるように、この社会は性の欲求と食の欲求の充足に深い関心を抱いており、神話におけるこの二つの欲求の密接な結びつきは、生存への集団的な意欲を表現している。最後に、採集された種々の資料の分析から、どういう形で表現されているにせよ、生命は、太陽の見かけの動きに似た周期的現象として理解されているということがわかる。これが、たとえば、丸木舟での航海の意味するものなのであり、櫂をこぐたびに次々と規則的に潮汐が引き起こされるのである。季節の推移はどうかと言えば、これは雨季特有の黒色と黄色の雲の生成によって象徴され、間隔をおいてやってくる雲は神々の道案内をしている。どうやら同じ主題が、旅の宿泊地ごとに太陽の娘たちが聖なる小屋に引きこもるところにもくり返されているように思われる。

全くトーテム先祖を中心にして世界の観念を作りあげてしまった人々のところでは、起源神話は非常に異なった構造を示す。専門家たちは、この場合に問題になっているのが、宗教的体系というよりもむしろ世俗的イデオロギーであることを指摘した。それならば、何よりも社会学的な機能をもつこれらの口承文学が、文化の起源を重視して、宇宙論的題材を顧みないのも当然である。一般に、この型の神話が語るのは、集団の最初の先祖と見なされる文化英雄たちの移動である（大砂漠の西部）。まだ本当の人間ではないこれらの存在は、夢の時代の初めに地中から出現し、進路に沿って水の穴を点々と残して旅したのだが、それらはのちに祭祀の場所となった。旅が終わって、人間に主な技術と社会規範を教えてしまうと、彼らは大地に沈んで行って、それっきり姿を消してしまった。彼らは創造者ではない。人類の一部分が彼らに起源するとされるにしても、彼らは超自然的な力など一切用いてはいないのであって、彼らが来る前から地域に住んでいた女たちと交わっただけのことである。こうした物語の状況設定は、トーテム英雄たちが地中に所属していることを強調しているが、この性格から、実に細々《こまごま》と語られる彼らの旅の意味をうかがい知ることができる。実際の地形の特徴とつなげて行なわれる綿密な道順描写は、沿道に住むさまざまな部族の集合記憶のなかにいつも留められ、各部族は、自分らの正規の居住地に一番近い部分の旅程についての正確な知識を保とうと、非常に気をつかったのである。

土地の主《ぬし》の役目を果たすこの型のトーテム先祖のほかに、北オーストラリア準州で相当広く崇拝されているもう一人の神話的人物を挙げねばなるまい。つまり、大母である。彼女は、アーネムランドのギャンガウル姉妹たちと同様に豊饒の女神であるが、地中的性格をもつ点で、ギャンガウル三神とは異なっているようである。彼女が行なったとされる国の横断の大行進について言うと、それは太陽の軌道とは一致せず、むしろトーテム英雄たちの旅と似ており、おそらくこの道程は歴史上の移動の記憶を留めているのであろう。

文化の起源

技術と制度の起源を語る神話は、これと密接に結びついた儀礼における表現のおかげで、十分に明瞭である。こうして、たとえばイニシエーションの儀式から、夢の時代に起きた出来事の意味をつきとめることができる（神蛇に呑みこまれること、聖物の入手をめぐる男性的諸力と女性的諸力の競争）。

オーストラリアのほとんどの地方のトーテム祖先と同じく、西部大砂漠の文化英雄ワティ・クチャラ（二人の男）も、多種の儀式用具（ことに飾りのついた菱形小板）を創って人間にゆだね、それ以来、人間は夢の永遠性との接触を維持する手段として、それらを大切に保管してきた。旅を続けながら二兄弟は互いに包皮切除と下部切開を施しあい、次いで兄は女きょうだいを弟と結婚させる。この最後のエピソードは大層興味ぶかい。なぜなら、これらの外科手術のもつ見落とされ気味な機能を露わにしているからである。つまり、姻戚関係にある集団のあいだの女の交換を基礎付ける互酬性の義務にかんする機能である。観察者たちは、受戒者がこれらの儀礼によって新たな生に到達することに何よりも注目したが、数多くの双分社会に見られるこの規則、つまり一方の《半族》の大人が他方の《半族》の若者にイニシエーションを施すことを義務付ける規則を過小評価した。儀礼における協力は婚姻における交換と重なりあって二集団を結びつけるものであるから、こうした規則に違反することはインセストに相当するであろう。いくつかの資料が示唆するように、割礼が子供の誕生時の臍の緒の切断を象徴しているということを認めれば、何のためにワティ・クチャラ兄弟が割礼を施しあったのかを見抜くことができる。すなわち、弟が兄の女きょうだいと結婚できるようにするために、同一の母親に二英雄を結びつけている絆を象徴的に切ることが問題だったのである。

　アーネムランドのジャンガウル話群のなかに類似の主題の使用例が見られるが、表現されている機能は別種のものである。沢山の人間を産んだのち、太陽の娘たちは、聖物（筵、編細工品）を、男きょうだいと息子たちに盗まれて永久に失う。次いで彼女らは陰核切除を受けねばならなかったのだが、そのときから人間の両性の分離が最終的に確立し、それに伴って、男に宗教的活動の特権を与える分業が成立したのである。ここでただちに、この社会の歴史的発達を要約しているらしき描写が注意を惹く。つまり、元来は女性が儀礼の分野で優位を占めていて、男が取ってかわったのは、あとになってからにすぎないという筋である。二人の女神が種々の生物を産みだすときに男きょうだいの介入はなかったようで、彼が現われるのは、実際の社会の実情に物語を合わせるために、あとから付け加えたらしい。

いくつかの基本的特徴が、これまで考察してきた社会のすべてに見いだされる。まず第一にこれらの社会は、人間が自らの思考と行動を従わせるべき理想的模範を、最も遠い過去に、一般的には、世界の始まりの時点に置こうとたえず気を遣っている。偉大な文化英雄や最初の祖先をできる限り忠実に真似ることがつねに問題なのである。終末論のこうした完全な欠如は、西洋人による植民地化に抗議する数多くのメシア信仰の出現を妨げるものではなかったが、《未開》社会は反復的な歴史を運命づけられている、という考えを流布させるのに役立った。こういった断言を受け入れるのは、慎重になされるべきである。というのも、神話やその異伝の検討からはっきり証明されることだが、これらの社会にその存在理由を提供する過去というものは、政治的変動に応じて周期的に再構築されるものだからである。とはいうものの、調査された種々の伝承は変化に対する根本的拒絶を表現しており、その劇的な例が、ポリネシア創世神話でタウヒリ神が兄弟神たちに対して挑む戦いである。

原初のインセストの主題がくり返し見られることも注目に値する。実際、各事例で文脈が示唆するように、性関係の規制が文化の第一の基礎であると理解されており、この文化によって、人間は動物界から区別されるのである。

人類の恩人であると同時にトリックスターであるという文化英雄の両価性はと言えば、それが果たす役割を、これらすべての神話系が認めている。オーストラリアも例外ではなく、滑稽な冒険の最中に文化を創設する間抜けと賢人の結合の例を提供する。細部の違いを越えて、つねに神話は、この人物に、神々と人間とのあいだの媒介者の役割を付与している。しかし、もっと突っこんで、この両価的存在は、社会組織のなかに本当に実在する葛藤の想像上の解決法を象徴しているのではないのかと自問してみる必要がある。実際、ポリネシアの諸社会のなかで、マウイからトリックスター気取りを消去して、彼を慎しみぶかく騎士的な英雄に仕立てているのは、政治的権力と宗教的権威のあいだに持続的均衡が成立している社会だけなのである。

最後に、ポリネシアの航海民が世界の始まりに夜を置くのに対し、メラネシアの農耕民は、生を、永遠の昼の支配から強奪した獲得物と見なしている。これはつまり、神話の論理装置がその首尾一貫性を基本的な技術的＝経済的活動についての省察から得ているということではあるまいか？

参考文献

《全般》

R. B. Dixon, *Oceanic Mythology*, Boston, 1916.

Cl. Lévi-Strauss, *Anthropologie structurale*, Paris, 1958.（レヴィ＝ストロース『構造人類学』荒川他訳、みすず書房、一九七一）

《ポリネシア》

E. Best, *Maori Religion and Mythology*, Wellington, 1924.

A. C. E. Caillot, *Mythes, traditions et légendes des Polynésiens*, Paris, 1914.

W. W. Gill, *Myths and Songs from South-Pacific*, London, 1876.

G. Grey, *Polynesian Mythology*, Auckland, 1885.

T. Henry, *Tahiti aux temps anciens*, Paris, 1951.

L. Luomala, *Voices on the Wind*, Honolulu, 1955.

——, *Maui-of-a-thousand-tricks*, Honolulu, 1949.

A・アルパーズ編著『マオリ神話』井上英明訳、サイマル出版会、一九八二

《メラネシア》

R. H. Codrinton, *The Melanesians*, Oxford, 1891.

W. O'Ferral, "Native Stories from Santa Cruz and Reef Islands", dans *Journal of the Anthropological Institute*, no. 34, London, 1904.

P. Rascher, "Die Sulka", dans *Archiv für Anthropologie*, no. 29, 1904.

J. S. Suas, "Mythes et légendes des indigènes des Nouvelles-Hébrides", dans *Anthropos*, nos. 6 et 7, 1911–1912.

E. Tregear, "The making and un-making of man", dans *Journal of the Polynesian Society*, no. 12, Wellington, 1903.

《ミクロネシア》

H. Damm, *Zentral-Karolinen*, Hamburg, 1938.
A. Grimble, "Myths from the Gilbert Islands", dans *Folklore*, no. 33, 1922.
P. Hambruch, *Ponape*, Hamburg, 1936.
A. Kraemer, *Palau*, Hamburg, 1929.

《オーストラリア》

R. M. Berndt, "Tribal Migrations and Myths in South-Australia", dans *Oceania*, no. 12, 1941.
——, *Djanggawul*, London, 1952.
A. P. Elkin, *The Australian Aborigines*, Sydney, 1938.
A. R. Radcliffe-Brown, "The Rainbow-Serpent Myth", dans *Oceania*, vol. 1, no. 3, 1929.
W. B. Spencer et F. J. Gillen, *The Arunta*, London, 1902.
—— et ——, *The Northern Tribes of Central Australia*, London, 1904.

東南アジアの神話

大林太良

東南アジアは大昔から、アジアからオセアニアへの民族や文化の移動路にあたっていた。旧石器時代末にはここから今日のオーストラリア原住民の先祖が移動していったし、新石器時代以降には、ここから東はオセアニアの島々に、西はマダガスカルへも人間と文化の拡散があった。他方、東南アジアは中国とインドという高い文明を近くにもっており、ベトナムが中国文明の影響を強く受けたほかは、ビルマ、タイ、カンボジア、インドネシアなどには紀元前後ごろからのインド文明の影響下に文明の発展がみられた。そのほか、ユーラシア内陸部を西から東にすすみ、チベットと中国の境界地方を南下してインドシナに達した青銅器時代の文化の流れなどもあったらしい。このような歴史的背景を考えれば、東南アジアの神話がきわめて複雑な系統と構成要素をもつことは不思議ではない。東南アジアには、今日少数の採集狩猟民も点在しているが、彼らの固有の神話はよくわかっておらず、東南アジアの神話として知られているものは、圧倒的に農耕民の神話である。しかし平地の水稲耕作民は、インドあるいは中国の高文化の影響で固有の神話を失ったり変容したりしている場合が多く、東南アジアの古い神話は、主として山地の焼畑耕作民のところに保存されている。また、東南アジアの神話のなかには、日本の古代神話と類似したものが少なくない。

世界と人類の起源

世界の起源、人類の起源、文化の起源という創世神話における三つの焦点は、東南アジアでも世界の他の地域と同様に、別々の神話でなく、一つの神話として語られている場合がしばしばある。ただ、ここで注目してよい現象は、東南アジアの多くの地方においては、世界の起源についての神話がなく、世界がすでに存在していることを前提として、人類や文化の起源から創世神話がはじまっていることである。

ビルマやタイやラオスには、世界が何回も破滅をくり返して現在の世界ができたというインド系の世界起源神話が広がっているが、北ビルマのカチン族は、これとは異なる世界起源神話をもっている。世界の生成は三段階に分かれ、まず、最初には霧のかたまりがいくつも漂っていた。次にこれらから徐々に《中つ国》が形成されたが、これは天穹のことだという。最後に地表が出現したが、これは長いあいだかかって神の力によって凝固した。大地には、はじめには、あらゆる種類の精霊と怪物がすんでいた。長年たって、これらは姿を消し、かわりに女の精霊シクソープ（天）と男の精霊クリプクロープ（地）が現われた。これら二精霊はチャヌムとウォイシュンを産み、この二人から天と地の万物が生まれた。その後、彼らはゴーンワマガムを産み、これは槌をもって大地を美しい形にととのえ、人間がすめるようにした。彼はマジョイシングラプムという山にすみ、ここから人類に祝福をあたえたのである。チャヌムとウォイシュンから大地、空気、水、家庭、作物、病気のさまざまな精霊が生まれた。ゴーンワマガムがすんでいたマジョイシングラプム山は、カチン族の元来の故郷だという。カチン族の祭司が伝承しているこの神話では、原初の渾沌状態からの世界の発達が語られている。

インドネシアでは、ことに西部の島々に世界起源の神話が分布している。スマトラの西にあるニアス島南部でも、原初の渾沌状態から神話が始まっている。原初には土地も世界もなく、霧のなかに名のつけようもなく、目にも見えないものがあった。そのうちに霧がわれて女神が生まれ、この女神が世界を創造した。次に石がわれて、全人類と神々の祖である原初母神が生まれた。この女神は結婚しないで男女の双生児を二回産み、二組の男女両神は結婚しあった。末子のロワラニは姉と結婚して、二人は人類の祖となった。この姉は、手も足もなくまるい子供を産んだ。父親の忠告に従って、母親はわが子を小刀で真っ二つに切って、一半を川の源に、他の半分を河口になげた。この二つの半身が、この世の最初の人間となった。

スマトラのトバ・バタク族の神話では、原初にはまだ大地はなかったという。至高神ムラジャディは七天の頂上にすみ、二羽の鳥を召使いにしていた。この神は三人の男を作ってから一羽の雌鶏を作り、これが天の下部の木にとまって三個の卵を産んだ。この卵から、三人の少女が出てきたので、ムラジャディはそれを三人の息子の妻とした。三人の息子のうちの一人は娘をもっていたが、彼女のいとこがトカゲのような顔をしていて、カメレオンのような皮膚をもっているので、娘はこれと結婚することをいやがり、もっぱら機織りをしていた。すると糸巻を天からおとしてしまい、それを追って娘も海の表面におちた。この原初海洋には大蛇が泳いでいたが、娘はムラジャディから一握りの土を一羽の鳥に託してとどけてもらい、この土で世界を作った。しかし大蛇は自分の頭の上に重みがかかったので、頭をあげて、世界をひっくりかえしてしまった。そこで天神は八個の太陽を作って海をひあがらせはじめ、娘は剣を大蛇のからだにつきさして、二度と世界を破壊しないようにした。こうして彼女が世界を再建したあと、天神は娘のかつての求婚者を天からなげおろし、二人は結婚して人類の先祖となった。セレベス南部のブギ族の神話では、天神は長子バタラグルを殺して、手に一塊の土をにぎらせて、竹につめて下界に送った。途中でバタラグルは竹節からとびだして蘇生し、手中の土を四方にまいて世界を作り、下界の神は娘のネイリチモを地上に送り、二人は結娘し、バタラグルの奴隷たちとネイリチモの侍女たちも結婚し、人類の祖先となった。

中国には世界巨人の盤古《ばんこ》が死んで、その死体の各部が日、月、星辰や山河になった神話があるが、この形式の神話は北アッサムのアパタニ族にもあり、大地は女性であったが自殺し、彼女の頭は山、胸は谷間、尻はアッサム平原、目は太陽と月になったという。この場合、大地が女性と考えられているが、東部インドネシア、つまりモルッカ諸島と、フロレス島以東の小スンダ列島、それにセレベスの一部には、父なる天（太陽）と母なる大地との神婚によって全創造が行なわれた神話がある。人間も動植物もすべてこれによって発生したのであるが、これはたんに遠い原古の出来事だったのではなく、毎年くり返される出来事であると伝えている島も多い。レティ、モア、ラコールなどの諸島では、毎年、雨季モンスーンの開始にあたって、天神ウプレロは祭儀のあいだに一本の聖樹をつたって降臨し、大地の女神ウプヌサと神婚し、これをはらませるのである。この聖樹のまわりの土地はかざられ、祭宴がもよおされるが、その目的は、雨や豊富な飲食物、家畜、子供や富を手にいれるためであって、この際、住民のあいだに性的乱交が行なわれる。つまり大宇宙の出来事が人間社会という小宇宙においても儀礼的に行なわれるのである。

天地分離神話

東南アジアの大陸部と島嶼部の両方を通じて広く分布している神話は、かつては天地が密接していたが、これがのちに分離し、それによって現在の秩序がはじまったという天地分離の神話と、原古に大洪水があり、生き残った男女（ふつう兄妹）が結婚して人類の先祖となったという洪水神話である。

天地分離神話にもいろいろの形式があるが、その一つは天父地母の分離という形式をとるものであって、たとえば東部インドネシアのセラム島ヌサヴェレの神話では、昔、父なる天は母なる大地の上によこたわり性交していた。二人のあいだに子供たちが生まれたが、両親の天と地とのあいだにすむ場所がなく、ついに子供のウプラハタラが天を上におしあげたが、そのとき地震が起こり、火が生じた。ウプラハタラは、樹脂で日、月を作って天にほうりあげた。天父と地母を子供がひきはなし、こうして、火、太陽、月が生じた。この神話には、火神カグツチの誕生による天父イザナキ、地母イザナミの分離の日本神話に通じるものがある。

その他の形式としては、たとえばアッサムのカシ族の神話では、原古には天地が重なり合い、天は自分の臍の緒で地を自分のほうにひきよせていたが、このため、いろいろ不都合なので、人間がこれを切断したといっている。ラオスのルアンプラバーンでの神話によると、昔、天は夜になると屋根すれすれまでさがり、朝になると太陽とともにのぼっていった。地上の住民は、毎朝、まだ天が低いうちにはしごをかけて天から食物をとってきていた。ある日、一人の未亡人が寝坊して天から食物がとれなくなったので、長い竹で天をついて、高くあがってしまえとののろった。こうして天と地は分離した。当時、米はカボチャのように大きく、実ると一人で穀倉に入ってきたのだが、腹立ちまぎれに、この寝坊の未亡人は、まだ用意もできていないのにかってに入ってくるなと米をしかった。そのため、米はひとりでに入ってくるのをやめ、また粒も小さくなった。

ここで注目すべきことは、東南アジアの天地分離神話では、天地分離が文化を媒介として行なわれたという観念がきわめて頻繁に現われることである。そして、文化のなかでも農耕あるいは農耕と関連のある営みが天地分離の契機になる例がことに多い。

たとえば、フィリピンのミンダナオ島のバゴボ族の神話では、米つき女が、天が低すぎて仕事ができないので、天にあがれと命じたため、天が高くあがったという。またセレベスのバランテ半島の創世神話のはじめの部分では、イザナキ、イザナミの国生み神話と同様に、原初、海洋中の島に兄と妹が天降って結婚したことになっている。しかしその神話の続きが面白い。兄妹は何か必要なものがあると、男が天に上って天神からもらってきた。しかし、月日のたつうちに二人は自分でも農耕を始め、必要をみたすようになったところ、天との結びつきは切れてしまった。ここでは天地分離は天父地母の夫婦別れの形はとっていないものの、農耕、つまり文化を媒介として天地が分離したのである。ボルネオのガジュ・ダヤク族の神話も同様である。原初には天は地のすぐ上にあった。天は一種の油のような物質からなっており、人間の食料となった。しかしマハタラ神の息子は人間に稲作を教えた。父のマハタラ神はこれを怒って、天を地から遠く引きはなしてしまった。ニアス島の神話では、かつては天は大地にたいへん近く、屋根棟にまで下がっていた。その当時は天で稲を刈るのが習わしだった。アランアランの草の葉で切ったものだった。ところが、あるとき一人の女が小刀をもって天にのぼり、天をたいへん荒らしたため、シラオ神は天を引き上げて、稲を刈るのを不可能にした。アランアランというのは稲畑の雑草である。雑草（自然）を用いていたあいだは幸せだったが、小刀（文化）を用いるようになると、天地が分離してしまったのである。

いままで私は島嶼部の例ばかり挙げていたので、ここで大陸部の例を一つ引くことにしよう。ベトナム北部のムオン族のところで私が聞いた神話である。昔、天と地のあいだの距離が近かった。

当時、トゥン氏という一人の巨人がいた。毎日、水牛に乗り、肩に犂《すき》をかついで田に行った。ところが、水牛の背が高いうえに、彼の背も高く、また犂の高さも高かったので、いつも天に犂がぶつかった。そこでトゥン氏は犂が天にぶつかるのを怒って、犂から水牛につなぐ棒を外して、天をつき上げた。この場合、犂という農具、つまり文化が天地分離の媒介となっている。そのほかにも、上述のバゴボ族のように米をつく女（男の場合もある）が、天があまり低くて邪魔なので、杵で天をつき上げたとか、天に上がれと命令した神話は、東南アジアでは大陸にも島の世界にも広く分布している。

日本神話でも、父なる天イザナキと母なる大地イザナミは、火の神カグツチの誕生によるイザナミの死のために、分離した。これも文化を媒介とした天地分離である。そして死の床のイザナミの排泄物からは、食物と穀物の女神も生まれた。

天地が密着していた原古の状態では、まだ今日の自然界の秩序はなかった。天地が分離してはじめて自然界の秩序が設定され、農耕とか米つきのような人間の文化的営みも可能になる。つまり、天地分離は無秩序ないし渾沌から秩序への転回である。この転回を媒介するものは一般的に言って文化であり、具体的にはことに農耕である。文化がなければ秩序は存在しない。日本と東南アジアの天地分離神話は、この基本的な考え方において共通しているのである。

そして天地が分離せず、近接していた時代は、人類がまだ死を知らない時代だった。スラウェシ（セレベス）のポソ湖地方のトラジャ族はこう伝えている。

初め、天と地とのあいだは近く、創造神が縄に結んで贈物を天空から下ろしてくれ、それによって人間は命をつないでいた。ところがある日、創造神は石を下ろした。われわれの最初の父母は、「この石をどうしたらよいのか？　何かほかのものを下さい」と神に叫んだ。神は石を引き上げて、バナナをかわりに下ろしてきた。二人は走りよってバナナを食べた。すると天から声があって、「お前たちはバナナをえらんだから、お前たちの生命はバナナの生命のようになるだろう。バナナの木が子供をもつときには、親の木は死んでしまう。そのように、お前たちは死に、お前たちの子供があとをつぐだろう。もしもお前たちが石をえらんでいたならば、お前たちの生命は石の生命のように不変不死であったろうに。」

日本のコノハナノサクヤビメとニニギの神婚の神話は、このバナナ型死の起源神話の一種であって、インドネシアの古い栽培民文化の世界観と連なるのである。

ところでいまのトラジャ族の神話にも明らかなように、これら天地分離神話において、くり返し現われる観念は、原初に黄金時代があったが、人間のちょっとした過失でそれが終わってしまったという考えである。天地分離神話ではないが、上述のルアンプラバーンの神話と比較できるものを一つあげよう。アッサムのアオ・ナガ族によれば、原初の黄金時代には、人々は稲の重荷を背負って高いところにある村まで運ぶ必要はなかった。刈り取ったら村にかえり、稲を呼びさえすれば、それでよかった。稲は空中を飛んでやってきて、自分から米倉に入った。飛来米はいつも金持の米倉に行って、貧乏人の米倉にはやってこなかった。そこで、何人かの貧乏な男たちは、籠に稲を少し入れ、こうして彼らの労働の成果を少しなりとも確保した。しかし、この行為によって、黄金時代は永久に終わってしまったのであった。

洪水神話

原古が終わり、現代になる転換点における劇的な事件としては、やはり大洪水が重要である。

北タイのラワ族の兄妹始祖型洪水神話はこう伝えている。世界の最初の日、水が世界にみち、兄妹二人が生き残っただけであった。一羽の鳥の勧めに応じて二人は結婚したが、妹は十年間妊娠したあと、ヒョウタンを一個産んだ。ある日、妹がヒョウタンに穴をあけようとして指をあてたところ、最初の穴からラワ族、他の穴からタイ人、カレン族、中国人、ヨーロッパ人がでてきたという。

このように最初生まれたのが不具児やヒョウタンないしカボチャだったモチーフは、東南アジアに多く、日本神話でイザナキ、イザナミがヒルコを産んだ神話との関係が考えられる。

ただ、兄妹始祖型の洪水神話は、中国南部から東南アジア大陸部、それに島嶼部の北部と西部に主として分布していて、オセアニアのほうまで及んでいない。ということは、この形式の神話は、東南アジアでは、あまり古い文化層に属するものではないことを示唆している。インドや中国の高文化によってもたらされたものでもないから、おそらくドンソン文化などの初期金属器文化を母胎としていた可能性が大きいものと思われる。

中国南部から東南アジアにかけての洪水神話にしばしばみられるのは、上界と下界、海と山というような宇宙の二大原理の代表者が争うことによって洪水が生ずる形式である（上界と下界、海と山の対立については、六八―七二頁参照）。南ベトナム山地のバナル族の神話では、兄妹始祖モチーフも伴って、次のように語っている。

昔、トビがカニと争い、カニの甲羅に嘴《くちばし》で傷をおわせた。これに報復するため、カニは海と川の水を増して洪水を起こし、巨大な箱に入った兄妹二人を除いては、すべての人々が死んでしまった。二人は箱の蓋を閉じ、七日七夜、水上を漂い、水が引いてから外に出たが、食物がなかった。するとアリが米を二粒運んできたので、兄がそれをまくと、翌朝畑一面にみのり、二人は救われた。

次に、兄妹始祖モチーフはないが、宇宙の二大原理の争いで洪水が生ずる形式をみることにしよう。

『大越史記全書』などに出ている、ベトナムの洪水神話はこう語っている。

昔、王様に一人の娘があった。大変美しいお姫様だった。結婚の申込みをする者も多かったが、あるとき、二人の者が王のところにやってきた。山の神と水の神が姫を妻に下さいと言いにきたのである。山の神が、王に山の珍宝や山の野獣をことごとく献上して、先に王と約束をしてしまった。水の神があらゆる珍宝を捧げて願ったときはすでに遅く、王は、もう山の神と約束してしまったので、娘をお前にやるわけにはいかないと断わった。ここで水の神は大いに王をうらんで、急に雲を起こし雨を降らせ、川からは水族を呼び上げて陸上の王に迫った。王様はおどろいて鉄の網を張って防いだ。この一方では水と陸とが相戦った。そしてとうとう山の神が勝った。そして山の神がだんだん勢力を張って南蛮の祖先となった。

つまり、ここでも山と水の争いの過程で洪水が生じているのであって、日本の海幸・山幸神話との類似は、すでに鳥居龍蔵が指摘している。それればかりでなく、マンガイア、サモア、ライアテア(タヒチ)のようなポリネシアの島々の洪水神話でも、宇宙の二大原理の争いが洪水を発生させたのであった。

創世神話の土着の基礎

東南アジアにインドや中国から高い文明の波がおしよせて来たとき、インドシナや西部インドネシアには、すでに土着の金属文化が存在しており、かなり高い文化をもっていた。このような背景をもって、各地で東南アジアの古代文明の花が開いた。ジャワのボロブドゥール寺院や、カンボジアの王都アンコール・トムの遺跡はその代表的なものである。そして、ボロブドゥールやアンコールの遺跡が、インド文明の影響下につくられたものとはいえ、インドにはこれそっくりの祖型はなく、東南アジア独自の形成であるように、東南アジア高文化各国における神話にも、インドあるいは中国からの影響はみとめられるものの、またそこには東南アジア的な伝統がいきづいているのである。

一例をあげよう。カンボジアの日食や月食の起源神話は次のような話である。

太陽と月と、光を放たない大きな恐ろしい星ラーフの三人は兄弟だった。この三人の兄弟は、いずれも若い王子で、信心深かった。三人は修道僧に米を施すのを毎日、怠らなかった。太陽は、その米を金の鉢に入れて運び、月は銀の鉢に入れたが、ラーフは大きな錫の鉢に入れて運んだ。おかげでラーフは大きな星となって、兄たちのように光らなくなってしまった。このお星様は、二人の兄弟を嫉妬して呑もうとするのだという人もいるが、それは嘘で、二人の兄に出あうと、つい自分の口が大きく、兄を呑むくせがあるのも忘れて、抱擁せずにはいられなくなるのだ。しかしすぐにまた呑んだ兄弟をはき出す。

この神話では、日月食を起こす怪物の名としてラーフの名が出てくるのはインドからの影響であるが、このカンボジアの例や、ラオス、シャン族、パラウン族などの類話に共通してみられる太陽、月、それに日月食をおこす怪物が兄弟姉妹の関係にあるという点は、インド神話にはない東南アジアに特徴的な伝承であって、実にこれは日本の天岩屋神話にまで連なっているのである。

そしてインドからの影響と土着の要素が混ざり合い、互いに刺激を与え合って、ジャワにおいては壮大な世界起源神話がつくられた。それによると、諸元素の渾沌たる状態のなかに宇宙卵が漂っていた。最高の超自然的な力の持主、ヴィセソは、この宇宙卵から、天と地、太陽と月、昼と夜を発生させ、それらに名前をつけた。ヴィセソは昼間（マニク）に世界の支配権を与え、万物を創出する力を与えた。昼間はサン・イヴァン・グルと呼ばれることになったが、別名もたくさん与えられ、バトロ・グルもその一つだった。バトロ・グルの支配下に大地と大気は分離し、大気中や地中から出てくる波や風に大地は相変らず翻弄されていた。ジャワ島が分離し、大地の中央に釘づけにされたが、マゲバン付近のティダルという丘がその釘だという。また太陽と月は、現在の軌跡を辿るようになった。

ところでヴィセソは、バトロ・グルの乞いに応じて九人の息子と四人の娘、それにその他の神々を創造した。これらの神々のなかにはヘンポ・ロマディ（火山）神がいる。この神の作業場は現在メラピ火山のあるところにあった。大地も凝固し、悪魔がまもる七層の地下界も発生した。それらはすべて、大蛇ホントボゴが支配するところであったが、この大蛇は背中に世界を背負っているのである。この大蛇が動くと地震がおこるわけだ。

山々も神をたよって創造された。このようにして創造された聖山は、ジャワの王権の支点の一つであった。インドネシアの他の島々たとえばロンボックばかりでなく、ジャワにおいても王は聖山においてその神聖性を獲得したり、あるいは告示されたのである。

ところで、東南アジアの世界観においては、山はたんに王権と結びつくばかりでなく、海と対をなす宇宙の大きな原理の一つである。かつてフランスの東洋学者ジャン・プシルスキーは、東南アジアの大陸部と島嶼部を包含し、さらに北は日本、西はマダガスカルに及ぶ広い範囲に、勇敢な航海者たちが伝えた海洋文明の存在を推定した。プシルスキーは、インドシナが青銅器時代のうちにこの文明のなかに入ったと考えているが、この年代論には保留が必要である。彼は、この海洋文明の世界観を次のように描き出した。

「この文明の特徴は、一つの神話と、碑文や文学や民間伝説の中に辛うじて窺われる社会制度の中に現われている。その神話は、山と海、鳥と魚、山住の人間と海辺の人間とが相対立する二元的世界観の上に立っている。神々の中では神鳥と神魚とが相対立する社会組織も亦この二元的構成の上に置かれている。各部族は二つの部分に分たれている。即ちその食糧をば主として山辺から得る山住の人間群と、海から漁る海辺の人間群とである。前者の首領と魔術師とは神鳥の子孫であって、火と雷とを指揮する。後者の首領と魔術師とは神魚又は神蛇の後裔で、河水と雨とに号令する」(レギ編、村松嘉津訳『仏印文化概説』興風館、一九四三年)

この壮大な構想は、多くの示唆を与えてくれる。たとえば、東南アジアでは、ヒンズー文化の影響の著しいところ、たとえばジャワなどでは、しばしば神鳥ガルダと竜蛇ナガとが対立するものとして強調されている。これなども、実は土着の世界観の現われであるのかもしれない。

神鳥と竜蛇の対立の代表的な実例は、南ボルネオのガジュ・ダヤク族の世界観である。彼らの神界には二種の至高神がいる。人間界の上にそびえ立つ上界の原山に住むマハタラと、人間界の下に横たわる下界(原水)に住むジャタである。マハタラは犀鳥として、ジャタは水蛇として出現する。両神はふつう離れた居住地域に住むと考えられているが、創造神話においては、二つの居住地域はともに上界にうつされている。

神々が宇宙全体をつくる前は、人間が存在する前は、そして原初の村が原水のなかに築かれる前は、あらゆるものがとぐろを巻いた水蛇の口のなかにまだいた当時、つまり、あらゆるものがまだ神の内部にとじこめられ、創造がまだ始まっていない当時は、両至高神の座である金の山と宝石の山がそびえ立っているだけであった。この二つの山が衝突し合うことによって、雲ができ、空の天井ができ、山と岩ができ、月と太陽ができ、天の鷹と魚ができた。マハタラやジャタが出現するのは、それよりもあとである。

つまり、ガジュ・ダヤク族の世界観においても、上界と下界、鳥と蛇という二元的対立の基礎には、またそれをつらぬく統一があり、これが大事なのである。

作物の起源

伝統的な社会においては、ふつう農耕は、たんなる技術的な営みではない。種まきとか収穫のような農作業の主な折目には儀礼が営まれ、また、その作物の起源についての神話も伝えられることが多い。ベトナムの山地民レンガオ族がアワ用の儀礼を伝承していないから、という理由で、アワを栽培することを拒んでいたのも、このような態度の一つの表われである。

東アジア、東南アジアにおいては、かつては主食物としてイモ類や雑穀を栽培していたところでも、稲の栽培にとってかわられたのが一般的傾向である。このような栽培における稲の支配と呼応するように、農耕儀礼においても、稲についての儀礼が、雑穀やイモ類のそれよりも、強度であり、精緻であるのがふつうである。このことは日本でも同様である。

東アジア、東南アジアの何億という人たちの生命をささえている稲は、山地の焼畑で栽培されるものと、平地や谷間などの水田につくられるものとがある。しかし、稲作にかんする儀礼、稲についての宗教的観念、稲の起源神話においては、焼畑と水田とは、多くの共通性をもっており、両者をはっきり区別することは難しい。

稲の起源についての神話には、いくつかの形式がある。そして、そのうちのあるものは、稲以外の作物と共通している。その一つ、殺された神あるいは人間の死体から作物が発生する神話は、インドネシアやマレーシアに広く分布している。その場合、稲ばかりでなく、他の作物も同時に発生したと語っているところも多い。たとえば、ジャワにおいてはある伝えによれば、少女の死体の臍から陸稲、頭からココ椰子、性器からサトウ椰子、両手からはぶら下って実る果実、足からは地中になる実をもった植物が発生した。北ボルネオのドゥスン族の神話によれば、世界の始まりのとき、原初の夫婦に子供が生まれたが、夫婦は二人してこの子を殺してしまった。子供を切り刻みながら、その破片を二人は地中に植えた。しばらくたってその血は米になり、頭はココ椰子に、指はビンロウジュの実に、耳はシリーのつるに、足はトウモロコシに、また皮膚はヒョウタンのつるになった。フロレス島のマンガライ族では、殺された子供の死体から稲とトウモロコシが発生した。そしてこのような形式の神話は古代日本にもあった。つまり八世紀はじめに編纂された『古事記』によれば、男神スサノオは食物女神オオゲツヒメを斬り殺したが、彼女の頭に蚕、両目に稲種、両耳にアワ、鼻にアズキ、陰部に麦、尻に大豆が発生したのであった。

このように、死体から作物が発生した神話形式は、稲に限られているわけでなく、一つの文化においてもむしろ複数の種類の作物に適用されることが多い。さらにこの形式は、インドネシア東部からメラネシアにかけての地域ではイモ類の起源を説明している。たとえば、インドネシアのセラム島のヴェマーレ族の神話によると、ココ椰子の花から生まれたハイヌヴェレという少女が、祭りの夜、踊りの最中に殺され、彼女のからだの各部分はタロイモやヤムイモになった。また、頭部からココ椰子が発生する神話はインドネシアからポリネシアに至るまで広く分布しているのである。

東南アジアの稲作儀礼の重要な特徴は、牛、水牛、豚、鶏のような家畜を屠ることである。大陸部、島嶼部の多くの山地民がそうであるが、平地民のなかにもラオ族のように水牛供犠をする民族もいる。このような家畜供犠には、神に家畜の肉を供え、そのかわり豊作を与えてもらうという観念や、殺された動物の血のなかに宿る呪力が豊穣を促進するという考え、さらには、死が生の前提であるという世界観がみられる場合もある。ビルマのワー族が毎年春、稲の種まきをする前に首狩りを行なったのは、これを行なわなければ豊作にならないと信じていたからである。日本の古代においては、このような首狩りは行なわれていなかったが、家畜の供犠や動物の血を用いる農耕呪術は行なわれていた。『播磨国風土記』の讃容《さよ》郡の条に、次のような記事がある。妹背の二柱の大神が競争で国を作ったとき、イモタマツヒメノミコトは生きた鹿を捕えてその腹を裂き、その血のなかに稲をまいたところ、一夜で苗が生えたので、この苗を取って植えさせたという。南ボルネオのオト・ダノム族では、種まきのときに豚か鶏を殺し、その血の一部は他の食物とともに精霊に供え、他の一部はこれを種籾全部に混ぜる。南ベトナムのセダン族も、稲が芽を出して成長するときに鶏か豚を殺し、その血で小斎田の稲を清める。また東南アジアでは、農耕のはじまるときや収穫祭において牛や水牛を殺す祭りを催すところが多いが、日本でも九世紀初頭の『古語拾遺』には牛の肉を溝の口に置き御歳の神の好意を得る稲作儀礼が記されている。

ところで、そもそも死が生の前提であるという点では、動物供犠は、死体からの作物発生神話と共通点がある。しかし、東南アジア島嶼部では、両者はしばしば相伴っているのに反し、大陸部では、家畜供犠は広く分布しているにもかかわらず、死体からの穀物発生の神話は東北アッサムの丘陵ミリ族やシモン族に類話があるのを除くとほとんどみられない。

作物起源神話のもう一つの重要な形式は、作物の種子を盗んでくる形式である。この神話形式は、東アジア、東南アジアばかりでなく、アフリカやアメリカの穀物栽培民のところにも広く分布しており、したがって、稲作にのみ排他的に結びついているのでなく、アフリカではソルガム、アメリカではトウモロコシに適用されているし、さらにポリネシアの一部、たとえばサモアではタロイモの起源神話もこの形式である。そして、東アジア地域では、台湾の山地民などは、アワの起源神話に盗みモチーフを用いている。スラウェシ（セレベス）島のミナハッサ地方にも米盗み神話がある。昔、ミナハッサにはアンズのように大きな実がなる稲しかなかった。この稲は一度に収穫するのではなく、時に応じて半熟のまま刈り取り、あぶって食べるので貯蔵することができなかった。トゥレンという男は、天には一度に収穫して貯蔵がきく種類の稲があると聞き、天に行ってその稲種を盗もうとした。はじめは米びつの上に寝るとき髪を振り乱し、髪の毛のなかに籾を混入させて盗もうとしたが、みつかった。次に彼は足の裏に傷をつけ、鶏を買いにきたと称して天に行った。鶏を追いかけるふりをして干してある稲を踏み、足の傷のなかに籾を入れて地上にもち帰って稲種に用いたのである。同じスラウェシのトバダ族もまた、一人の男が足の傷穴のなかに稲をかくして人間のところにもたらしたといっている。

稲魂の逃走

ところで、東アジア、東南アジアの稲作儀礼において、目につく現象は、稲魂の観念が多くの民族のところでみられることである。稲魂の観念を伴った古風な稲作儀礼の代表的な例として、ラオスの焼畑耕作民ラメット族の例をあげることにしよう。彼らは主な農作過程ごとにきびしいタブーを伴った儀礼を行なう。ラメット族は、島嶼部東南アジアの多くの民族と同様に稲魂の観念をもち、これが彼らの農耕儀礼において重要な役割を果たしている。つまり、ラメット族の考えでは、人間と稲だけが霊魂をもっている。稲の成育期間中、人々は、供犠をもって稲魂をまつる。この供犠によって、人々は稲の畑を邪悪な精霊たちから守るとともに、祖先や村の守護霊たちに助力を乞うのである。稲魂は、ことに収穫儀礼において重要な役割を果たしている。稲刈りのとき、稲魂を逃がさないように、畑の隅から稲魂を追いたてるように刈り進んでいく。稲魂は畑から畑へと逃げていき、しまいに、畑小屋の近くにある神聖な畑に到着する。この聖なる畑は、他の畑に先立って播種され、他の畑よりもあとで収穫される。他の畑では、稲穂は簡単に手でしごいて籾をとるのだが、この聖畑では、稲の茎をそっと切って稲魂のつまった束にたばねる。この束から、来年、聖なる畑にまく種籾が採られるのである。もしも稲魂が逃走するようなことがあると、どの畑にも稲は実らなくなってしまう。

稲作過程におけるタブーの存在や、稲魂の観念は、東南アジアの古風な形式の稲作儀礼に広くみられるものであって、日本でもたとえば奄美諸島では顕著である。しかし、これはその北の日本本土では、もうあまり明瞭でなくなってしまう。

ところで、多くの民族の稲魂に共通して見られる特徴は、稲魂は大変感じやすく、傷つきやすく、傷つくとすぐ逃亡してしまうことである。このような観念は、西は中部インドのムンダ族にまで広がっているが、古代日本にも存在していた。『豊後国風土記』にのった餅を的として射たため、餅が白鳥になって飛び去り、射た百姓たちが死に絶えたという伝説は、その痕跡であろう。

このような稲魂逃亡の観念は東南アジアにもしばしばみられる。岩田慶治氏が報告したクメール族の伝説に次のような話がある。

大昔には、稲は、実ると自分から空を飛んで米倉に降ってきたので、稲刈りなどはしなくてもよかった。ところが、あるとき米倉の隣に住む若夫婦が不快な音をたてて稲の神を驚かせ、さらに不謹慎な言葉を口にして稲の神を立腹させたため、稲の神は高山の入口の狭い穴蔵に逃げこんでしまった。稲の神がいなくなったので、国中の人々が飢えに苦しむようになり、人々は稲の神を連れもどそうといろいろ試みたが成功しなかった。最後にトライ・カム・プリアンという小魚が使者に選ばれ、苦心のすえ穴蔵に入りこんで稲の神を連れもどしてきたという。また、ビルマのカレン族の伝説でも、心ない女に竹竿でなぐられた穀母神ピ・ビ・ヨーはコオロギとなってカニの穴にもぐってしまったという。このように逃亡しやすい稲魂や稲の神に対しては、ごきげんをとって人間の世界あるいは米倉のなかにとどまってもらわなくてはならない。これも稲作儀礼の重要な要因の一つであるといってよい。

ときには稲魂は、単独ではなく、お伴をたくさんつれて逃亡し、放浪することがある。前田成文氏が報告したスラウェシ南部のブギス・マカッサル族の地域で語られる三毛猫が活躍する稲神話がそれである。この猫物語は、種まき前に種籾を夜っぴいて守る儀礼のときに三晩つづけて誦される。主人公の三毛猫は、天の神に嫌われ、人々や犬からいじめられ、マイワ村のある家の屋根裏の稲積みの上に逃げこむ。稲魂は眠っているが、騒ぎで目をさまし、鶏やネズミから稲を守ってくれる猫が虐待されているのを見て、稲魂はそこにある米全部と一緒にこの家を去る。稲魂、稲、三毛猫の一行は、放浪の途中で作物の神、モロコシ、トウモロコシ、アワに出会い、彼らもネズミ、鶏、猪の害に会っていたので、放浪の旅に参加する。一行はベルの村の長の家でよい待遇をうけた。稲魂は稲作に際して守るべきタブーを教えてこれにこたえた。しかし稲魂は、それでもマイワにおける猫に対する虐待を思い出して、到底地上にとどまる気がせず、天上にのぼった。そして母神の子宮のなかに胎児としてもどることを希望した。しかし母神は、もしも稲魂がこのまま天上にとどまるようなことがあれば、世界の作物、草木果実すべてが稲魂を探しもとめて天に上ってしまい、地上の生物はみな滅んでしまうと指摘し、地上に帰るように訓した。稲魂は涙ながらに説得され、母神から農耕のタブーについての教えをうけ、稲妻と電光に送られて地上のベル村にもどり、村の長に、タブーをきちんと守るという条件で、屋根裏に一行とともにとどまったのであった。

動物のもたらした稲

稲作の神話には、三毛猫ばかりでなく、さまざまな動物が登場する。ことに稲種をはじめて人類にもたらしたのが鳥であったという形式は、中国四川省のミャオ族にもあるが、日本内地では、鶴が稲をもってきた伝説が、非常に広く分布している。また何らかの種類の鳥が稲をもたらした神話は、東南アジアの大陸部や島嶼部にも多い。たとえばタイ国北西部のラワ族は次のように伝えている。

昔、ラワ族には米がなかった。山のなかの石のなかに米があることを知ってはいたが、山が高すぎ、また石の穴が小さすぎるため、米を手に入れる機会がなかった。そこでラワ族は黒い小鳥に、「もしもお前が米をもってきてくれるならば、お前は収穫前に米を食べてもよい」と約束した。この鳥がもってきた稲種でラワ族の稲作がはじまったので、今でも鳥が収穫前に稲を食べるのはさしつかえないとされている。このように鳥が稲を人間のところにもたらした話はインドネシアにも多い。この稲の起源伝承と対応して、鳥に米を食べさせる儀礼や習俗も、東アジアや東南アジアに数多く存在する。

稲をもたらした動物としては、上にも記したように、バナル族はアリ、クメール族は小魚をあげている。中国南部から東南アジア大陸部の北部にかけては、犬あるいはネズミが、水を渡って稲をもたらす形式が分布している。たとえば、アッサムのレングマ・ナガ族の神話によれば、原古の池に稲が生えているのを発見したので、人々は一匹のネズミにそれをとってこさせた。それ以来、ネズミはその褒美として米倉を荒らすようになったのである。

稲については、そのほか、いろいろの興味深い観念がある。たとえば、日本で雷光のことを稲妻といい、古くは《イナツルミ》といって、雷光がきらめくと稲の生育がよいと信ぜられていたが、南ベトナムのセダン族もまたやはり、雷の神の和合によって稲が生育すると信じている。また、上述のルアンプラバーンの例（六二頁）のように、タイ系諸族では、原古には米粒がカボチャのように大きかったが、不注意な女のために小さくなってしまったという神話が広く分布しており、一方、インドネシアでは、原古には、一粒の米で釜一杯の御飯がたけていたが、人間（ことに子供）の不注意によってこれが不可能になったという神話が多い。

失われた釣針

いままでわれわれは、世界や人類、それに文化（農耕）の起源の神話をみてきた。このほかにも東南アジアには豊かな神話伝説があるが、ここでは、東南アジアに広く分布する冒険譚として、失われた釣針型の神話をとりあげることにしよう。これは時には神器（ブギス、マカッサル）、水牛（チモール）、住民（ケイ）などさまざまなものの起源も説明しているが、主人公の冒険はほぼ同様な経過をたどっている。つまり、この失われた釣針を求めて海中に行き、釣針をとりもどし、また場合によって海の少女と結婚する形式の神話伝説であって、この形式が、スマトラ、スラウェシ（セレベス）、スンバ、ケイなどインドネシアの島々に広く分布し、そのほかミクロネシアの一部や北アメリカの北西海岸にも及んでいること、日本の海幸山幸の神話もその一例であることは昔からよく知られており、さらにビルマにも例があり、中国にも痕跡がある。ここでは、その一例としてチモール島中部の例をクライエル・ファン・アールストの報告から引いてみよう。

むかしニフにマフェファリロの祖先のネノ・サナムが住んでいた。ある日のこと、ネノは兄のテファから釣針と釣糸を借りてニヌノニ河に鰻《うなぎ》を釣りに行った。豚肉を一切れ餌として釣針に結びつけ、朝から夕方まで待ったが、鰻はかからなかった。そこでネノは釣糸をケベサの木にしばりつけ、夜の間に鰻がかかったら、翌朝取りに行くことにして帰宅した。

家にはもう兄のテファがいて「釣針と釣糸はどこにある」と尋ねた。ネノは兄に事情を話し、翌朝をたのしみにしていてくれと言ったが、兄は「もしも糸と針がなくなったら、俺は本当に怒るぜ」と言った。

その夜、北西から嵐がやってき、大雨が降って川は氾濫した。しかしネノは鰻の夢を見て眠りこけていた。その間にワニの王が出てきて、釣針につけた餌を見つけ、釣糸もろとも嚥《の》みこんでしまった。しかし餌も針も糸もワニの腹には入らず、喉にひっかかり、針は肉に喰いこんだ。ワニが苦しみもがくうちに、木に縛っておいた釣糸はワニの歯で咬み切られ、ワニはおもむろに水底のわが家に帰った。そして傷に苦しむ身を床に横たえた。

翌朝ネノは、まだ水位が高いので、膝まで水につかりながら例の木のところに行って釣糸をたぐり寄せた。しかし釣針も餌もなかった。家に帰ると兄のテファは弟が釣針を失い、糸が短くなってしまったことを知って、ネノにひどく怒った。そしてネノに失われた釣針を探しに行かせたが、みつからなかった。

三日たってネノは兄のところにもどったが、兄は弟にもう一度釣針を探しに行かせた。例の木のところに行ってみると、雌のワニが捕えた豚を洗っていた。ネノはワニに何をしているのかと尋ねたところ、彼女の夫のワニの王が病気なので、それに食べさせるためと答えた。ワニ王の病状を尋ねると、喉が痛んでいるという。「なぜ薬をあげないのか?」とネノが尋ねると、雌ワニは、あらゆる薬をためしてみたが、よくならなかったと答えた。

ネノはワニ王の病を治すため雌ワニの背に乗って水中のワニの王宮に行った。ネノはワニ王の口を開けさせ、手を入れてみて、釣針をとって行ったのが鰻ではなくてワニ王であることを知った。しかし、彼はワニの女王に、「この病気を私は治せるが、薬をとりに一度家に帰らなくてはならない」と言った。雌ワニはネノを再び河岸の木のところに連れて行ったが、ネノは兄のいる家には帰らず、畑で灌木の葉と根を少し取り、尖った木片を切りとってきた。

ネノは再び雌ワニの背にのってワニ王のところに行った。彼はワニ王の喉のなかに手を入れて釣針をとり出して、自分の褌《ふんどし》のなかにまきこんでから、喉のなかに木片があったので、王は病気になったのだと言い、薬を王の首のまわりに巻き、シリー汁を頰にふきつけて、三日たったら、また患者をみに来てあげると言い、地上にもどった。ネノはただちに家にもどり、テファにはどうして釣針をとりもどしたかは言わなかった。テファは釣針がもどったので喜んだが、失くなった釣糸のかわりに釣糸用の繊維をさがせと言った。ネノはまたワニ王のところに行ったところ、病気が回復したので、お礼に水牛をやると言われた。そこでネノは三日間、繊維をさがすふりをして水牛のための囲いを作った。三日たち、ネノは繊維用の木をとりに行こうとテファを連れ出し、囲みのところに来た。ネノは兄に水牛を二頭、他の村人には一頭ずつ与えた。これがこの地方の水牛のはじまりである。だから、いまでもこの地方では水牛の発情期になると水牛の持ち主はワニの王に供物をささげるのである。

またスラウェシ（セレベス島）ミナハッサの話ではこうなっている。友達から釣針をかりた主人公がこれを失ってしまった。日本の場合と同様に、友にぜひもとの針を返せと催促されて、主人公は海中にもぐった。海のなかの一軒の家ではそこの少女が喉に針がささって苦しんでいるのを引き抜いてやった。男は帰りには大魚に乗って帰ってきた。男は大雨を降らせたりして友人をいろいろ復讐して苦しめた。

このようにチモール島の例では、意地悪された弟は別に兄に復讐することもなく、円満に終わっているが、ミナハッサの例やケイ諸島などの類話では復讐モチーフが出ている。話の展開からいっても、日本の海幸山幸をはじめとする、これら復讐モチーフの伴った形式が古い形式なのであろう。また、チモール島の例をはじめとして、物語の発端は兄弟の一方が他方から釣針を借りる形をとっており、日本のように兄弟が狩猟・漁撈の用具を交換する形はとっていない。しかし、セレベス北部のブオール王国の起源神話では、兄の猟犬と妹のミサゴ（魚を捕る鳥）の交換と、兄がミサゴを返さなかったため二人が仲違いすることが語られており、交換型もあるのである。

このように失われた釣針型の伝承は、東南アジアでは主として島嶼部に広く分布している。しかし、かつては大陸部にもかなり存在したのかも知れない。そういう想像をさせるのは、ビルマのミンダッ・チン族の次の伝承である。

昔、ミモ山の麓に二人の兄弟が、それぞれの家に住んでいた。ある日、弟は兄から釣針を借りて川で釣を始めたところ、かかった魚が大きすぎて、糸が切れ、魚は釣針をくわえて逃げてしまった。弟はほかの釣針で弁償しようとしたが、兄はあれは先祖伝来の大事な釣針だから、どうしてもあの釣針を返せと言った。弟は村人の助けをかりて、川をせきとめて水をかい出し、大魚をつかまえて、それを切り開いて釣針をとりもどして、兄に返した。

ある日、兄は弟の家に姿を見せ、土製のフライパンを借りて行った。兄は自宅にもどる途中、何かにつまづいて、フライパンを落として割ってしまった。弟はあれは先祖伝来のフライパンだから、どうしてもあれを返せ、ほかのものではだめだと言い張った。兄弟は口論のすえ、別々の道を行くことになった。兄は平原に下って行ってビルマ人の先祖となり、弟は山地を遠くまでのぼって行って、チン族の先祖になった。

日本の海幸山幸神話との関連でいえば、失われた釣針形の伝承が東南アジアに広く分布するばかりでなく、また日本の豊玉姫神話のように、水界の支配者の娘、ことに龍王の娘と結婚して王朝を建設する神話も、カンボジアやビルマのパラウン族などに分布していて、東南アジアの神話と日本神話との深いつながりを物語っているのである。

三神一組の構造

個々のモチーフや形式の類似や一致のレベルをこえて、東南アジアの神話の根底にある構造の共通性の問題は、まだほとんど研究されていない。しかし、東南アジア島嶼部、つまりオーストロネシア（南島）語族のヘスペロネシア（インドネシア）語派の世界には、三神一組の構造が広くみられるのは、このような構造の共通性の一例であろう。西部インドネシアにはインドからシヴァ、ヴイシュヌ、ブラーフマンの三神一体論が入り、ある程度の影響を与えているが、おそらくそれ以前に、すでにインドネシアには固有の三神一組の観念があったのではないかと思われる。この西はスマトラから東はマルク（モルッカ）諸島まで、くり返しみられる三神一組の構造では、相対立する二神、あるいは二つの原理を表わす二神がおり、さらにこの対立ないし両原理を包括した全体性を表わす神がいる形式をとっている。

たとえば、スマトラの西の海上にあるニアス島では、下界の神ラトゥレ・ダネと上界の神ロワラニの両神が、原初の対をなす神々である。ピーター・スズキの説によると、この両神は密接に結びついているが、このいわば二重性のなかの統一性を一身に象徴しているのは、シレウェ・ナザラタという曖昧な性格の神である。この神はロワラニの妹であるとともに妻であるが、ラトゥレ・ダネとも結びついている。このようなアンビヴァレントな性格に対応して、この神は顔が二つあり、かつ両性具有の像として表わされることがある。またマルク諸島のケイ諸島にも海幸山幸の類話があるが、そこでも三人兄弟の長兄と末弟が争い、真ん中のものは何もしない。この三人兄弟には姉妹が二人いるが、かつてオランダの民族学者ファン・ワウデンは、この真ん中の無為の男こそ、五人兄弟姉妹の統一性を表わしているのだと解釈した。東南アジアにおける神話のこのような深層構造が、だんだん解明されていけば、それは日本やオセアニアなど、周囲の地域の神話の構造解明にも大きな示唆を与えることになろう。

参考文献

東南アジアの神話について、一冊の本でまとまった概観を与えるような本は、日本語でも外国でもまだ出版されていない。比較的包括的な著書や論文には、次のようなものがある。

Dixon, Roland B., 1916. Oceanic, L. H. Gray (ed.), *Mythology of All Races*, vol. 9, Boston : M. Jones.

Fischer, H. Th., 1932. Indonesische Paradiesmythen, in : *Zeitschrift für Ethnologie*, 64 : 204–245.

Kühn, Alfred. 1935. *Berichte über den Weltanfang bei den Indochinesen und ihren Nachbarvölkern. Ein Beitrag zur Mythologie des Fernen Ostens*, Leipzig : Otto Harrassowitz

Laubscher, Matthias Samuel. 1971. *Schöpfungmythik ostindonesischer Ethnien. Basler Beiträge zur Ethnologie*, Bd. 10, Basel : Pharos-Verlag

Mabuchi, Toichi. 1964. Tales Concerning the Origin of Grains in the Insular Area of Eastern and Southeastern Asia, in : *Asian Folklore Studies*, 23 : 1–92

Münsterberger, Warner. 1939. *Ethnologische Studien an indonesischen Schöpfungsmythen*, Haag : Martinus Nijhoff

大林太良（編）、『日本神話の比較研究』法政大学出版局、一九七四

Porée-Maspero, Eveline. 1962–1969. *Études sur les rites agraires des Cambodgiens*, 3 vols. La Haye : Mouton

Scott, J. G., 1918. Indochinese, L. H. Gray (ed.), *Mythology of All Races*, vol. 12, Boston : M. Jones

Walk, Leopold. 1949. Das Flutgeschwisterpaar als Ur- und Stammelternpaar der Menschheit. Ein Beitrag zur Mythengeschichte Süd- und Südostasiens, in : *Mitteilungen der Anthropologischen Gesellschaft in Wien*, 78–79 : 60–115

ウラル諸族の神話

A・ソヴァジェオ

ウラル諸族がまだ一体をなして生活していた当時のウラル神話はどういうものであったのか？それを正確に想像するのは容易なことではない。彼らの分散は紀元前四千年紀の初めごろには始まっていたに相違ないのである。サモエード族が共通幹から分離したのがそのころである。それから千年後に、今度はウゴル（ハンガリー人、ヴォグール族、オスチャク族の祖先）が他のフィン・ウゴル諸族から分かれた。そして後者も紀元前数世紀まで分裂し続けたのである。

さらに、ウラル語系諸民族が残した言語記念物は年代が新しく、これらの民族の古い時代の神話については、非常に大まかな情報しか与えてくれない。外国人観察者が残した証言も全面的に信頼できるわけではないし、そういう証言すら数は少なく、大部分は遅い時代のものである。そのうえウラル諸族は、インド・ヨーロッパ語系やチュルク語系などの多くの他民族と多かれ少なかれ継続的な交渉を保ってきた。非常に古い時代においてすら、直接的にであれ何らかの民族を経由してであれ、彼らは――しばしばはるか遠方の――諸民族のあいだで流行していた諸信仰について知り、それらを取り入れたり、それらに合わせたりした。したがって、ウラル起源の諸民族がそれぞれ自分の神話を発展させ、またそれらの神話が多かれ少なかれ混合的であったとしても、驚くにはあたらないのである。ウラル神話本来の考え方と思しきものの復原を、以下において試みるためには、比較を行ない、また言語学、考古学その他の諸科学の助けを借りなくてはならない。

目下のところ、ウラル語系諸民族の神話の総体を扱った研究はない。研究者たちは、ウラル神話のある特殊な側面について、何らかの部分的な仮説をここかしこで粗描する以上のことはほとんどなしえなかったのである。

しかしながら、ウラル共通語に遡る諸言語をもつこれらすべての民族の最も古い信仰特徴をなしていると思われるものを引き出すことによって、次のような若干の根本点を押えることができる。

ウラル語族はいわゆるシャマニズムを知っていたに違いない。彼らにかんしては、サモエード族、ラップ族、古代フィン族、ヴォグール族、オスチャク族、さらには古代ハンガリー人においてすら一致して証拠があがっており、疑問の余地はない。これらの民族はすべて呪術師の能力を信じ、呪術師は、さまざまな手順を踏み、いくつかの儀礼を行なうことによって、天の諸精霊とも地下の地獄の諸精霊とも連絡することができた。これらの呪術師――特権的な血筋のなかから選ばれたのであろう――は超自然的な力を授けられていた。彼らは自分の身体を離れて、天に昇ったり地下に降りたりすることができた。また、鳥や蛇や魔法の鹿など、いろいろな動物の体にのりうつることができた。海の巨獣の腹のなかに隠れることもできた。彼らは病気の原因を見つけ出し、原因になっている不吉な精霊に働きかけて病気を治した。彼らは死者の霊の意志や、自然を満たしているさまざまな霊鬼《デモン》の意志を解釈した。彼らは占い師であり、そしてとくに、神秘の知識を占有しているおかげで、無敵あるいは不死身であった。

シャマンの用いた道具は、神秘的な記号で飾られた聖なる太鼓であり、これを匙形の一種のバチで鳴らした。祭式執行者本人について言えば、彼は最後には失神状態《トランス》に入ったのだが、このほぼ完全な強梗症状態《カタレプシー》は、大抵、毒キノコの摂取の結果として得られた。

シャマニズムはウラル語族に固有のものではない。それは、同一ではないとしても類似した姿で他の諸民族、とくにシベリア地方全域、なかでもツングース族やケット(イェニセイ・オスチャク)族などに見いだされる。

これらの呪術師には序列があった。皆が同等の力をもっていたわけではなかった。最近でもまだ、タウギ・サモエード族やイェニセイ・サモエード族は、シャマンを三等級に分けていた。最も上の等級の者だけが、太鼓を用い、諸精霊を服従させたり手なずけたりすることができた。

原始のウラル神話には、シャマニズムを動かしていた諸観念が反映していたに違いない。概要を復原できる限りでは、次のような諸主題に関係する神話が主要なものであった。

まず、世界の創造にかんする、あるいはそれを説明する神話があった。今日まで伝わっている諸伝承が描いているのは、本質的には陸地の創造である。というのも、陸地——人間や動物のすみか

——の創造にかんする諸神話は、人間や、少なくともいくつかの動物たち、そして何らかの諸精霊がすでに存在していたことを前提にしているのだから。たとえばフィン人の神話を要約するとこうである。すなわち、いちめんに水があった。水の上を一羽の鷲が、卵を産める乾いた場所を求めて飛んでいた。鷲は突然、呪術師ワイナミョイネンの膝が浮き出てくるのを見た。膝を大地の切れ端と思った鷲は、そこに卵を産みつけ、孵《かえ》しはじめる。しかし、水中で眠っていた魔法使いが膝の焦げるのを感じて目をさました。彼は体を動かす。彼が足の位置を変えたので、半ば孵化しかけていた鷲の卵は水に落ちた。卵は割れ、黄身は月や太陽になり、殻は陸地と星になった。

ユラーク・サモエード族の話によると、まだすべてが水におおわれていたときのこと、ある日、至高神ヌムは、土地が出現しているのではないかと疑った。彼は鳥たちを次々に派遣して水中深く探査させ、ついにそのうちの一羽、アビがくちばしに底の土を少し入れてもち帰った。ヌムはその土で浮島を作り、固くし、少しずつ広げるのだが、その手順は話によっていろいろである。類話はヴォグール族やオスチャク族のところにも流布しており、後代のものであることが明白な諸特徴が混入している。結局のところ、これらすべての伝承からはっきりしてくることは、創造が宇宙の始まりとは考えられていないということである。事物の始源は陸地の出現に始まる。それに先行するものは無限に広がる水として表象され、ときには水の上に霧がかかっている。鳥の創造が別個に言及されることはなく、鳥は造物主と同時的に存在し、その助手をつとめる。人間はどうかというと、

〔原〕ウラル語族が人類の出現をどのように想像していたのかわからない。というのも、この点に

かんしては話に非常な違いがあるからである。多くの場合には、一組の男女がさまざまな波瀾ののちに子供を産むが、これらの波瀾には諸精霊——多かれ少なかれ敵対的な——やいくつかの動物たちが関与している。

これらすべての不一致や欠落の原因として、伝承がとぎれとぎれにしかわれわれのところまで伝わってきていないということがあるのは疑う余地がないが、同時にまた多分、ウラル語族が等質的な創造観を育てえなかったという事実もあるだろう。一般の人々は、神秘的な知識をもつ呪術師たちとはかなり異なる観念をもっていたに違いない。

とにかく、創造は一気に成し遂げられたものとしては表象されていない。その証拠に、別の非常に広く流布している神話には、太陽も月も星もまだ空に輝いていなくて宇宙が闇に沈んでいた時代が描かれている。そのとき、一人の英雄——伝承により描写はまちまちである——が太陽と月と星を《解放》しに行き、それらを今日のように配置するのである。この《解放》は、プロメテウスの試みやヘラクレスの難業に類する危険な企てとして描かれている。解放の英雄——しばしば非常に小柄な人物である——は使命を妨げるさまざまな困難を克服する。彼は輝く天体を怪物の腹のなかから救い出したり、山や水中や地下などに取りに行ったりする。諸天体を奪われた悪霊たちが追いかけてくると、英雄はいろいろな魔法を使ってこれを厄介払いする。英雄が悪霊に一滴の液体を投げつけると、その液体は渡ることのできない海や川になる。石を投げると、巨大な山（しばしばウラル山脈と名指しされる）になる、等々。この神話が、月食や日食を説明する信仰と結びつけられることもある。つまり、怪物が月や太陽を食うので、輝く天体を怪物から救い出さねばならないというわけである。しばしばこの怪物は北を具現する巨人と見なされるが、北は暗闇と寒さの場にほかならない。

第三の神話群はこの北にかかわり、北に位置する不吉な力との戦いを語るものである。この力は女の姿をしていることもあれば（フィン人の伝承）、悪い巨人として描かれることもある（ユラーク・サモエード族）。この北の（そして闇と寒さの国の）神が、人間の繁栄を左右する魔法の道具をもっている。この呪物を奪取するために遠征が行なわれるが、これの入手によって農業、あるいはより一般的に豊かさが初めてもたらされる。フィン人の伝承では、問題の呪物はサンポと呼ばれる（これはエリアス・リョンロットの『カレワラ』に現われる語である）。どういう姿で描かれるにせよ、北の神は当然のことながら攻撃者に抵抗し、波瀾万丈の戦いが起こるが、その結末は場合によってさまざまである。

神話のモチーフは混ざりあい重なりあっているので、どれがどの神話群に属しているのか識別しにくい。フィン人のサンポは、しばしば宇宙を支える柱の観念と結びつけられてきた。〔原〕ウラル語族は天が複数もしくは単数の柱で支えられていると信じていたようである。そういう推定を許す根拠は、サモエード族においてもラップ族においても祭祀の場所が一般に高いところにある、山の上にすらある、という事実である。さらに、生命樹の生える聖なる森で祭祀が行なわれたが、この木は天空を支える柱の象徴だったのであろう。フィンランドの探険家T・レヒティサロの回想によれば、ウラル山脈のある聖なる頂に、ユラーク・サモエード語で《運搬者》を意味するミスエイという名がついていたという。彼は、サモエード族が立石や山頂をどれもこれも宇宙の支えと見なしていると指摘している。

ラップ族の歴史の専門家たちもまた、この遊牧民が天に向かって立つ孤立した石を崇め、かつ自ら石を世界の支柱として立てることを指摘している。しかし、ラップ族の用語がスカンジナヴィア語系であること、この世界の支柱の観念を彼らがゲルマン族から教わった可能性があることも認めておかねばならない。七七二年のエレスブルクにおけるザクセン人に対する戦いでシャルルマーニュが破壊したイルミン柱を思いおこせば十分である。

どうやら宇宙の支えの《柱》は大地の回転軸と考えられていたようであり、大地が回転するから昼夜各時の星の位置が変化すると説明されていたようである。支柱の起源神話によると、一人の非常に優れた鍛冶屋がこれを作ったという。支柱は良好な状態で保存することが肝要であった。というのも、これがなくなると、宇宙が崩れて天空が地面を圧しつぶすおそれがあったからである。北極星は聖なる柱の頂点と考えられた。この星のまわりを天は回転したのである。

フィンランドの探険家T・レヒティサロがさらに報告したところによると、彼が生活をともにしたユラーク・サモエード族は、テントの中央の棒をまさに宇宙の支柱の象徴と見なし、シャマンはこの棒をある種の——とくにテントの住人の誰かが死んだあとの——儀礼の対象にするという。この柱を伝って行くことによって、ある種の儀式において天界への上昇が可能となる。その際、テント上部の穴は天空への入口となり、そこから呪術師は天に入りこんで天上の精霊たちに会うのである。ついでに言うと、たとえばサモエード族は、天が一連の層をなしていると思っている。呪歌はたえず《七つの天》に言及し、神話の英雄は《七番目の天》まで飛んで行くのである。

シャマンの秘伝的知識において、北極星は天空の回転軸を意味していたに違いない。民間伝承のそこかしこにその名残りが見られる。北極星は不動と見なされ、諸星座は北極星の位置を基準にして探測された。

大空が最高点に達したのが、この北極星のあたりであった。そこから空は同心円状に低下し、地平線で大地と結合した。いくつかの話によると、空の状態がずっとこうだったわけではない。かつて万物の始まりのころには、天が人間の背よりたいして高くない時代があったのである。当時、天は人間の住むテントや小屋と同じくらいの高さであった。屋根にあいた穴を通して、人々は天や天神と簡単に連絡をとることができた。これだと、親切な精霊たちの恵みをたやすく受けることができて、具合がよかった。ところが、いくつかの伝説によると、ある日一人の女が「家のなかに煙や霧が入ってきて困る」と不平を言ったため、気を悪くした天上の精霊たちは、巨人あるいは誰かほかの神話的人物に命じて、天を今の高さまで押し上げさせてしまった。この記憶すべき出来事以来、人間は、天上の神々と自分たちとのあいだのとりなしを、仲介霊や呪術師に頼まなければならなくなったのである。

地平線の果てでは、天が大地と一つにならんばかりに下がってきていた。あまりにも低くて、この天井の下にいられるのは鳥と丈の低い生き物だけで、普通の身長の人間は押しつぶされてしまうほどであった。伝承、とりわけフィン人のそれは、弓で鳥を狩るピグミーのような小人を描いている。

地平線のへりの諸地方――とくに南側――はまた、秋に渡り鳥が飛んで行く地方であり、鳥たちは春とともにそこから帰ってきたのだった。天を南東から北西に横切る壮大な道を渡り鳥は通るのだと人々は想像した。天の川である。

しかし、この星の回廊については別の説明もなされた。すなわち人々は、天を横切って切り倒された巨木の幹と枝をそこに見たのである。それはカシワの大木であったが、高く伸び過ぎて太陽や月や星の光をかげらせてしまった。雲は巨木の枝に引っかかり、空を漂えなくなった。そのとき、一人の小人が海または地下から現われて巨木の幹に近づき、金あるいは銅の斧で一撃した。木は倒れ、天空の一部をおおったものの、太陽や月や星は解放されて再び輝きはじめ、雲はまた空を流れはじめたという。

この木はどこから来たのか？　そのことに触れている説話はほとんどない。この木をイソ・タムミ、つまり《大カシワ》と呼ぶフィンランドの民間詩は、三人の若い娘――三人のいいなずけ――がこれを植えたと語っている。この同じ伝承によると、海から現われた一種の親指太郎が木を倒したという。彼は真っ黒で非常に小さかったが、小斧の一撃で木を倒すだけの力があった。

これに類似した神話で、今日まで民族学者を困らせてきたものがある。すなわち、巨木ならぬ巨獣――全地域を覆ってしまうほどの大きさの牛科または鹿科の怪獣を暗示する神話であるが、いくつかの伝承ではこの怪物もまた、海から多少とも思いがけなく現われるちびによって倒されるのである。これがフィン人の《大牛》（イソ・ヘルケ）伝説である。人々は、この話には何か大熊座ひいては北極光《オーロラ》への暗示がある、言いかえるとこの話は起源説明神話であると考えたがった。しかし、この話が年代的に本当にそんなに古く遡るものなのかどうか、また〔原〕ウラル語族がこの話を知っていたと想定する必要があるのかどうか、あるいはこの話が後になってとくにフィン人のところで発展したにすぎないのかどうか、われわれにはわからない。

大きな鹿、魔法の大鹿、魔法のトナカイの狩の話もまた、何らかの天体現象に関係するものと見なされている。ある狩の名手が一頭の巨大な動物を追跡しはじめるが、動物は、人々のあいだで略奪や破壊を働いたのち、天に逃げる。狩人が追付くが、最後の瞬間に動物は棒立ちになって逆らい、逃走する。人々はこの狩人に北極星の擬人化を見、鹿《セール》ないし大鹿《エラン》に大熊座の姿を見た。

大熊座は実際、鹿科動物を表わすものと解釈された。げんに伝説によると、大鹿、鹿あるいはトナカイ――地方によって違う――はもともと足が六本あって非常に速く走れ、その速いことといったら、狩人は手も足も出ないほどであったという。いくつかの説話は、問題の鹿科動物がどのようにして地上に落ちて足を二本失い、狩人に追いつかれ殺されるようになったかを説明している。

より一般的に言って、諸星座は天に移された諸動物と考えられていたが、とくに大鹿はウラル語系のいくつかの民族において確かに特別の崇拝対象であったようである。

スバル座もまたウラル語系の諸民族の想像力をかきたてたらしい。ヴォグール族はスバル座に巨大な大鹿を見る。大鹿は、六本足のうちの二本を切ろうと追跡してくる狩人から逃れるために、空高く避難したのである。

この同じ狩人が空にスキーの跡を残している。天の川である。冬、渡り鳥はこれを通って暑い国に行く。別の諸伝承によると、天の川は、天の狩人から逃げる獲物の辿った跡を表わしている。

天そのものは、ある種の神々のいますところであった。フィン・ウゴル語派ないしはウラル語系の全民族が、歴史時代には一柱の天神を認めていた。たとえばユラーク・サモエード族におけるヌム、ヴォグール族におけるトルム、フィン人におけるユマラ、等々。こうした神は、初めは単一ではなくて、他の神々——大抵は彼の子供たちとりわけ息子たちや孫たちとして表わされる——に取り巻かれていたようである。これらの天の神々は、明るく輝く場所に住んでいた。サモエード族の伝説は、天神が火でできていて、人間が正面から見すえることはできないと明言してさえいる。ある理論家たちはフィン人の天神の名ユマラに《明るさ、光》を第一義とする語根を結局認めるべきであると主張しているが、もしそうであるなら、この伝承が確認されることになろう。〔原〕ウラル語族は天の神々を天空の輝く星々のなかにいます輝く存在として想像していたのであろう。

この神話が太陽崇拝と結びついていた公算がかなり強い。実際、諸儀礼は東に向いて行なわれたし、死者もまた東に向けて葬られた。つまり太陽の昇るほうに向けてである。

月崇拝は、月面に見える人物についての伝説をたくさんの伝承のなかに残している。物語はほぼどこでも同一である。すなわち、月が明かるくて男または女の泥棒の仕事がうまくいかなかった。泥棒は、月面を暗くするため、月に塗料を塗りに行って、そのまま月にくっついて離れなくなってしまう。それ以来、月明かりの夜には泥棒のシルエットが月にくっきり見えるようになったのだという。

天には狭義の天神たちとは別の諸精霊も住んでいる。それは雷の精霊たちで、ことのほか怒りっぽい。ユラーク族の考えでは、これらの精霊が《北の牡牛》と戦うときに出る大音響が雷鳴である。（《牡牛》はここでは雄のトナカイまたは雄の大鹿と解すべきである。）サモエード族は、稲妻を放つこれらの精霊には正常な人間の体の半分の器官しかない――手は一本、足も一本、目も一つ等々――と信じている。

この雷の観念は、他民族から借用した別の諸観念によって変化させられたようである。フィン人、またより一般的には西部フィン・ウゴル諸族は、雷の神を青衣の老人と考えた。彼は、むせるような暑さが生んだ悪霊たちを追跡する。敵に出会うと雷の神は矢を射かける。この矢が地上に落ちたものが雷石で、人々はそこかしこでこれを見つけて御守りとしてもっている。しかし、フィン・ウゴルの領域の西部全域において、雷にかんする先祖伝来の伝承にスカンジナヴィア系のトール神信仰の影響が加わったらしく、敵を打つのに使う槌が雷神の徽章になっている。

大地の果てには大きな《渦巻き》があり、うっかりそこに近づいた漁師はみんな呑みこまれてしまう。この大渦巻きは、水の精霊が棲む水中の国に通じる淵である。この精霊は、身内にかこまれて、海底の山に居住している。しばしばこのすみかは、すべてが地上と同じように運行している本物の町として描写される。しかしそこに住む生き物は、多かれ少なかれ奇妙な特徴――伝承ごとに違う――をもち、人間とは異なっている。

湖や川にももちろん精霊たちが出没する。深い湖とか川の深みに二重底があると伝えられていることもある。いくぶん大きな穴が二重底に通じているので、漁師が慎重さを欠けば、魚は穴をくぐって二重底に逃げこんでしまう。

地上界と冥界のあいだの往来がなされるのは、大地の果てにおいてか、ある種の山の洞穴を通じてである。大抵の場合、地下世界への入口は、北氷洋に注ぐ河川の河口に設定される。地下世界に至るには、この川の流れを下らなければならない。シャマンや神話中の英雄は、この低所にたどりついたとき、川水が遡流して行くのを目撃する。こうして、川が絶えることなく流れているわけが説明される。川の源というのは、地下世界を還流してきた水が再び生者の世界に流れ出す場所にほかならないのである。地下の国は暗い。そこを照らすのは月だけである。しかし、もっと昔には、黄泉《よみ》の国におもむく前に死者は代用の太陽と月を準備しておかねばならないとする伝承があったかも知れない。とすれば、人々はあの世には全く光がないと想像していたということになる。事実、真っ暗闇のところに行ってしまう死者の照明用に、小屋形の墓には太陽と月が描かれたのであった。

地下と地上では全てがあべこべになる。地獄にいる者は足を空に向けて歩き、右を向くときに左を向く、等々。その他の点では地獄の生活も地上と同じ条件でなされると〔原〕ウラル語族は考えていたと思われる。そこではすべてのことが同じように起きた。大抵、地下の国は多少とも強力な一神格に従属しており、この神は、死者も支配するが、何よりも地下に住む多種多様な精霊を支配する。これらの精霊が、病気を起こしたり死をもたらす連中である。しかし、彼らがいかに強力であるにせよ、人間の生死にかんする決定は地下の精霊たちの行なうところではない。人生の終結を決定するのは天の神である。だから人間は、悪霊を制圧したり懐柔することによって病気から身を守ることはできるが、天神の最高決定には従わざるをえないのである。

ユラーク族は黄泉の国に大地の《支持者》もしくは《担い手》を配置している。一人の《老人》が世界を手で保持しているのである。しかし彼も疲れるし手も震える。すると、大地は平衡が崩れ、揺れ動く。これは、たぶん地震の一つの説明法なのであろう。負担を軽くするため、老人は二人の男（大抵は二人の兄弟）を呼び寄せて、一方を宇宙の支えないし《足》に変え、他方は大地の《おもり》にする。こうして大地は、転倒およびそれに伴う破壊から守られる。もう一つの（同じくユラーク族の）説話では、天のヌムのもとに昇って行った一人の名高いシャマンが重視されている。ヌムは彼を地下の死と冥府の神ンガアのところへ派遣し、彼はンガアの娘を娶る。彼は大地を手で保持する仕事をもらい、《大地の老人》と呼ばれることになる。

ひとたび川を下って大渦の口まできた死者たちは、最後に死者の国に入りこむ。その地で彼らは、鳥に案内されていくつか（一般に三つ）の川を渡る。自分のすまいに辿りつくまでに彼らはさまざまな障碍を乗りこえなければならないが、その障碍の種類は伝承によって違っている。すまいは彼らに割りあてられたのだろうか？　また誰が割りあてたのだろうか？　外来の後代の伝承が細部にわたって入りこんでいて、答を識別することはもはや不可能である。しかし、審判や何らかの受けいれ儀式があったとは考えにくい。他方、つい最近でも見られた迷信からみて、墓の集まる墓地の下に死者のすみかがあると想像されていた可能性がある。民族学者の発見から推理しうる限りでは、墓は、多かれ少なかれ人家を真似た多少ともゆったりした小屋から成っていたようである。人々は、死者が生前と良く似た生活を墓の建立場所の腐植土のすぐ下で送り続けるものと信じていたのかも知れない。近代に観察された儀礼から判断できる限りでは、死者は氏族《クラン》の居住地に近い墓地にまとめられた。同じ氏族の死者は同一の墓地に埋葬された。こうして死者たちは水いらずで再会し、地上で知っていた生活をあの世で続けたのである。

わかっている限りでは、あの世の生活も永遠のものではなかった。二回目の死が、多少とも短い猶予期間の後に起こったのである。生者は死者に食料を捧げる義務があったが、もし死者がこれをもらえなくなると、すぐにも二回目の死が訪れた。あの世におけるこうした早死は、個人や集団に不幸をもたらし、地上に残った者たちを試練にかけた。しかし最も恵まれた場合でさえ、黄泉の国に下降した者は結局は消滅してしまったのであった。いくつかの伝承によると、死者たちはその次に彼らの孫に生まれかわったという。

地下の精霊たち

地下世界の住民は死者だけではなかった。下部空間には巨人たちや、大きさ・有害度の異なるあらゆる種類の精霊たちも住んでいた。ただし、これらすべての精霊たちが多少とも整理区分されていたのかどうかは解明しがたい。ユラーク族は樹下の地中に住む毛むくじゃらの巨人や、カラマツ——聖樹だったらしい——の樹脂を食べるがゆえにそれらの巨人とは区別される別の巨人たちを記憶している。これらの巨人には、自分の体を両断すること、さらには手足をバラバラにすることさえできる特性があり、切った体を自分で食べたり、堕落させたい人間に食べさせたりしたのち、元の姿に戻った。地上の病人を救うため地下に病因を捜し求めて下降してきたシャマンに、彼らはこの同じ処置を受けさせた。この手当を施されたシャマンは、ただ鼻の頭がチクチク、ズキズキする以外、何の痛みも感じなかった。彼もまたそのあとで元の体に戻った。

したがって地下空間は、病気その他の災難を人間や動物にけしかける精霊たちのすみかであった。精霊による虐待から身を守り、精霊がひきおこした病気を治療するためには、彼らのところに赴いてその活動を見定め、彼らが犠牲者にどのように働きかけているのかを知る必要があった。偵察の旅から戻ったとき、言いかえれば忘我状態《トランス》を脱したとき、シャマンは、危殆に瀕した人間や動物の治療・保護に不可欠な基礎知識をもち帰ったのであった。彼には病気の原因がわかっていた。そこで彼は、精霊たちから要求された贖罪供犠や、自分の知っている予防のための諸儀礼を行なって、しかるべく対処した。どこにでも潜入して悪霊の仕掛けた罠から免れることができるよう、シャマンは鳥、蛇、その他の敏捷な動物に変身して任務を果たした。

地下世界にかんするこのような諸観念は、時の流れのなかで、外部の諸伝承からの借用によって豊かにされたり変形させられたりした。フィン人のマナラ（地下の国）はトゥオネラすなわち《死者の国》と同一視されるが、後者の名称はゲルマン語的であって、その起源が異邦にあることを暴露している。そこで、古典古代の民族の神話でよく知られた諸要素が姿を現わす。たとえば、死者は三途の川に連れて行かれなければならない。川岸に来た死者は一種の渡し守に頼んで渡してもらわなければならない。この渡し守はしばしば冥府の神の娘として描かれる、等々。

現存する諸伝承の比較によって判断しうる限りでは、ウラル語族が最後の審判の観念を死者の運命のなかに組みこんでいたとは思われない。死は身分の変化というよりもむしろ他所への移動である。逆刷りになっていて、写真のネガを思わせるようなより暗い状況においてではあるが、地上で体験していた生活環境がそこにも見いだされる。生前の善行悪行によって死者を区別することはない。いくつかの物語がここかしこでこの区別をほのめかしているとしても、それはごくわずかであり、こうした暗示はおそらく後代のものであろう。善悪の認識はウラル語族の神話では何の役割も果たさなかったらしい。そのかわりに彼らが重視したのは効率であった。神話は、ある処置・態度・行為の有効性または無効性を例証するのに役立った。呪術は、それが《効力》をもつと認められていればこそ成立したのである。ウラル諸族において採集された古い型の説話のほとんどすべてが、行動には二種類あることを示そうとしている。つまり、結局は失敗して病気や死を招いてしまう行動と、悪霊にも人生の苦難にも勝利を収める行動とである。こういう姿勢は狩猟民の心性を反映しているのかも知れない。彼らの生存は狩や漁の遠征が成功するか否かにかかっていたのである。

後代に他民族から借用した神話にも、これと同じ心性が影響を及ぼしたようである。そうした神話はいろいろ手直しを加えられた形でそこここに散らばっており、ほぼどこででも実例を示すことができる。

《許嫁》を自分のために作る鍛冶屋の話がある。フィン人のところでは、これはイルマリネン（この名はイルマ《天、大気》から派生したらしい）という神話的人物で、彼はある日、おそらく偶然に、黄金の女を槌で叩いて作りあげるが、寝台に横たえても冷たく動かないのでガッカリしてしまう。サモエード族のところでは木の人形女が問題になる。伝承によると、この人形は荒削りされただけだった。人形を作っていた男は、女きょうだいに邪魔されて、作品を仕上げることができなかったのである。彼女は人形をバラバラにして屑の下に隠し、男きょうだいに身を任せ、男女一人ずつの子供を生んだ。

もう一つの神話は動物にかかわるものである。鷗、魚あるいは鹿科動物を人間が追い回し、罠にかけるが、動物は逃げ出し、「実は私はまぶしいほど美しい娘なのですが、呪いをかけられて動物に変えられてしまい、人間の男性と結婚しない限り人間の姿に戻れないのです」と打ち明けるのである。

魔法使い（フィン人の有名なワイナミョイネン）はまた原始的な竪琴の発明者として描かれる。彼は魚骨、獣骨、皮、髪または毛、等々といった雑多な部品を用いて楽器を作る。ついで彼が演奏しはじめると、全自然界が魅了される。この楽の音を聞いて野獣は従順になり、自然諸力は静まり、調和が世界に満ちる。これはオルフェウス神話であるが、ここではウラル語族の伝統に属する神話的人物たちによって演じられているのである。

この魔法使いのさまざまな手柄というか《事業》の話が伝えられている。あるとき彼は、小舟または他のその種の製作物の仕上げにかかったところで、ハタと立往生する。三つの呪文が欠けているのに気付いたのである。作品を完成させて使えるようにするには、どうしてもこの三つの言葉を唱えなければならない。典型的シャマンにほかならない魔法使いは、忘我《トランス》の境に入り、ある怪物の死体もしくは生体に入りこんだ。彼は怪物の体内に住みつき、失った言葉を怪物から聞き出す。最後に彼は、ある計略——伝承ごとに異なる——を用いて怪物の腹から脱出して地上に戻り、作品を完成させる。ヨナと鯨の話を想わせるこの話はおそらく後代のものであろうが、広く普及していて、各地の伝承に取り入れられている。

こうした伝承は時の経過とともに非常に混合的になり、出所の違う諸要素を融合しているので、土着的な部分を選り分けるのはもはや不可能である。どのくらい歴史的諸事件が組みこまれているのだろうかと問う必要がある場合さえある。

たとえばフィン人には、魔法使いワイナミョイネンに——指揮ではないにしても——指導された集団が試みた北への遠征に言及する伝説風の物語がある。フィン語でサンポ（これはエリアス・リョンロットが『カレワラ』に書き留めた語形である）と呼ばれる不思議な道具を奪取することが問題だったらしい。この道具は繁栄を《挽き》出した。これをもっていると富が約束されるというわけである。この遠征はある異国に対して行なわれたが、そこではすべてのものが信じられないような姿と大きさをしていた。フィン人の民謡はこの《闇の地》の国を形容して《黄金の大門》と言っている。サンポはある山の下に隠され、そこに深く根ざしていた。富裕で強力な民族がそれを守護していたが、フィン人によるとこの民族は恐るべき魔法使い《北の女》に支配されていた。ユラーク・サモエード族のところでは、巨人のいる北の国に赴くのは狩人のヴィルッカである。彼は、サモエード族が《幸運を喪失》し、獲物を罠にかける力がなくて飢死しかけているので、狩がまたよくできるようにしてもらいに出かけて行く。数多くの出来事ののち、彼が生まれ故郷に帰ってみると、トナカイが一万頭に増えていた。彼のおかげでサモエードの狩人たちは幸運を取り戻したのである。主題は一つ——民族の存続を確保するため一人の英雄が危険な遠征に乗り出す。この遠征で彼は北の奥地に行って見知らぬ存在と争うのだが、そのうちのある者は彼の味方であり、他は敵である。味方の協力を得て、彼は敵の仕掛けた罠から首尾よく脱出する。すべての危難を克服したのち、彼は輝かしく逞しく尊敬すべき者として帰郷し、当然のことながら、その手柄により単数または複数の配偶者を与えられたり、勝ち取ったりするのである。

ヴォグール族やオスチャク族のところには、プロメテウス神話に比較される熊の起源にかんする伝説が流布している。この伝承によると、熊は天の神の息子であった。初め彼は天上に住んでいたが、雲の下に見える大地が白い雪の毛氈で覆われたり一面の緑になったりするのを眺めていて、どうしても地上の様子を見に降りて行きたくなった。彼の懇願にうんざりした天神は、彼を鉄鎖の先につけて降ろした。地上にやってきたものの、狩をすることを知らなかったので、熊は餓死しかけた。そこで父神は弓と矢を彼に与えた。凍死しないよう火の起し方も教えた。しかし同時に父神は、人間が友とする動物たちや善良な人々を攻撃することを熊に禁じた。人や動物の死体に触れることも許されなかった。そのかわり熊は、天神の息子として、廉直と公正が人々のあいだで行なわれるようにする使命を授かった。彼は意地の悪い者、誓いを破る者、嘘つき、ほら吹きを罰する役目についた。レヒティサロが報告するように、少し前までユラーク・サモエード族は宣誓の必要があるとき、熊の頭の毛にかけて誓ったが、それは上のような理由によったのである。熊はまもなく父に言われた禁止条項を忘れてしまう。彼は人間を襲うことを憚らなくなった。そこで人間は彼を殺し、それ以来、熊を殺す特権を得たのである。同じ機会に人間は熊から火と武器を奪った。人間が弓矢や火を使うようになったのはそのときからである。

熊が人間の娘をさらい無理やり妻にした、という話もある。夫婦は男の子をもうけるが、その子の運命は話の異伝ごとにいろいろである。〔原〕ウラル語族の宗教観念を支配していたかも知れないトーテミズムがこの話に反映していると考えた人もある。

ハンガリー人が多少ともぼんやりと記憶している神話の一つにも同じ観念が見られる。それは、ハンガリー人が九世紀末から定住したダニューブ地方に彼らを導いた征服指導者の王朝の起源そのものを説明する神話である。すなわち、女王エメシュが夢を見る。夢のなかで一羽の大鷹が彼女に近づき、孕ませる。次いで彼女の胎内から火の大流が噴き出る。それから一人の男子が生まれ、この経緯にちなんでアルムス、つまり《夢から生まれた者》と名付けられた。このアルムスという首長の血筋から後の征服者アルパッドとその後裔が出る。

いかに特色のある話であっても、この物語がウラル語族の伝統を反映しているのかどうかは定かでない。実際、むしろチュルク族の伝承の影響を受けているのではないかと疑う必要がある。というのも、この伝説が生じたと思われる時代にハンガリー人がチュルク族と接して生活していたことがわかっているからである。おそらく彼らはチュルク諸族が重きをなす部族連盟の一部分だったろう。そして彼らが自分たちの首長の神性もしくは超自然性を説明するために、のちにチンギス・ハーンにかんして『モンゴル秘史』が書くことになるのと同じ種類の伝説を作った可能性が多分にある。ほかにも同種の伝説が、複数のチュルク系またはモンゴル系の部族の民間伝承に大事に伝えられているのである。

伝承の真正さの判定の難しさは、ハンガリーの年代記の語るいわゆる《不思議な雌鹿》(チョダサルヴァス)伝説を前にしたハンガリーの歴史家が感じる当惑によく表われている。あるとき、ハンガリー人の祖先のフノールとモゴール(二番目の名前に理論家はハンガリー人の民族名マジャールを見ている）が狩に出た。一頭の雌鹿が二人の前を逃げて行った。彼らは追いかけるが、雌鹿は奇蹟的に逃走し、捜索は無駄骨に終わる。しかし鹿は見失ったものの、彼らは牧畜に恰好の平原を発見し、父に別れを告げてこの新しい土地に移り住んだ。

見てのとおり、この話は先に論じた巨大な鹿もしくは大鹿の狩を思い出させる。フノールとモゴールの母親が、現代ハンガリー語の若い雌牛を指す語（ünő）に相当するらしい古形名詞（Enech）でしばしば呼ばれているという事実に基づいて、何人かのハンガリーの理論家はここでもトーテミズムの反映が関係していると考えた。ハンガリー人は雌の鹿科動物から生じた、というわけである。彼らがこの解釈の確証と見ているのは、問題の語がチュルク語からの古い借用だということである。そしてトーテミズムの痕跡がチュルク人のところで保たれてきたらしいことは判っているのである。しかしながら、ウラル語族本来の伝承が後代の借用によってチュルク起源の伝承とここで何らかの度合で混合しているのではないかと問うことができる。ウラル神話で巨大な鹿、魔法のトナカイあるいは大鹿が狩人から逃れたのとちょうど同じように、不思議な雌鹿は狩人から逃げるのである。

大洪水にかんする伝説の諸要素には、外来物以外のものを認めるのが困難である。大洪水の話はサモエード族、ヴォグール族、オスチャク族に見られる。それらの話は、居住可能なすべての土地をおおいつくした大水または大火を暗示している。人々は動物を連れて舟に乗って避難し、山々の頂で水または火炎が退くのを待った。聖書の伝説との類似があまりにも著しいので、これはそのたんなる移しかえにすぎないのではないかと怪しんで当然である。

これに対し、疑う余地のない北欧《ノルディク》起源の神話もある。たとえばカレリア人のところには、神ラウニとその妻が結合して自然の豊饒を確保する神話があるが、これはスカンジナヴィアの豊饒の神フレイルの神話を反映している。ラウニという神名自体、このゲルマン神の名の古形がフィン語化されたものにほかならない。われわれの目の前にあるのは、フレイルとフレイアの神話なのである。

類似の神話が、サムプサ・ペッレルヴォイネンとかいう名の播種神にかんするフィン人の物語にも透けて見える。自然が休止しているとき、この神は眠っている。人々は彼を起こすため冬の若者をつかわすが、彼は動きださない。そのとき夏の若者が到着し、首尾よく彼を昏睡から醒まさせる。別の伝承では、同じ神が女きょうだいとインセストを犯したのち、北の闇のなかに逃げこみ、彼を見つけて連れ戻すためさまざまな人物が次々に出かけて行く。

これらすべての神話は、古典古代世界でよく知られた諸神話を思いおこさせる。それらは、フィン人のところで見いだされる伝承であれ、ラップ族あるいは他のウラル語系の諸民族のあいだで見られるものであれ、多かれ少なかれ古い時代に移植されたと推測される。フィンランドの高名な民族学者の一人マルッティ・ハーヴィオ氏はミトラ（Mithra）神話の痕跡を認めさえするのだが、その知識がヨーロッパ北部を横切る多少とも長途の移住によって伝えられたこともありうる。

近年ウラル語系諸族のあいだで採集された物語は、いわば全世界的に見られる数多くの主題を扱っている。民間伝承の専門家、ことにフィンランドやエストニアやスカンジナヴィア諸国の専門家たちは、これらの物語のさまざまな異伝を辛抱強く分類して、他所で報告された類似の物語との比較に努めた。彼らはこうして、現在のこされているウラル語系の民話が、何よりも《国際的》とでも呼ぶべき諸要素によって成り立っていることを明らかにした。

ウラル語族の過去についてわれわれが知っているすべてのことがら、そして彼らの古い民間伝承にかんしてわれわれがもっているすべての資料が示唆していることは、ウラル語系の諸民族の神話が他の諸民族、ときには非常に遠く離れた諸民族の民間伝承中に見られる諸特徴をつねに含んでいたということである。だからこそ、この研究の冒頭で、厳密な意味でのウラル神話を定義することは不可能だと言ったのである。かりにそうしたウラル神話が存在したとしても、われわれにはそれを見分けることができない。今日まで伝わってこられたものはあまりにも多様な影響を反映しているので、われわれにできるのはせいぜい、ウラル諸族に共通していると思われる諸神話を拾い出す程度である。しかし、この共通財産はウラル語族の伝統のみによってもたらされたのであろうか？それともわれわれは、分裂後のウラル諸族に導入された諸伝承が並行的に咀嚼されたものを相手にしているのであろうか？

ウラル人は孤立して生きてきたのではない。いかに辺鄙なところに住んでいたにせよ、彼らはそれでも他民族、とくに古代シベリアの諸民族、中央アジアの諸民族、そして最後に何よりも、カルパチア山脈とウラル山脈のあいだの地域に住んでロシアのステップを走りまわっていた古代の諸民族と多かれ少なかれ緊密な関係をもっていた。ところで、この最後の諸民族がインド・ヨーロッパ語族、とりわけ北イラン族であったことをわれわれは知っている。こうしたウラル語族とインド・

ヨーロッパ系伝統の諸民族との接触によって、宗教的な思想や観念の交流が誘発されたことが当然考えられる。

後の時代、つまり明確に言えばキリスト教紀元の初めごろには、この交流が著しく進み、ウラルの民俗全体がその影響を深く受けた。ラップ族とフィン人はゲルマン族、とくにスカンジナヴィアのそれとつねに接触しながら生活し、彼らから神話、宗教ひいては呪術に至るまで数限りない諸要素を借用した。他方、モルドヴィン族、チェレミス族、ペルム族の住む地方、次いでヴォグール族、オスチャク族の地方、そしてもっと後にはサモエード族の地域でも、ロシア人の影響が支配的であった。キリスト教の普及によって民間伝承は変貌させられたが、非キリスト教的な過去の痕跡がすべて払拭されたわけではなかった。いくつかの地方、たとえばサモエード族、ヴォグール族、オスチャク族、あるいはカレリアのフィン人のところにおいてさえ、キリスト教的な観念の非キリスト教型神話への変質が確認できている。教会の聖者たちは非キリスト教的な神々に変換されてしまい、これらの再加工された諸伝承は研究者が土着起源と勘違いするような祭祀を生み出したほどであった。こうして、輸入された伝承よりも強力だったウラル的伝承が、最後には勝利をおさめ、外来の神話から養分を得たのちそれを再編成したのである。神話の生成が活発でなくなったのは、ほんの最近のことにすぎない。

この過程は、ウラル語諸族の大部分が何世紀にもわたって甘受してきた技術的、社会的、知的発展の遅れによって理解される。しかし今後この遅れは急速なリズムで取りもどされ、遠からずウラル語諸族の神話は、取り返しようもなく廃れた諸伝承の総体にすぎなくなるだろう。彼らの神話はもはや古文書と書物のなかでしか生命を保たないだろう。

したがってウラル諸族の本来の神話がどういうものでありえたかを示すことはできないとしても、ウラルの伝統が外部の諸伝統からの借用要素を自分のものにしえたことは証明できる。しかしながら、この同化が諸観念の体系的総体への統合という形をとることはなかった。ウラル神話について語るとき、われわれは神話的諸観念の首尾一貫した体系のことを想っているのではなく、一つ一つのウラル系民族に多少とも確実に存在する個別的な諸神話のことを考えている。均質性などどこにもないのである。われわれが見いだす神話の諸要素はあちらこちらから取ってこられたものであり、それらを整理して一つの全体にまとめることは、人々にできることでも人々が望んだことでもなかったらしい。ときとして不整合にまで達するこのちぐはぐさは、おそらくウラルの諸伝承の混合的性格から来ているのであろう。あまりにも多くの要素が外から入ってきて、一つに融解することなく並存していたのである。また、諸伝承は最初から民衆のそれと一種のエリートのそれに分かれていたのかも知れない。時が経つにつれ、世俗的な伝承とシャマンの秘教的な伝承とが相互に働きかけあったであろう。最後に、今日まで残っている説話は純粋に口頭の伝承によって伝えられてきた。語り手ごとに伝承は変化し変形されたし、ウラル諸族が拡散した小集団をなして生活してきたため、伝承の統合も行なわれなかった。これらすべての理由によって、ウラル神話は個別的な神話伝承に分解し、それらのあいだに真の同質性が見られなくなったのである。

Studia Fennica (revue de linguistique et d'ethnologie finnoises, éditée par la Société de littérature finnoise), Helsinki.

Finnisch-ugrische Forschungen, Helsinki.

Folklore Fellows Communications (publications séparées, éditées par l'Académie des sciences de Finlande), Helsinki.

Journal de la Société finno-ougrienne, Helsinki.

Mémoires de la Société finno-ougrienne, Helsinki.

Acta ethnographica Academiae scientiarum hungaricae, Budapest.

Acta linguistica Academiae scientiarum hungaricae, Budapest.

Ural-altaische Jahrbücher, Göttingen.

Sovietskaja Etnografija, Moscou.

Kratkie soobscienija Instituta Etnografii, Moscou.

A. Sauvageot, *Les Anciens Finnois. Origines et débuts de la civilisation finnoise*, Paris, 1961.

リョンロット編『カレワラ』小泉保訳、岩波文庫、一九七六

シベリアの神話

E・ロット＝ファルク

ロシア人が来る前の広大なシベリア地方は、三つか四つの主要住民集団が分けあっていた。西部には、ヨーロッパ・ロシアから溢れ出たフィン・ウゴル諸族（オスチャク、ヴォグール）がオビ川流域に住みつき、その北隣にはサモエード族がいた。南部には、チュルク・モンゴル諸族（アルタイ、ハカス、トゥヴァ、ブリヤート）がアルタイ山地、ミヌシンスク盆地、サヤン山地およびバイカル湖地方にいる。彼らの代表的民族の一つであるヤクート族はレナ川中流部に住みつき、北西と北東に進んだ。チュルク・モンゴル諸族と言語的に近いツングース族は、全シベリアを横切って分散し、西ではウゴル諸族と、東北ではチュクチ族と接している。非常な古さを想定して古《パレオ》シベリア諸族という名でまとめられているイェニセイ（ケット）族、アムール川地方やサハリン島のギリヤーク族、東北部のカムチャダール、コリヤーク、チュクチおよびユカギールの諸族について言えば、最後にあげた四つの民族つまり古極北《パレオ・アルクティク》諸族を除き、彼らのあいだに実際の親縁関係は存在しない。ベーリング海峡沿岸部には、シベリアに居住する唯一のエスキモー小集団が見られる。他のエスキモーはアラスカ、北カナダ、グリーンランドおよびラブラドルに住んでいる。チュクチ＝コリヤーク＝カムチャダールとエスキモーの神話には共通点があり、一部は一緒に扱うことになろう。

宇宙の表象

多少とも整った形をし、下から上へと輪切りにされた巨大な卵として、宇宙は描き出される。地平線の果てで天の顎が大地の顎とぶつかりあって風が生じる。上の《土地》、中の《土地》、下の《土地》という三つの領域が、全体を構成している。下界はしばしば上界のたんなる反映にすぎず、両界は対称的かつ対立的な同数の層または段から成る。上界と下界のあいだにある狭義の大地は、長方形、正方形あるいは八角形の薄い表面にしか見えない。宇宙軸——白樺、カラマツ、または金の柏——が、大地をその中心つまり《臍》において、また天を北極星（同じく天の《臍》または《釘》と呼ばれる）の地点において、それぞれ突き通し、三領域を結合している。宇宙樹の枝はさまざまな分野《スフェール》を横切り、その根は地下世界にのびている。大地の老女神が樹そのもののなかに、あるいは根のかたわらに住み、まだ生まれていない子供たちの魂が軽やかな鳥の姿で枝にとまっている。樹頂の近くには太陽と月が位置している。

この垂直分割は、とりわけチュルク・モンゴル諸族の特徴であるが、層の厳密な重ね合わせを例外なしに強制的に押しつけるわけではなく、たとえばツングース族のドゥンダのまわりには諸分野、海、星などが散開的に群れている。また、他の表象が排除されるわけでもなく、世界樹と並んで、別の、斜めの軸が《上》と《下》を結んでいる。それはオビ川やイェニセイ川沿いの住民にとっては大河であり、ツングースの諸氏族《クラン》にとっては小川であるが、天に発して地下世界に流れこんでいる。こうして川上、川下を通じて生の地域、死の地域との連絡がつけられるのである。

創造

創造の務めは二人の人物が果たす。造物主には協力者にして将来の対抗者、敵となる兄弟がいるのである。ときにはこれが妻の場合もある。チュルク・モンゴル諸族とフィン・ウゴル諸族に共通の創世神話に明白に現われるこの二元論は、他の諸民族のところでも垣間見られる。創造活動自体に競争の趣きがあり、たとえばヌムはンガアに、《お前の方が私より強いというなら、大地を作ってみろ》と言う。天も原初の大洋もすでに存在していた。二人の上位者に派遣された鳥――アヒルまたはアビ――が海深く潜るのだが、上位者自身が鳥の姿で行動することもある。鳥がくちばしに入れてもち帰った砂または泥から大地が生まれる。イェニセイの大シャマンのドーは同様の作業を、彼が波の上を飛ぶのに疲れて休息用の島が欲しくなったときに行なう。他の伝承によると、大地は唾《つば》もしくは泡が水面に広がって生じる。この陸地の漸進的成長の主題は、ツングース族のところにも見られる。ヴォグール族の神ヌム・トレムの協力者は、落ち着きの悪い大地を固定するために、銀ボタン付きの帯（ウラル山脈）で大地を囲んだという。

二人の造物主――ヌムとンガア、ユルゲンとエルリク、大ブルハンと大ホルムス――のそれぞれが自分の出資をし、それぞれが自分の自然を作り、自分の動物たち、場合によっては自分の人間をも創造する。しかし同時に、一方の仕事が他方のそれを変質させがちである。二人の主役は、キリスト教、イスラム教、仏教の倫理や、おそらくゾロアスター教の古いかすかな記憶の影響を受けて、より明確な色彩を帯び、善と悪を具現する神と悪魔に変化している。ところでこの《悪魔》はしばしば最初の人間と混同されるが、後者は、最初の死者でもあるから、あの世の王国の主権を取得しているのである。創造神は死者とは一切かかわりあわず、死者たちは創造神のいる天には決して行かない。カムチャダール族のところでは、創造神の息子が人類の始祖であり、彼が最初に地下世界への道を開き、生者たちに死の見本を示した。こうして人類は地下世界の主と直接の先祖子孫関係で結ばれるのである。アムール川地方の諸民族はハダウとママルディの対《つい》を、最初の人間夫婦、最初のシャマンの両親、あるいはシャマン自身と見なして、彼らが地下のブニ〔他界〕の主となったとすることも、両者を創造神と見なすこともある。ママルディはアジア大陸とサハリン島を創ったあとで夫に殺される。ここにも二人の造物主のあいだの根本的な対立が現われている。しかしハダウの妻は、夫があらかじめ作っておいた未来のシャマンたちの魂に、生気を与え続ける。イェニセイ族の至高神エスの妻ホサダムは夫を裏切って月と浮気をして天から追放されたのだが、彼女が創造に参加したのかどうかは判らない。しかし彼女は、死者たちの女王というより、むしろ魂を貪り食う者として現われる。アルタイ〔山地〕人がエルリクに呼びかける《父》という名称は、彼の気持を和らげるためのたんなる敬意以上のものを表現しているらしい。エルリクは最初の人間であると同時に創造神の兄でもあり、今日の彼の恐ろしい風丰《ふうぼう》は大部分、仏教の閻魔《ヤマ》の影響を受けてできたものである。

宇宙の整備を大神はやや試行錯誤的に、経験論風に行なった。彼は邪悪で危険な存在を創り出し、あとからそれらを廃絶した。彼は人間は草を食べておればよいと思っていたが、あとで過ちに気付いた。彼は悪魔に太陽と月を委ねてしまい、助手たちが策略を用いて取り返さねばならなかった。他所では反対に太陽と月が多過ぎて、英雄が弓で射落とした。神が人間を生み出したにしても、どうやって創造したのか（彫刻して、土をこねて）が明確に述べられることは稀である。人間はむしろ神の傍系の子孫のようである。地上への人間の出現はときとしてほとんど偶発的な様相を帯びており、どこから人間が来たのか――気にかけているにせよ無関心なのにせよ――わからないまま、《彼らはそこにいたんだ》と言われる。

シャマニズムは往々にして神の御業である。つまり、神が人間に病気に対する守護者を与えることをはっきりと望み、鷲をシャマンの先祖あるいは最初のシャマンとして選んだのである。また、しばしば悪魔がシャマンを指名し、魔鳥のアビがその助手になる。さらに、人間が自分で勉強してシャマンになることもしばしばある。神の援助を待ちくたびれた一人のツングースが、ある日、自分で道具を作って治療を始めたが、《汝の知るがままに為せ》と神は言うだけだった。ヌムに追い返されたサモエード族のシャマンは、ンガアのところに下降してその娘と婚約し、もしシャマンたちが自分の決めたとおりに行動するなら、自分は今後、病人の魂を《解放》しようと娘に約束する。シャマンの力の増大はついに大神に不安を感じさせるに至り、大神はシャマンに競争を挑む。シャマンが競争に敗れ、その力が衰退したことは、人類にとって大きな損失であった。冷淡あるいは残酷な神に対して立ち上がる英雄たちはほかにもいる。ハカス族とサモエード族に共通し、隣のツングース族も借用している非常に古い神話は、生者に敵対して結託した神と死を、一人の男がいかにして首尾よく——一時的に——負かしたり騙したりしたかを語っている。

天の神々

重層的な天の一番上に至高神が住んでいる。彼は、積極的に恩恵を施す神というより、むしろ悪気のない神である。創造を済ませた彼は、世界の動き具合を遠くから見守るだけであり、世界に無関心であることさえある。《人間たちが栄えるならそれでよし。滅びるならそれもよし》というわけで、仲介者を通じてのほかは、ほとんど人間と交渉をもたない。ユルゲンの方がクダイよりも近付きやすそうに見えるが、供物をもって精霊に導かれて上昇するシャマンがユルゲンのところまで登って行くことはない。シャマンは犠牲を使者に渡し、使者が上意をシャマンに伝えるのである。

創造神の形像は存在せず、人々が彼にいつも祭祀を行なっているわけでもない。かりに彼が人間のことを気にかけるとしても、それは集合的にであって、個人に留意することはない。彼の子女や従僕が集団や個人を個別的に管理する。

至高神の存在が、宇宙の秩序と均衡を本質的に保証している。ウゴル諸族のヌムやトルム、イェニセイ族のエスは、創造物の機構検査のため定期的に地上を巡回するが、他の民族のところでは天神が高所を離れることはないようである。ヴォグール族のヌムは北欧のオーディン神を思わせるところがある。第七天に位置する彼のすまいには、生命の水と魔法の小道具類がしまってある。太陽と月が彼の両眼として働き、これによって彼はすべての可視のもの、隠されたものを知覚するのである。しかしながら、ヨーロッパやアジアの大宗教によって変形させられた天神のイメージは一般に曖昧であり、彼の現実的重要性も漠然としている。彼の名称は手掛りにはならない。人々は彼を不明確に殿様、光、眼差し、高所の力と呼ぶが、これらのさまざまな名称はしばしば外来語である。クダイはイラン語、ヌムはギリシャ語から来ており、ヌムが派生したノム《法》はモンゴル語やソグド語に取り入れられている。ツングース語のブガは、ロシア語のボグ《神》と語源的につながるが、インド・ヨーロッパ諸語だけでなくモンゴル語や遠東の諸言語にも派生語をもたらしたと思われるある語族に属している。ツングース語のブガは、一方では宇宙一般、および天上にいる単数または複数の宇宙代表者を意味すると同時に、氏族《クラン》の聖なる領域や場所、およびそこを支配する女性精霊をも意味する。複数の表現が同一の神格を指す場合もあるが、単一の語が一つの範疇全体に適用されることもあり、たとえばクダイ、トレム、エルリク、ンガアという語のそれぞれの系列が存在する。ンガアという語は地下の諸精霊だけに関係するのではなく、イェニセイのサモエード族のところでは創造神自身に対して使われる。ホヴァキあるいはサヴァキという語は北西部のツングースにおいては創造神を指すが、トランスバイカル地方ではシャマンの守護精霊を意味する。

大神の一族郎党が、多少とも階層化された天上の神界を構成している。彼らの依存関係は、緩いことがしばしばで、つねに存在しているわけでもない。また、上界が親切な存在たちの専用地区になっているわけでもない。ヤクート族の第三天には大神ウル・トヨンがいるが、彼は白い創造神とは無縁である。彼は、地下世界や宇宙東北部に住む邪悪なアバアシたちを統べている。彼はまた雷の主のようで、人間は火および自らの三つの魂のうちの一つを彼に負っているらしく、シャマンたちは彼に訴えかける。ブリヤート族においては、西方に善良な五十四柱のテングリが集まって、東方の邪悪な四十五柱のテングリと向かい合い――かなり異常な方位づけである――、数多くの子孫と下級のクァットを従えている。彼らはみんな何の祭祀も受けず、人々の記憶には主要な名前あるいは主要な範疇だけが保持されているにすぎない。エセゲ・マランが非常に漠然と西の天に住んでおり、死者たちの王のエルリクは東の出身である。クァットたちは高い山々の頂に宿り、ウハン・クァットたちは下降して水界を治める。星々とりわけ火星と金星の戦士的君主たちと、大熊座の七人の老人たちは、人間と家畜の増殖を助ける。ここでは火星と金星の重要性が太陽と月の重要性を目立たなくさせている。

シベリアの太陽（しばしば女）と月（一般に男）は、独立神であるにせよ至高神に操られているにせよ、また互いに夫婦、きょうだい、あるいは親族であるにせよ、対立しあうというよりはむしろ補いあっている。この寒い国々につねに幸をもたらし、より尊ばれる人物である太陽は、生気づけの力をもつその光線の長い金髪を通じて、植物の諸精霊と交信する。長期にわたって太陽が隠れているあいだは、月がその代役となり、時間の区切りを示す。両者はともに治病力、さらには再生させる力をもっているが、月の力の方が弱い。月は霊魂と、より直接的な関係にある。好意的な守護者として、月は霊魂を、母親になりたがっている女にもたらしたり、救ったり、場合によっては歓待する。不吉な呪術師として、月は霊魂を攫《さら》って行き、破壊する。《死者たちの太陽》である月は地下界を照らし、死者たちは生まれ変わる前に月の近くに上昇して行く。

大地の神々

上方の青い天は男性原理、下方の黒い大地——金色の表面とも言う——は女性原理を表わす。地母神の祭祀は狩猟民のところにも農耕民や牧畜民のところにも存在した。モンゴル族ははるかな昔、女神エトゥゲンを崇拝した。しかし軍事的中央権力のもとに統一されたこの遊牧民においては、少なくとも公的宗教のなかでは、男性要素が肯定されたに相違ない。チンギス・ハーンはなおも天と地に頼り、両者の調和が自分の力を生むと考えていたが、彼の後継者たちは不滅の男性神、テングりにのみ祈願した。女神は決して戦士的性格をもたなかった。

大女神と大神の関係は、ウゴル＝サモエード神話で時々語られる以外、明確に示されることはほとんどない。それでも両者の祭祀を遅ればせながら連結する試みがなされたのかも知れない。創造神の妻もまた、ときには大地の女神と混同されたに違いない。女神は天に住まず――彼女はせいぜい時折そこに出掛けるだけであり、サモエード族が言うには、通ったあとに虹を残す――、至高神と同居しない。ヴォグール族の女神ヨリ・トレムは創造神の姉妹らしいが、彼の事業に実際に参加したことはなく、部分的に事の進行を導いただけのようである。しかし、イェニセイ族のエスの前妻で、もっぱら悪をなす邪悪なホサダムは、大地の女神ではなく、ひたすら自然を破壊し続ける。天と地獄という二項対立原理のかわりに、エンツ・サモエード族〔イェニセイ・サモエード族〕の神話は三つ組を呈示する。つまり、天と地の結合から悪と死の神トドテが生まれたのである。しかしこれは例外的事例である。

すべての生命は大いなる母から生じる。彼女は自然の力と実体（ムスン、ギョル、イアブ、クット）を保有し、各被造物は、動物も植物もさらにはいくつか物体でさえも、その一かけらを含有している。従事する生業に応じて諸民族は、女神を獲物の女主人として、また牧獣の食べる草、人間が採集する有用植物、あるいは穀物を育てる者として崇拝する。彼女は誕生を司り、健康を保全する。これらの役割のそれぞれにおいて彼女は専門化し、個々の専門は時が経つにつれて独立した人格に進化した。こうして大母神という幹からさまざまな神格が分枝した。ヤクート族のところでは、彼女は大地の女神、牧獣の女神、および子供の女神に分かれた。老女神イチテは最も美しい白樺の木々をすまいに選び、多勢の小さな従僕つまり草木の諸精霊に取り囲まれ、人間から病気の黒霊たちを遠ざける。家畜の守護者のユナフスュト女神は春に乳製品の初物を受けとる。子供たちの女神アユスュトは産褥にある女を助けに来る。彼女はつねに陽気で体を揺すっているが、この動きが、生命を生み出したり元気づけたりするのである。

オルホン流域の古代チュルク族のルーン文字碑文（七―八世紀）は、ウマイ女神を最も強力な神の一人としてあげている。《揺りかごの母》、《六〇本の金の編毛をつけた豊かな母》である彼女は、チュルク諸族のところでウマイ、ユマイ、マイという名前で今日まで生き残っている。太陽の金色の光線に似た彼女の編毛はその数と色によって多産力を象徴し、女神の名前につねに付く《豊かな》という形容詞がこの力をさらに強調している。彼女の本質的機能は《兄弟姉妹を増殖》させ、揺りかごの世話をすることであるが、この機能は、《子宮》あるいは《胎盤》を意味する彼女の名前そのものに明瞭に表わされている。モンゴル人はウマイという言葉は知っているが、この女神は知らない。そのかわり彼らは、火の女王、母なるオットを崇める。《天と地が分離したときに生まれた》彼女は、とくに結婚のときに祈願される。彼女の輝きは《九十九柱のテングリたちのところまで上り……、母なるエトゥゲンの七十七の褥を突き抜け》、その慈しみぶかい熱は生を産み育てる。オットとウマイは最初はきっとただ一柱の神でしかなかったろう。ハカス族はユマイが大地と《白雲》を温めなおすのを褒め讃えるが、これはまさに火の神の役割である。モンゴル族のところで火とより直接的な関係を保っている女神が、チュルク族の領域では、より特殊的に母性機能を獲得したのである。シベリアの他の諸民族においても、家庭の炉の精霊はつねに女性である。この精霊のために定められた規則によると、家庭の主婦は定期的に《お婆さん》に食物を供えなければならず、炉を汚したり傷つけたりするような触れ方は一切禁じられる。というのも、炎とともに一家の生命そのものが消えてしまうかも知れないからである。反対に、森で燃やされる《野生》の火には、むしろ男性の精霊が宿る。この火に対しても同様の用心が必要である。火の《男》は、火を侮辱する者を罰し、これをよく《養う》者を富ませるのである。

ツングース族のところではウマイは別の姿をして現われる。ツングース語の諸方言には、オメ、オモ、オミといった一群の同語源の単語が見いだされるが、オメは《子宮》、オモは《巣》、オミは《魂》、もっと正確に言うと再生のため待機中の魂で、小鳥の姿になって各氏族《クラン》の所有する一本か二本の生命樹に住んでいる。これらのオミの配分を指揮するママは、ウミュサ、ウミシなどと呼ばれる。ウマイはここでこれらの氏族的なママに分裂しているのである。アルタイ族においてすら、住民全体がウマイを崇めているとしても、各家族は個別的にエメゲンデルまたはオョロョケンネルという守護者をもっており、彼女たちが存在するだけで安産が保証される。

大地の大女神も、同様に、地方の諸精霊に分解している。極度に分散したツングースの小集団はそれぞれ自分の小宇宙を再編成し、そこには世界樹、神話的な川、死者の村、大地の女主人が備わっているのだが、この女主人の権限は氏族の領域内に限定されている。聖なる石の下にいる老女神ドゥンネ・ムスンが森のすべての動物の毛皮を所有している。シャマンは請願者もしくは泥棒として、彼女のもとに赴く。シャマンはまたブガディ・ムスン女神、つまり野獣の群を従えた巨大な牝オオジカにも懇願する。この二人の《女主人》は、明らかに、同一の原初の人物の人間面と動物面とを表わしている。牝動物として想像された大地の原始的イメージは、中央世界を八本足の牝のオオジカやトナカイとして描いた素描や、大地を修飾する《毛むくじゃら》、《毛皮におおわれた》という形容詞に表現されている。オロチ族は、森は大地の毛皮であり、動物は大地の食客であると明確に述べる。ヤクート族やツングース族のシャマンの生命と非常に密接に結びついているイエ・クュル《母なる動物》は、この古き大地の化身である。ゴリド族〔ナナイ族〕においては、シャマン精霊たちの母が自然の大いなる女主人と混同されている。他方、ヤクート族やツングース族のところでは、分離と特殊化が行なわれているが、つながりは垣間見える。宇宙の秘密を洞察するため、シャマンは原初の〔人獣の〕二重の本性をもたねばならない。そこでイエ・クュルは彼に動物分身《ドゥブル》を創ってやり、これが彼を生涯にわたって助けるのである。

　他の化身、つまり古い《女道路番》たちは、宇宙の全要所を警備しており、シャマン、場合によっては英雄が諸世界を横切って危険な旅をするとき道案内をする。正しい道筋と危険を免れる方法を教えるこれらの慎重な女助言者に、すべての民間伝承が言及している。

主の精霊たち

大地＝水の全体は、イェル・スブという名のもとに、古代チュルク族や現代アルタイ族によって尊崇されてきた。最も広い意味ではイェル・スブは宇宙――アルタイ族においては、これは陸と海の十七柱の主に統治されている――を指示し、最も狭い意味で、それは《くに》、つまり出生地を指し、広かろうが狭かろうが、そこには特別の精霊が住んでいる。

その山、その森、その地域の河川湖沼、そしてそれらを支配する諸精霊――実在し近しい存在――は、狩人や漁師や牧人に直接的かつ感覚的に関係している。認容された移動範囲の外に出ると、人間は隣の諸地域の見知らぬ、それゆえアプリオリに敵対的な精霊たちにぶつかる。さまざまな範疇の精霊たちが、一定の領域やら特定の生物種やらを監視しているのである。彼らは総括的に《主の精霊たち》と呼ばれる。精霊たちをこう呼ぶのは、とくにチュルク・モンゴル諸族、ツングース、ギリヤークである。サモエード族には、動物諸種（キツネ、魚、トナカイ）を創って監視する《母》たちがいる。たとえば、野生や家畜のトナカイを支配するイリベム・ベルティまたはパドゥリがそうである。他所では、《主》たちは生物種にではなく、一定の場所と結びつけられている。ヤクート族の《暗く豊かな森》の精霊、陽気なバイ・バヤナイは、毛皮獣やある種の鳥を《与える》。ブリヤート族やアルタイ族のところでは、山が森林でおおわれているとき、森のエズィは山のエズィと混同される。獲物はエズィの家畜である。エズィたちは獲物の無分別な殺害を許さず、ある条件のもとで獲物を譲る。彼らは仲間うちや、大胆にも彼らの洞穴に入りこんだ勇敢な狩人とのあいだで、獲物を賭け金にして勝負するのである。邪悪でも善良でもないこれらの精霊は、人間と似たような家庭生活を送り、スキーで往来し、歌ったり踊ったり、けんかをしたり戦ったりする。彼らが供物として評価するのは、自分たちのもっていない諸製品（アルコール、茶、タバコなど）や、雄弁、音楽の才能、個人の功徳である。彼らを味方にすることは必要だが、注意を惹きすぎると、幸不幸両様の結果を招く。人間社会に好奇心をそそられ熱をあげたエズィたちは、お気に入りの人間に褒美を与えることもあるが、人間をつかまえて理性や生命を奪うこともあるのである。長い赤毛の、乳房の垂れた《女主人》たちの愛情は、選ばれた人間の繁栄または死という形で示される。つまり、豊かな獲物を授かるか、山のふところに永久に閉じこめられるかである。不慮の死はすべて超自然的存在からの呼び出しによるものである。ギリヤーク族の溺死者は水の《主》のところに行き、熊や虎の犠牲者は山のユズのところに去る。実際、ギリヤーク族の主＝精霊たちは熊や虎の姿で現われる。彼らは帰宅すると、動物の毛皮を振るい落して壁に掛け、人間の姿に戻るのである。山はすでに一つの異界である。その点、天や海や地獄と同格であり、それぞれに超自然的存在が住んでいる。山に踏み入ることは、あの世へ旅することとほとんど変わらない。ユズの範疇に入れられ神格化された死者たちは、親族の目から見ると、近寄りがたい神々自身よりも重要性を帯びている。このエリート部隊はたえず構成員の入れ替えがあり、祭祀は定期的に若返っている。他方、オビ地方のウゴル族のところがそうだが、遠い祖先たちに対しては祭祀はなされないのである。

アルタイ山地ではすでに人間の姿になっていたが、ギリヤークの主精霊たちはまだ完全には原初の動物性から脱していなかった。鯱《しゃち》が人の姿をした海神の助手となり、熊が山神の《犬》役になるとき、人姿化《アントロポモルフイザシヨン》の過程が完了する。シベリア全域にいる熊は、あらゆるところでさまざまな肩書で崇められており、神ではないとしても、少なくとも神の仲介者、あるいは神の一時的な化身である。熊の所属する諸存在に祈りを伝えるため、人々は熊を殺したのち、これを使者として用いる。天の生まれ――フィン・ウゴル諸族の伝承によると、熊は銀の揺りかごに乗って天から降りてきた――にもかかわらず、熊は地下世界との交信も可能にする。熊はサモエード族のシャマンが下方領域に降りて行くときの乗物となる。また、大地の女神はときどきトナカイやオオジカの姿をとるが、地獄の神、たとえばエルリクは、熊となって現われる。

水と地下世界

大地と一緒にイェル・スブというあまり等質でない全体の一部とされているけれど、水は、水が互いに結びつけている諸環境のすべてに属すると同時にそれらと対立している。恵みをもたらすが陰険でもあり、天からも地獄からも出てくる複雑な要素である水は、二つの範疇に分けられる。流水と溜り水である。海はオホーツク海とベーリング海の沿岸に住む諸集団以外ではほとんど問題にならず、チュルク・モンゴル諸族の神話では大河と同一視され、水源や河口のことがほのめかされる。北の北極海は、沿岸に人が全然またはごく短期的にしか訪れず、荒廃と死の観念を喚起するのみである。そこの陰気な島々には死者や怪物が住んでいる。ウゴル・サモエードやイェニセイの諸族によれば、オビ川とイェニセイ川は、魂をくらう恐るべき神々が支配する凍った深淵に呑みこまれる。だからこれらの川の沿岸民は、北と川下を死の方向とみている。冥界行きを企てるシャマンのとりうる道は二通りある。穴——たとえば大きな分れ道の——つまり大地の臍に入るか、川を下って死者の村に行くか、である。

主《ぬし》の精霊たちが河川を支配している。その気質、また彼らが起こさせる感情が、彼らを山や森の同類たちから遠ざけており、これらの水と陸の代表者たちは、潜在的敵意のためしばしば対立する。水の精霊は気味の悪い存在で、めったに形に表わされず、森の主が獲物を出し惜しみする以上に魚をけちる。オスチャク語とヴォグール語では、クルという一つの言葉が《悪魔》と《水の精霊》の両方を意味する。セルクープ・サモエード族は水の精霊のことを、病気をもたらす地下界の神の召使いと見なしてさえいる。溜り水はもっと危険で、地下界と直接連絡している。池や湖や沼はどれもこれも、邪悪な生き物が出てくる穴であり、水鳥たち——アビ、白鳥——は、これらの水の地獄的性格を分かちもっている。水面や水辺には怪物たち——毛むくじゃらの、鉤爪のある、牙の長い、一つ目の、手のない、一本足の——が跋扈《ばっこ》している。不具性が彼らの力の条件そのものであるらしく、形質の上で失っているように見えるものを、超自然的な力というかたちで得ているのである。

彼らは人間と結婚しようとすることもあるが、人間に戦いを挑むことのほうが多い。もっとも、戦いがつねに彼らに有利に終わるとは限らないのだが。地下界への所属を示す一つのしるしに、鉄の存在がある。地下の諸地域の住民たちは、全身または部分的に鉄でできているのである。たとえば、十八メートルの鼻をもつ黒いチェベルデイたち、ヤクート族のアバースたちがそうで、とくにアバースの首長の息子は鉄の髪、鉄のまつげ、七本の巨大な鉄の歯をもち、《凍湖のような》目をした一つ目巨人である。

諸領域を横切って、両面通行の往来がなされる。シャマンのほか、ある種の特権的な個人が、山上、天（月）、水底、地下界に住む諸精霊や死者たちのところに赴く。英雄は死んだ親族たちに会い、彼らを自発的にしろ強制的にしろ彼らの村に連れて行き、必要があれば殺すのだが、他界で殺されると彼らはこの世に生き返る。生も死も一時的なものであり、両者を隔てる垣根は動き続けているのである。復活と変身（振動、鞭打ち等々による）の手順はしばしば同一である。つまり、一つの状態、以前の外見に戻ることが問題なのであって、変化は決して根本的なものでも決定的なものでもない。外からの干渉がいつも必要だと限りもしないらしく、蘇生は機械仕掛けのように行なわれる。一時的にであれ本当にであれ、人は《ちょっくら》死ぬ。ティルグンドの神話時代に皮を着替えて死んだり生き返ったりしたのと同じ気楽さで、ギリヤーク族は一つの世界から別の世界へ《引っ越し》たり、また急に、自分や身内の者たちは無差別に人間あるいは四領域――空、山、海、地下界――のどれかのミルク（悪魔）になるのだと決心したりする。

《中央の土地》はどこで終わり、どこから地下世界が始まるのだろうか？　大地の女神の領域は原則的に地表に限定されている。木の根元の下に住んでいるとしても、彼女は上方を、光と生命の方を見ている。しかし、地球の胎内においてすべての死者は再生を準備し、生命は育てられるのである。女神の影響力がどこで止まり、厳密な意味での地獄圏がどこから始まるのかを決めるのは容易でない。イェル・スブの十七区は地表としてと同時に、深いところとして想像されているらしい。エトゥゲン母や二次的な諸エトゥゲンを戴く七十七または八十一の重なり合う層への天地の分割は、モンゴル神話においては、九十九柱のテングリの影響を受けた後代の人為的な創作なのだろうが、諸レベルの帰属関係の不確かさを理解する助けになる。《どこか下の方に》住む地下界の支配者は、大地の女神とは対等に共存しにくい。女性的イメージがぼやけて行く限りにおいて、地下精霊の首長、死者の裁判官として生者に恐れられ崇められているこの人物――ほとんどつねに男性である――の重要性と威信が増大して行く。

参考文献

N. N. Agapitov et M. N. Khangalov, "Chamanstvo u Buriat Irkutskoi qubernii", *Izd. Vost.-Sib. Otd. Imp. Russk. Geogr. Obchtch.*, XIV, 1-2, Irkoutsk, 1883.

A. F. Anisimov, *Religiia Evenkov*, Moscou-Leningrad, 1958.

M. A. Czaplicka, *Aboriginal Siberia*, Oxford, 1914.

U. Harva, *Les Représentations religieuses des peuples altaiques*, Paris, 1959.（ハルヴァ『シャマニズム——アルタイ系諸民族の世界像』田中克彦訳、三省堂、一九七一）

K. F. Karjalainen, *Die Religion der Jugra Völker*, Helsinki,1921-1927.

T. Lehtisalo, *Entwurf einer Mythologie der Jurak-Samojeden*, Helsinki, 1924.

Narody Sibiri, Moscou-Leningrad, 1956.

L. Schrenck, *Ob inorodtsakh Amurskago kraia*, Saint-Pétersbourg, 1899, 1903.

L. Sternberg, *Die Religion der Giljaken*, Leipzig, 1905.

D. Zelenin, *Le Culte des idoles (ongones) en Sibérie*, Paris, 1952.

E・ロット＝ファルク『シベリアの狩猟儀礼』田中他訳、弘文堂、一九八〇

エスキモーの神話

E・ロット＝ファルク

擬人論《アントロポモルフィク》的な宇宙観がエスキモーの宗教思想を特徴づけている。人間の起こす思いがけない諸事件から神々や天体や自然現象が生じたとされ、それらの出来事はしばしば逸話風に事細かく語られる。世界の誕生や仕上げについてはエスキモーはわりあい無頓着である。一つのテントとして表象される大地は、杭の上にたち、被い――蒼穹――がかかっている。被いの四ケ所にナイフで穴があけられているので、四方の風がもれる。そのむこうには、大地に似たもう一つの世界つまり天がある。かなり広く信じられているところによると、かつて大地が転覆したことがあるようで、最初の住人たちは今は地下に住んでいるという。

創世

厳密に言うと、創世神話があるのはアラスカだけであり、そこでは父＝ワタリガラスが造物主《デミウルゴス》の役目を果たしている。ワタリガラス物語群はシベリアの古極《パレオ・アルクティク》北諸族に特徴的なもので、北アメリカ北西部のインディアンにも見られるが、エスキモーの地域ではアラスカの住民だけにしか知られていない。このことを考えると、論理的には、この神話はアラスカの住民にとって外来的なものであるという結論になろう。しかしながら、それがアラスカに現に存在していることも事実である。最も完全な説話《ヴェルシヨン》によると、乾いた粘土でできた天において、トゥルングサックが闇のなかで生命に目覚めた。しかし彼より先に別の生命がすでに存在していた。ツバメである。ツバメは彼に、粘土でできた別の土地が大いなる深みの底にあって、固まりかけていると教える。彼はワタリガラスの姿になって舞い降りて行った。義翼をつけたその体は羽毛に被われ、くちばしが前頭部にすでに突出していた。こうして彼は鳥になったが、仮面を脱ぐ——というかもちあげる——こともできた。すべての植物は彼が大地の土中に埋めた粘土の諸片から生じた（同じことを彼はすでに天で行なっていた）。同じ材料で彼は動物と人間をこしらえる。もっとも、最初の四人の男たちの出現は、自然発生ではないとしても、少なくとも彼の主導的な意志とは無関係なある種の発生によるものだったらしい。豆の莢《さや》から出現した生き物を見てワタリガラス自身びっくりし、大地の人口をより速く増やすため、彼らの妻を作り、次いで他の人々を作った。やがて大地――天と同じく島であった――が住民たちには狭くなってきたので、彼らは大地を拡げた。つまり、巨大な怪物の体の諸部分を海に投げこむと、それらが島々になり、岸と岸がくっついたのである。

ツバメに助けられてワタリガラスが光をもたらす。それ以前は昼と夜の区別がなく、時間は存在しなかった。どの話もこの原初の闇に触れているが、ワタリガラス――いくつかの伝承では野ウサギ――に太陽と月を世話してもらうまで、この闇のなかで最初の人間たちは暮していたのである。《光を望む野ウサギの言葉のほうが光を恐れるキツネの言葉より強かったから光が現われた》とネツィリク・エスキモーは言う。文化英雄の仕事を実行してワタリガラスは人間に家の建て方、舟の作り方、狩や漁の仕方……を教え、任務を果たすと天に戻り、天界にも同じように天体を散りばめた。いくつかの伝承によると、エスキモーが好き勝手に獲物を殺しすぎたので、彼はエスキモーと仲違いし、彼らを皆殺しにするため太陽を取り上げた。彼の兄がこの天体をうまく盗み出して人類に返してやるのだが、兄は天に戻る力を失い、その子孫は仮面が脱げなくなってたんなるワタリガラスとして大地にとどまる。フィン・ウゴル諸族やチュルク・モンゴル諸族に特徴的な闘争主題、つまり創造者兄弟が太陽をめぐって争い、相手の措置を妨げあうという主題がここに見いだされるのは大変興味深い。またシベリアにおけるアビと同様、鳥が造物主（ワタリガラス）や使者・助手（ツバメ）として登場してもいる。

シベリアの古極北諸族は、堕落した卑しく不潔な鳥を子孫にもつこの大ワタリガラスについて、その嫌らしい側面や喜劇的な側面しか、つまり戯画的人物としてしか記憶しておらず、説話のなかではとにかく露骨にそういう点ばかりを表現している。とくに、ほぼ全面的にクッツ〔ワタリガラス〕にあてられたコリヤーク族やカムチャダール族の話群では、ワタリガラスは食いしん坊、好色漢、ペテン師にされており、最後には自分の策略に自分がやられてしまう。彼とその一家の物語は失敗談の連続であり、彼は徹底的に笑い物にされている。エスキモーにおいては、こうした意図的な——さらには儀礼的な——非礼の姿勢は著しく弱まっている。

海の女神

海の動物を支配する女神は地方によってさまざまの名前をもっているが、われわれはセドナという最も良く知られた名前を使うことにしよう。セドナの物語の中心事件は、切断された指から海の哺乳類が生まれるというエピソードだが、数多くの異伝がある。ほとんどの説話が彼女の結婚拒否や、彼女と動物さらには物体との常軌を逸した結合に言及している。ふつう彼女の実の父が、旅行中もしくは逃走中に彼女を舟から放り出し、舷にすがる手を離させるため指を次々に切る。彼女は海底に沈み、海の全生物の厳しい番人となって今もそこに住んでいる。したがって彼女は違反者の範疇と被迫害者の範疇に同時に属しているわけだが、エスキモーやその他の民族においては好んでこれらの範疇から神の人員補給がなされる。彼女の呼び名の一つが彼女の性格をよく物語っている。

すなわち、《結婚したがらなかった女》である。だが社会は独身者を異常な存在として退けるものなのである。ふつうセドナは最後には結婚するが、まともな結婚ではなかった。しかしながら、世界のいくつかの民族がこの奇怪な結合から生まれたと言われることもある。

　セドナが人類に何の好意も抱いていないことは確かである。とはいえ彼女は、専横的に振舞うわけではなく、直接行動に出ることもない。そのうえ、石の家に釘付けにされているので、自由に動くことは決してない。彼女の不気味な姿を見たら俗人は死んでしまうだろう。見てもなおもちこたえられるのはシャマンだけだ。巨大で大食いだが身体不随で性格の残忍なセドナは、大きないけすに集めたあらゆる種類の海生哺乳類がランプの下を泳ぎまわるのを一つ目――左眼――で眺めている。右眼のえぐられた痕を黒毛が覆い、もつれた黒髪には人間たちが犯した罪が糞のように降り注いでいる。仲間もしくは助手として小人――しばしば父親、ときには子供――または腕無し女がおり、後者とセドナはオニカサゴを夫として共有している。父親もまた隻眼隻手である。彼は三本しか指のない右手で臨終の人を捕える。彼の姿を見ることは死の合図そのものである。セドナは間接的だが効果的な方法で人間を罰する。獲物を差し押えて飢餓をもたらすのである。人間たちは禁止事項違反、とくに流産と中絶を隠蔽することによってセドナに非難の種を与える。それ自体は罪にはならなくとも非常に面倒な規則や制約に引っかかる行為を女たちは隠したがるが、過失は行為にではなくその隠蔽にある。不浄な女は周囲を汚染するのだ。そのようにして穢された猟師や、自分自身が規則をよく守らなかったり動物を殺し過ぎる猟師は、動物に害を及ぼす。するとセドナは恨み以上のものを感じる。つまり、切り残された自分の手が本当に物理的に痛くなるのだが、海の哺乳類はその手から離れ落ちたものであり、彼女自身の一部なのである。セドナが陸上の獲物も取り締っているらしいとか、それは彼女の父親あるいは別の精霊たちの役目だとか言う人もあるが、これらの情報はかなり不正確で矛盾している。セドナは体がほとんど麻痺した女神であり、彼女本来の領域たる海から離れることは決してなく、陸上動物に作用を及ぼしている気配はない。セドナはトナカイが大嫌いだとさえ言われているのである。精霊とシャマンのあいだで用いる言葉では、アザラシは（セドナの）《贈り物》、トナカイは《大地の虱《しらみ》》と呼ばれる。またアザラシとトナカイの皮の加工と肉の消費は別々の時期に行なう。トナカイには《母》なる老女がいるが、彼女が自分の下着の切れ端でトナカイを創り、呪文を唱えて生気を与えたようである。のちに二人の動物の母が融合して唯一人の獲物の供給者、《肉の大皿》になったのかも知れない。両種の肉は非常に重要で、エスキモーの食糧はほとんど専らこれである。

餓えが最初のアンガコックを出現させたらしい。同胞を救うため、一人の男が海生動物の母のもとに赴く決意をした。彼は土中に《潜って》道を切り拓いて《食糧のすみか》に到達し、獲物を人間のところに連れ戻した。それ以来、食料が欠乏するとアンガコックたちは同じ道を行くようになったのである。障碍は多い。海底に広がる平原には岩塊が転げまわっている。名シャマンになればなるほど旅は容易になる。女神の家の入口には獰猛な門番——往々彼女の夫＝犬——が見張っており、もっと遠くではセドナの父が侵入者につかみかかろうとする。女神自身に対しては、アンガコックは懐柔策をとったり強硬策に出たりする。人間たちの罪に覆われて物凄い悪臭を放っているセドナの髪を梳《す》いて浄めてやり、詫びを入れ誓いを立てて宥めることもあるが、鉤で彼女を捕えて海面に引きあげ、条件を呑まない限り放免してやらないこともある。引き渡しを彼女が拒んでいる動物を解放するため、往々シャマンは、女神の指を切るという最初の動作をくり返す。

セドナが君臨するアドリヴンという名の世界は、死者の魂の少なくとも一時的な滞在地でもある。死者が潔めの期間をすごす煉獄のようなもので、そのあとでもっと快い場所、たとえば月の国にたどり着くのである。月の国に直行するのは、何らかの特権的な死者や非業の死をとげた者だけである。

アラスカではセドナは姿を消し、月の神がとってかわる。ベーリング海峡の向う側にはチュクチ族の強力なセイウチの母がおり、指を切られた若い娘の物語もあるが、チュクチ族はこの二人の人物を結びつけなかった。あるいは結びつきがあったとしても忘れられている。そのかわりチュクチ族では、海の神と月の神が融合して単一の海の女になり、月に住みついたようである。エスキモーではこれらの二大神は別々であり、全く無関係ですらある。

月の神

月の神はすべてのエスキモーが知っているが、セドナのいないアラスカでは彼が一人確固たる主人として君臨している。その姉妹の太陽の役割はずっと控え目で、人間のことにはめったに首を突っこまない。セドナ同様、彼らは最初は人間だった。彼らもまた罪、とくにインセストを犯したために社会からはみ出したのだが、男は故意に、女のほうは知らずにこれを犯した。彼女は夜の訪問者が自分の兄弟だったと分かると、乳房を切って彼の顔に投げつけた。《私がそんなに好きなら、それを食べてごらんなさい。》テントの周囲をまわりながら、彼女は徐々に空中に浮き上がり、彼がそれを追いかけた。二人のたいまつが太陽と月になった。しかしながら、物としての二つの天体はすでに存在していて、彼らはそれをたんに占有しただけのようである。

月の男はセドナより広範な力をもつが、力の使い方は彼女ほど厳格ではない。彼は潮汐、嵐、蝕、地震、降雪といった自然現象を支配し、陸海の獲物を意のままにする。彼の家にはセドナのところと同じように海の哺乳類を入れた大きないけすがあり、さらに、地上動物の魂を並べる整理棚もある。彼のもとに避難してきた孤児に彼は、将来、獲物が不足したら忘れずに彼に供物を献げるよう勧めた。というのも彼がすべてを、《つまり鯨も白鯨もセイウチもトナカイも、世界の全動物を》取り締っているからだ。さらにまたセドナと同様、彼は人類の行動を監視している。穢れは、セドナに汚物となって降り注ぐかわりに、刺激の強い煙となってこの月の男のところまで昇って行き、彼の目を痛め、怒らせる。嘆願者の差し出す水がもし澄んでいたら、つまり良心に曇りがなければ、アリグナックは水壺――小型の海――に将来の獲物を落としてやる。不猟のときアラスカのシャマンは、カナダやグリーンランドの同業者のようにセドナのところに潜るのではなく、月に昇って行く。セドナ詣でと同じような障碍に出会いはしないが、この旅もやはり危険であり、シャマンは補助霊つまりトゥンラットに同行してもらう。

恐ろしく、ときには短気であるが、月の精は人間に何ら特殊な敵意を示さない。イグルリク・エスキモーでは彼とセドナが共存しているが、彼は自分で適度の罰を人間に加えることによってセドナの怒り——下手をすると大変なことになる——を予防する。カナダやグリーンランドでは彼の力は当然のことながら弱くなる。セドナがいて制約されるからである。人々は彼を模範的な狩人として崇拝し、その才能と幸運を分けてもらいたがる。潮汐と潮流に働きかけることによって、彼は少なくとも間接的に援助の手を差し出し、アザラシを海岸に押しやっている。

繁殖させる力が彼にあることは、あまねく認められている。セドナはむしろ生殖に敵意を抱いているように思われ、イグルリク族の妊婦は、女神の動物たるアザラシとの接触を厳しく禁じられるが、彼のほうは女の不妊症を直すのである。女たちに繁殖力をつけるため月は時折、彼女らを自分のすみかに連れて行き、それからまた大地に送り出す。女はお産で死ぬと、セドナのアドリヴンを経ずにまっすぐ天上に帰って行く。子のない女が月に祈るのに対し、逆に妊娠を恐れる女は月光に身をさらすことを避けねばならない。

月の精はまた、恵まれない人々の守護者でもある。彼は被迫害者に雪辱を果たさせ、体力——最も渇望される財産の一つ——が欲しくて《泣く》人にはそれを与える。発育できない子供がいると、その子が呑みこんでいる不浄物を吐かせて、並外れた闘士にしてやる。彼は孤児を虐待から守るために引き取る――より正確には誘拐する――と同時に、継母の魂を奪ってきて孤児に殺させてやる。というのも月の引力は強力で、海に対してと同じく人間にも作用するからであり、それによって人は幸福にも不幸にもなるのである。一人で旅をする人、夜中に水汲みに行く女、月面を見つめる猟師に、急に月が近付いてくる。忽然と一人の男が現われ、お客が同意しようが尻ごみしようが、頭の黒い四匹の犬のひく橇で天に連れ去る。月の国に上陸した客は二つに仕切られた家に入るが、そこには月と太陽が隣あいながら別々に住んでいる。太陽＝姉妹のいる部屋から強い光と熱が漏れてくる。向こうの大きな村では死者の魂たちがいろんな遊びに耽っており、生者に挨拶にやってくる。月の家のベンチで休んでいる魂たちもいる。もてなし好きの月が食物をすすめるが、生者は当然のことながら、食べたら家に帰れなくなるのではないかと心配する。とくにこわいのは月の奇怪で残忍な女友達であって、曲がったナイフ（ウル）をもっている。もし彼女が首尾よく生者を笑わせることができたら、そのナイフで彼の腹を裂いて内臓を食べるのである。そこで彼は遁走して大地に戻って自分の冒険を物語ることにする、さもないと魂も生命も月に差し押えられてしまう。しかし月の上の昼の国での死者の生活は非常に快適そうに見えるので、今すぐそこに行きたいという気持ちになれる人は、死をあまり恐れないに違いない。自殺は月の精がけしかける誘惑である。あの上に行って、選ばれた者は再生の日を待ちながら、寒さも飢えも感じずに毎日狩をしたり遊んだりして暮すのだ。再生もまた月が担当している。天から姿を消している期間、月は魂たちを大地に連れて行って新しい生を始めさせているのである。往々、魂たちはまず最初に動物の衣をまとうことになる。

ピンガ、アシアック、シラ

カリブー・エスキモーでは月は別の神に従属している。つまり神秘的な女神ピンガで、月の機能のいくつかを彼女が肩がわりしている。この《上にいる女》は、《下にいる女》セドナの天上の相同者のようである。地上の獲物、とくにトナカイの番人たる彼女は、大地に住んでいるべきであるように思われる。おそらく昔はそうだったのだろうが、彼女の起源や天上に行った経緯は誰も知らない。彼女の性格もまた不明確である。ピンガは狩猟を規制し、トナカイの殺し過ぎは許さない。彼女は生者の魂を監視し、病人は彼女に訴えかける。ピンガは死者を月に預け、月は彼女の指示に従って死者を大地に送って行き、新生活を始めさせる。彼女は、場合によってはアンガコックたちに補助霊を提供するが、月やセドナと同様の厳密ないし厳格な目で人間行動を見守ることはないようである。

三番目の女性精霊アシアックは天候を少なくとも部分的に支配している。彼女はもともと人間だったが、セドナや月や太陽と同じく異常な運命を辿った。彼女らと同様、アシアックも規格外の結婚をしたのである。自分で結婚を拒否したわけではないが、誰も結婚してくれなかったので、彼女は夫を求めて村を出て世界中をめぐり歩いた。結局、彼女は一人の男の子をさらって夫にし、その子と隠れ住んだのだった。アシアックは尿に浸した皮を振って雨を降らせる（雷は二枚の皮の摩擦によって生じる）。好天を得るためシャマンはアシアックのところに赴くが、今日、彼女は昔のようには好天を自発的に《製造》しなくなっている。最近の伝承のなかではピンガとアシアックは男性にされている。こうした男性化は諸神話系によく見られる過程である。

《下にいる女》と《上にいる女》の次に、《外部のあらゆるところにいる者》たるシラがいる。スリア、シラ、ヒラ、フラは神の名を表わすのではなく、《大気、天気》そしてまた《感覚、理性》を意味する。シラにイヌアつまり《主》という称号をつけると、この力が人格化される。イグルリク族では《大気の主》シラップ・イヌアがナルツゥクという個人名をもっている。彼は巨人の息子だったが、両親を殺され、自分は大気中に昇って精霊になった。しかし、ここでの彼の役割は非常に限られているようであり、他のどこにもシラップ・イヌアの起源との結びつきは暗示されておらず、シラップ・イヌアの人間的輪郭はきわめて漠然としている。しかし興味深いのはその人物像というよりは、それがカバーしている諸観念のほうである。それは大気であって天ではなく、運動であって風ではなく、生命の気息そのものであるが、たんなる物理的生命の気息なのではない。それは目が見えるエネルギーであり、働きかける知性であり、《あたりいちめん》にも各個人の内部にも循環している強力な流体である。シラを失うことは感覚を失うことに等しい。同時にそれは道徳に反する行動をすることである。理性が行動を制御しなくなるのである。この生命原理が擬人化されるとシラップ・イヌアになり、普通この呼び名はシラと略される。シラはあるときには非常に恐れられるが、またあるときには親切で、自分自身のシラ実体の一部を与えて病人を元気にしたりアンガコック志願者をアンガコックにならせてやったりすると言われる。だからシャマン候補者は《自分をひけらかし》てシラの注意と同情をひこうとするのである。しかしながら、この同じカリブー・エスキモーにおいて、シャマン候補者はピンガにも《自分を見せびらかし》ており、局地的にシラとピンガが混同されている。なお、ハドソン湾地方ではヒラは女性であり、セドナのたんなる使いとして働くこともある。複数形のヒラップ・イヌエは集合的に、ある種の機能不分明な大気の諸精霊を意味する。このように、シラ＝ヒラ原理の《監督者》たちの風貌は多様かつ曖昧であり、他のきわめて人間的で散文的ですらある神々に比べると、シラは一種の未完成の神、抽象的なままでいる力のように見える。

イヌアットとトゥンガット

実のところエスキモー語のイヌアとかトゥンガックという言葉は《神》《女神》《精霊》といった訳語では全然あるいは非常に不明瞭かつ不完全にしか説明できていない。イヌアはイヌック《人間》という名詞の三人称所有者形で、直訳すると《それ〔彼〕の人間》を意味し、補語が必要である。人は何物かの、あるいは何者かのイヌアである。つまり、ある動物、ある基本要素、ある自然現象の内部に潜み、その機能を決定している、知性を備えた機構の、人間の顔をした分身である。

古極北諸族やアラスカの大ワタリガラスの時代には、生物は二重の本質をもち、仮面や衣服を替えることによって難なく人間状態にも動物状態にもなれた。そういう時代はもはや終わり、諸形態は硬直化したが、今も動物の内奥で《それの》人間が目を光らせている。これは俗人には不可視だが仮面上に描かれており、鯨の腹のなかでは若い女の姿で生命＝ランプを燃やし続けている。動物たちの死後、イヌアたち《イヌアット》は分離するが存続し、定期的に宥めねばならない影となる。個別的な分身だったイヌアは所有者とか主人の観念をもつようになった。大精霊たるセドナ、月、シラはそれぞれ海、月＝天体、大気のイヌアである。イヌアたちの人格には有益だの有害だのといった観念は一切結びつかず、いかなる序列も守られていない。鮭のイヌアから月のイヌアへ、《分身》から《主》への距離は大きいが、この称号は原初の神人同形論を換起しているだけであり、この観念は風景の細部にまで現われている。

　自然にはまた別の精霊たちが住んでいる。彼らの起源はさまざまで、多かれ少なかれ怪物的である。西部エスキモーではトゥグニガット、トゥンガット、トゥングラット、トゥンラットと呼ばれ、東部エスキモーは音位変換によりトルナット、トルングラットと呼ぶ。彼らの外観は起源と同じく多様である。そのうえ彼らは、大きくなったり小さくなったり自由に姿を変える。彼らは場所の精霊、肉体を離れた死者、古い動物、さまざまの怪物であり、一定の景観（山、断崖、湖）と結びついているのもあれば放浪しているのもおり、危険で恐ろしくさえあるが系統的に意地悪をすることは滅多になく、それぞれが宇宙の力と秘密の一部を握っている。夢のなかや忘我の境で彼らと出会ったシャマンは、彼らの歪んだ半人半獣の顔立ちを仮面に再現し、それらが表わす力と知識の潜勢《ポテンシャル》を巧みに手に入れる。彼ら自身が自発的にシャマンの役に立ちにやってくることもあり、シャマンの質問に答え、シャマンが不可視のものを見たり空を飛んだりするのを助ける。だから地方によってはアンガコックをトゥンガリック《トゥンガットをもつ者》と呼んでいる。彼らなしではシャマンは超自然界と交渉をもつことができない。ある者はシャマンに助言と保護を与え、他の者はたんなる《犬》としてシャマンに仕える。したがってトゥンガットとイヌアットは非常に異なる二範疇のように見えるが、両者は必ずしも隔絶してはいない。月にはイヌアという称号もトゥンガックという称号も与えられ、これは、人々が月の人間起源を換起したいのか、月の力強さを強調したいのかによって使い分けられているのである。《神》の観念により近いのはトゥンガックのほうである。トゥンガックたち《トゥンガット》の上——必ずしも筆頭ではない——に超トゥンガックがいる。アラスカではこの非常に賢いトゥングランガヤックは体中を小円で覆われた姿で描かれる。それらの円はすべてを見る目である——《私の全身が目である……私は全方向を見る》。ラブラドルではトルンガルソアックは巨大な白熊の姿をしていて、洞穴に住み、獲物を支配する。グリーンランドのトルナルスックないしトルナルティクは半人・半アザラシの巨大な存在で、《海から来》てアンガコックに病気の原因を教える。必要な場合には、アンガコックはトルナルスックの助手の二精霊に呼びかけて仲介してもらいもする。エスキモーの至高神を探す宣教師たちと、彼らを満足させたいと思ったエスキモーとが目を向けたのは、たとえばシラなどではなく、トルナルスックであった。キリスト教の神と最も同一化されやすいのは、トルナルスックだと彼らは判断したのである。

参考文献

W. Bogoras, "The Chukchee", The Jesup North Pacific Expedition, *Memoirs of the American Museum of Natural History*, vol. VII, New York, 1904–1909.

——, "The Folklore of North-East Asia as compared with that of North-Western America", *American Anthropologist*, vol.IV, no. 4, 1902.

F. Boas, "The Central Eskimos", *6th Annual Report of the Bureau of American Ethnology*, Washington, 1888.

W. Jochelson, "The Koryak", Jesup North Pacific Exped., *Mem. of the Amer. Mus. of Nat. Hist.*, vol. X, New York, 1905–1908.

E. Nelson, "The Eskimo about Bering Strait", *16th Annual Report of the Bureau of American Ethnology*, Washington, 1899.

K. Rasmussen, "Intellectual Culture of the Iglulik Eskimos", *Report of the 5th Thule Expedition*, vol. VII, no. 1, Copenhague, 1929.

——, "The Netsilik Eskimos", *ibid.*, vol. VIII, 1–2, 1931.

W. Thalbitzer, "The Ammassalik Eskimo", *Meddelelser om Grönland*, vol. XL, 1941.

——, "The Cultic Deities of the Inuit", *XXIIe Congrès international des américanistes*, II, Rome, 1928.

E. M. Weyer, *The Eskimos*, New Haven, 1932.

北アメリカの神話

M・ブテイエ、Ph・モナン

ヨーロッパ人の入植が始まった十六世紀半ばころ、北アメリカのインディアンは二千余りのしばしば反目しあう独立部族に分かれていた。自然環境や資源により、生活様式は異なった。太平洋側の北西沿海部では鮭漁が盛んで、カナダの亜北極圏ではトナカイ、森林地方では鹿、ミシシッピー川からロッキー山脈に至る中央大平原では野牛を狩った。気候が許せば人々は、トウモロコシを栽培した。たとえば東部のイロコイ族が五大湖地方で、またそれ以上に南西部のプエブロ族がコロラド川下流域でこれをやった。他に十分な生活手段がない場合、採集が行なわれた。イロコイ族の西のメノミニ族は真菰《ワイルド・ライス》を摘み、コロンビア＝フレーザー高原のサリッシュ族は山の漿果をもぎ、この高原の南にある半砂漠性の大盆地《グレートベーズン》のショショニ族は食用地下茎を掘った。もっと貧しい中部カリフォルニアのインディアンたちはドングリを食べていた。

基本経済によって居住様式はさまざまで、定住農耕民は永続的な村に住み、獲物の移動について行く半流浪的な狩猟民はテント暮しであった（スペイン人がもちこんだ馬が殖えたおかげで、十七世紀には平原インディアンの狩猟行動範囲は拡大することになった）。言語学的にみると諸部族は種々の語族に属し、たとえば五大湖地方には、アルゴンキン語族、スー語族、イロコイ語族がいた。社会構造やそれを表現する制度・儀礼にもいろいろな型があった。病気を直し、雨を降らせ、個人や集団の事業の成功を確保する特別の力をもつという呪術師あるいはシャマンが、祭司とは多かれ少なかれ独立して、存在していた。

一世紀前から、約三百の生残り部族のほとんどが《指定保留地》に徐々に隔離されていった。本質的に農耕民ではなかった人々は生活様式に大きな変化を蒙り、最後の野牛が姿を消し、可能な限り採集は農耕に移行させられた。他方、白人文化の影響の増大によって社会行動に変化が起こり、インディアンはだんだん合衆国市民になっていった。土着諸族のあいだで、あるいは白人とのあいだに混血が生じた……

それゆえ、伝統的なインディアンの神話の基礎にあった枠組は、今や過去のものとなった。先祖伝来の諸観念に付加されたものは、ごくわずかである。すなわち、創造主の相対的重要性が、往々キリスト教布教の影響により、高められた。地方的には、インディアンの予言者たちが死者の回帰とそれに伴う主権回復を予言し、この回帰に備えるための儀式舞踊（《幽霊踊り《ゴースト・ダンス》》）を始めた。最後に、メキシコからペヨトル〔麻酔性サボテンの一種〕を用いての祭儀が伝えられた。

最も典型的な北アメリカ神話には、各文化領域に固有の諸異伝の差違を超えて、基本的な共通諸特徴がある。最も大きな特徴は、守護者であれ不吉なものであれ数多くの精霊が非常に積極的な役割を果たすということであり、これにひきかえ宇宙の創造主は、ことに人間の運命にかんしては、背景に退いている。守護精霊は大部分が神話的動物もしくはそれに類する人物たちであるが、さらにまた、太陽（平原の狩猟民も、ルイジアナの古ナチェス族のような農耕民も崇めた）、星（これにまつわる民間伝承がネブラスカのポーニー族の神話を豊かにしている）、雷あるいは《かみなり鳥》、トウモロコシ神、山や川の精霊、鏃を作る燧石のような鉱物の精霊も守護精霊に含まれる。これらの守護者と対立的に、人々は巨大な怪物の存在を認めている。たとえば北西沿海部のクワキウトル族の食人鬼とか、アルゴンキン族の角のある水蛇のような。インディアンはまた、意地が悪いというよりむしろ滑稽な小生物にも言及するが、これは森や沼に出没するという。死者の霊は概して恐ろしく、魂を盗みにやってきて、もしシャマンの介入がなければ、死をひきおこす。実際には、守護者も人間の敵を殺し、悪霊も特権者（ある種の団体の成員とかシャマン）を後援するのであるから、すべての超自然的存在が両価的な力をもっているのである。

守護精霊たちや宇宙の創造主は、大抵の場合、天界とか山頂に住んでいる。水の深いところや地下界には怪物たちがいる。死者の国は天の川の果ての天に置かれるが、まれには地下に（往々創造主とともに）配される。したがってインディアンは宇宙を一連の段々重ねになった諸世界と考えているわけであり、人間の世界はそれらの真ん中に位置する。たとえば、ブリティッシュ・コロンビア沿岸部のベラ・クーラ族は五つの世界の存在を信じており、われわれの世界の真上の第二世界に主要な神々の住む《神話の家》があるという。

インディアンの思考のもう一つの基本特徴は、諸世界や宇宙諸領域が空間の六方向、つまり東西南北と天頂（《高み》）と天底（《低み》）に対応していることである。

各方向、各領域に一つずつ聖なる色が結びつけられる。ニュー・メキシコのズニ族や他のいくつかのプエブロ族社会では、北は黄、西は青、南は赤、東は白、天頂は多色、天底は黒である。それぞれの領域に、また人間の視界を取り囲む現実の山あるいは神話的な山のそれぞれに、さまざまな種類の動物、植物、鉱物が結びつく。また農耕民においては、それらにトウモロコシの六つの変種が組み合わさり、各変種は空間の六色のうちの一色を象徴的に帯びている。物質生活の源をなす動物、植物、鉱物は、守護精霊たちに従属しており、しかるべき儀礼を行なうと精霊が人間に分配してくれる。

インディアンの神話はさまざまな角度から研究できるが、まず、起源論的説明として見ることができる。すなわち神話は宇宙、大地、人間の起源、技術や制度の起源、そしてそれと関連するが、儀礼や道徳的、社会的、儀礼的禁止事項の起源について語り、それらを正当化する。宇宙の起源について言えば、非常に多くの伝承では、最初の段階に宇宙に住んでいたのは動物たちだったとされ、人間の姿をした登場人物はめったにいない。彼らは人間と同じように振舞うと同時に造物主や《変換者》の役割を果たしたという。ベラ・クーラ族は、人間は天で創られたが、創造主の要請によりワタリガラス、ワシ、灰色グマ、褐色グマ等の姿を選んで世界にやってきて住みついたのだと言って、こうした人間と動物の未分化状態を折合いよく説明している。地理的＝文化的領域により、大活躍する英雄もさまざまである。すなわち、アラスカや北西沿海地方北部ではワタリガラス（シベリア神話との親縁性を証明する特徴）であり、その南では青カケス、コロンビア＝フレーザー高原や大平原ではコヨーテ（草原狼）、大盆地や南東部ではウサギ、東部のいくつかの社会では野ウサギであり、また他の諸部族にとっては、アルゴンキン族でマナボゾ、北東部のペノブスコット族でグルスカップ、中部カリフォルニアの若干の社会でウィヨットなどと呼ばれている人物たちである。(1)

（1）人類学的にはアメリカのインディアンは黄色人種に属する。彼らはアジアからベーリング海峡を通って次々に移住してきた。シベリアの諸伝承とアメリカ北西海岸のインディアンの諸伝承のあいだには特別の文化的親縁性があることが指摘されている。たとえば、世界を秩序づけるワタリガラスの冒険譚が両地域で語られる。

神話的動物やそれに類する英雄たちの最初の仕事は、宇宙を秩序づけることであった。さまざまな超自然的な場所、ことに太陽の家で策を弄して掻っぱらいを働いて、彼らは火、風、雨、雲を手に入れる。また、もともと平らだった地表に山を出現させ、湾を掘り、河床を配置した。ベラ・クーラ族の神話は語る、《むかし、世界に最初の住民が現われたときには、川がなかった。というのも、川はヌスマト＝ワイフ洞穴の牢屋に閉じこめられていたからである。洞穴の出口は大きな岩でふさがれていた。閉じこめられていたのは川だけではない。川の生物たちもそうで、鮭も含まれていた。最初、ワシがこの障壁を砕こうとするが、失敗した。次いでワタリガラスがやって成功した。それ以来、ベラ・クーラ川は今のように流れるようになったのである。[2]》

（2） T. F. McIlwaith, *The Bella-Coola Indians* (Toronto, 1948, vol. 1, p. 342).

文化をもたらす動物たちは、群を作って互いに争っていたと言われる。彼らが、人口過剰と飢餓を避けるため、死を創設することに決めた。神話に描かれるこれらの動物は、賢く知性を備えており、一貫して怪物たちと戦うが、同時にまた残酷で利己主義で淫猥で強欲で食いしん坊である。彼らは周囲の者を欺して喜ぶが、しょっちゅう非常な間抜けぶりを発揮して、自分が張る罠よりもお粗末な罠に自分でひっかかってしまう。たとえば南東部のコアサティ族の語るところでは、《世界巡歴中のウサギが、沼で泳ぐアヒルの群に出くわした。彼はそっちに向かって行き、綱を体に巻いて水に潜って接近し、到達するとアヒルたちの脚を全部いっしょに綱でしばった。そしてウサギはアヒルたちの真ん中に浮き上がったのだが、アヒルたちは飛び立ってしまい、ウサギは宙吊りにされて連れて行かれた。彼らが飛んできたとき、ウサギのお婆さんは、ちょうど鍋を磨き終えて地面に置いたところだった。ウサギが祖母を呼ぶと、彼女は孫に気付いた。彼が真上にさしかかると、彼女は鍋を投げた。綱が切れて、ウサギは地面に墜落してしまった[3]》

（3） J.R. Swanton, *Myths and Tales of the South-eastern Indians*, Bulletin no. 88, Bureau of American Ethnology (Washington, 1929, p. 208).

最後にこの原初の神話的世界は、怪物たちが放つ火とか洪水とかによって破壊される。たとえばアラスカのギトワン族（キトクサン）では、蛙＝女または火山＝女（銅をもたらしたので金属の女とも呼ばれ、そのかぎりでは善良であった）が火で世界を破壊した。ここには、先に指摘した超自然的存在の吉にも不吉にも働く両価性が見られる。これは別の伝承でも例証されるが、そこでは文化英雄が、怪物の行動を抑えるために洪水を起こすのである。アルゴンキン族のマナボゾの場合がそうで、彼は敵のつけた火を消すために洪水をひき起こす。マナボゾ自身は若干の動物たちと一緒に山の上に避難する。水がひきはじめると、彼はジャコウネズミに命じて水中から泥を取ってこさせ、その泥で大地と人間たちを作った。彼は生活に不可欠の技術を人間に教え、社会制度を定め、儀礼祭式を課した。同様のことをコヨーテや他の文化英雄たちも行なう。クロウ族（モンタナのスー語族）の神話にそれが見られるが、この神話はさらに、未開の神話がいかに後代のデータを組みこんできたかを教えてくれる。実際、スペイン人が来る前にインディアンが飼っていた動物は犬だけだったのに、神話はコヨーテが馬を創ったと言うのである。

《ある人物、コヨーテ老人に違いない人物が、舟を作った。彼が舟を完成させたとき、雨が降りはじめ、山々はすべて水浸しになった。水がひくと、この舟は高い山の上で坐礁した。二羽のアヒルがそっちに向かって進んだ。他にとまるところがなかったのである。コヨーテはアヒルたちに、潜って土を探すよう頼んだ。最初のアヒルは、三回潜ったが、浮かび上がってこなかった。コヨーテ老人は、そこで、二番目のアヒルに、泥をくちばしに入れてもってくるよう言った。四度目にアヒルは泥をくちばしに入れて戻ってきた。そこでコヨーテは泥を周囲に撒き、泥は大地になった。彼は川や湾を掘り、山や丘を作った。泥から彼は野牛と馬を生じさせた。他の動物もこの泥から創った。彼は葦でティピ（テント）を作り、泥から人間たちを生み出した。泥から彼は自分の妻を作った。コヨーテ老人とその妻は、矢をはじめふだん人間が使うすべてのものを作った。彼は人間たちに性交するように言い、十ケ月後に子供ができると教えた。人間が多勢になると、コヨーテは彼らをさまざまな部族に分け、円形に住まわせた。真ん中に一つの部族を置き、他の諸部族を中央部族の敵とした。この中央の部族がクロウ族である。コヨーテは、各敵を殺したときに踊るダンスを創設した……。だからインディアンは敵を殺すのが好きなのである。》

他の、西部平原や南西部（プエブロ族、その近くのナヴァホ族など）のインディアンの認めるところでは、人間は大地の四番目の子宮で創造された。そこには光も熱もなく、往々人間には尻尾があり真っ黒な肌をしていた。神話的な人物が、人間を今のような姿に変え、動物の助けを借りて大地の表に登らせた。この上昇にはトウモロコシ神、ことに《トウモロコシの母》が関与した。《出現》ののち、長い遍歴の旅があり、各部族はそれぞれの住むべき場所まで超自然的存在に連れて行かれた。たとえばケレサン・プエブロ族（ニュー・メキシコ）によると、大地の内部には四つの重なり合った世界があった。一番下が白で、その上に赤、青、黄の世界が順に重なっていた。イヤティクつまり《人間たちの母》（そしてあとで分かるように《トウモロコシの母》）が一本の樅の木を出現させて、人間が白から赤の世界に登るための梯子にした。次いで彼女はキツツキに言って、上の世界への道を塞いでいる厚い岩盤に穴をあけさせた。人間たちは赤〔原文では《青》、ホワイトの原論文（文献目録参照）により《赤》に訂正—訳者〕の世界に四年間とどまってから、前と同じように梯子用の木とキツツキのあけた穴によって、青の世界、黄の世界へと登って行った。最後に、地表への出現は、アナグマと《旋風老人》の助けを借りて容易に運んだ。しかし出現地点はあまりにも神聖でとても住めない。そこでイヤティクは南に移動するよう命じた。彼女自身は地底の白の世界に戻ったのであるが、戻る前に彼女は人間にトウモロコシの穂を与えた。《これは私の心臓です。これを食料にしなさい。その汁は私の乳房から出る乳と同じです。》

　洪水後に創造されたと自認する、たとえば上述のクロウ族のようなインディアンの場合と同様、自分たちの起源を出現と結びつける部族もやはり、地表到達時に自分たちが名誉ある位置を占めていたと主張する。自分たちが最初に登ったのであり、自分たちが中心点に出現したのである。この型の神話が付言するには、大地の内部に閉じこめられたままになっている人間たちがおり、トウモロコシの母や神話的な死者たちが彼らと合流している。（祖先と守護精霊の性質を兼備し、祭儀で仮面によって具象化される——プエブロ族のカチナたち——これらの死者は、生者を訪れに定期的に帰ってきてトウモロコシの豊作を確保してくれる。）出現地点からの遍歴も、それ自体、エピソードに富んでいる。たとえば、ズニ・プエブロ族では、最初の人間たちの子供らが悲惨にも溺死する。また、プエブロ神話一般についていうと、山に松カサを取りに行って太陽に妊娠させられた若い娘（神話の上では水の泡と混同される）の物語がある。娘は双生児の小さな戦争神を産む。双生児は、太陽に父子関係を認知してもらうため、母と別れて曙光に向かって進んだ。太陽は二人をいくつもの試練にかけるが、二人はそれらに打ち勝つ。そこで太陽は二人を息子と認め、怪物を殺すための弓と矢と投槍を与えたという。

さらに起源論的に、神話は絶対的な禁止事項、とくにインセストの禁止を正当化する。広く流布している話によると、太陽と月は人間の男女であった。欲望にかられて二人は結ばれるが、相手がきょうだいだったことがあとでわかる。恥辱にまみれて女は逃げる。男は女を天まで追いかけ、二人はそこで太陽と月になったという。また、北アメリカのどのインディアンにおいても、社会の各単位集団は何らかの神話的英雄と先祖ー子孫《フィリアション》関係で結ばれており、親族体系も、姻族制度も、家族的・社会的・宗教的な下位集団間の強制的な互酬給付も、この出自《フィリアション》関係に基づいている。出自集団《リニエ》の祖先である英雄の姿は、祭礼用の仮面や、ブリティッシュ・コロンビアの首長たちの家の前のトーテム柱《ポール》に彫刻されている。

アメリカの偉大な民族学者F・ボアズは、所与の社会の社会構造、生活様式、文化と、神話とのあいだに密接な関係があることを、最初に指摘した。実際、神話は、神話を作りあげた社会の物質的、社会的、宗教的な姿を反映しているのである。しかし、インディアンにとって神話は、起源説明的な機能を超えた別の力をもっている。それは、生きた現実としての神話がもつ力である。つまり、神話の主要エピソードが定期的に儀礼劇の形で再演されている限り、神話は部族の安定や安全や将来の繁栄を保証するのである。衣装をつけ仮面をかぶった演者たちは、歌ったり踊ったりしながら、現在に幸をもたらす神話的過去を現出させる。たとえば、アルゴンキン族の最も重要な儀式ミディウィウィン（大医術の踊り）では、まず、怪物に弟を殺された英雄マナボゾがなめた悲しみが再現され、次いで、超自然的存在がマナボゾを慰め故人を死者たちの長にするために創設した歌や踊りが再演される。アルゴンキン族によると、今日、ミデウィウィンを挙行すると、その直接的結果として、部族の全成員の健康が守られ、集団の財富と永続性が保証されるという。南西部のプエブロ族のところでは、季節的に至《し》のときにカチナたちの踊りを行なうが、これはただたんに、トウモロコシの母がトウモロコシの穂を先祖にくれたことを回想するためのものではない。実際、カチナたちの仮面をかぶり腰にトウモロコシの穂をつけた結社の成員たちは先祖たちや神々の化身なのであり、先祖や神が現にそこに来てくれるおかげでトウモロコシは成長し結実しつづけるのである。

　神話的存在の力はまた、治療師＝シャマンの呪術的活動に直接影響する。シャマンたちが援助を求める守護精霊の大部分は伝承上の英雄たちである。つまりワタリガラス、ワシをはじめとする神話の登場人物たちであるが、彼らは、何よりも、殺しかつ治療するという両価的な力をもっている。《世界の始めに》とオレゴンのタケルマ族の神話は言う、《岩＝老女という強力な山が、呪術師――つまり病気をもたらす悪霊――たちと戦う任務を負わされた。彼女はしかるべき道具をもらったが、それは、敵の心臓を煮るための鍋と、鍋のなかの心臓をかき回すための火かき棒であった。彼女は必要な歌も教わった。呪術師を一人殺してから、彼女は二つの山（双生児の山頂）の参加を求めた。呪術師から引き抜いた腕をもって、双子の山頂は戦さの踊りを舞い、次いで挨拶を交わした。》

　実際、インディアンのシャマンがその能力を獲得したり発揮したりするときには、神話的守護者たちが彼に対して実在性をもって働きかけている。彼らはまず、彼に特別の能力を授けるため、夢や忘我状態《トランス》に近い幻覚を通して彼の前に現われる。アリゾナのユマ族のあるシャマンが語るには、《夢のなかで私はアウィクワメ山に呼び寄せられた。四歩大股に歩くと私は山に着いた。隠れ家が見えた。そこには二人の男がいたが、二人とも普通より大きかった。まさしく精霊たちだ。……》話は続き、病気を望み通りに治す方法を、選ばれた男が守護精霊から手本を示されて学んだことが詳しく語られる。ところで、シャマンの卵に対してしばしば行なわれるこの実演講義は、かつて最初の祖先が受けた実演講義の正確な写しである。ウィネバゴ・スー族の神話によると、一人の男が衰弱して死にかけていた。男は一人になりたくて山の頂に登った。動物たちが現われて男の看護を始めた。《まずワタリガラスが「エヘア、エヘア」と鳴いて薬を与えた。次にオオカミが病人のまわりを唸りながら回って、魔法の薬を吐き出した。男はほとんど治癒し、ずっとよくなった。するとカメが「アヒ、アヒ、アヒ」と鳴いて力を揮いはじめ、男のまわりを回りながら煎薬を飲ませた。その瞬間、男はほぼ完全に健康を回復した。……次いで、彼を治療した全動物は、「人間よ、今のようにしてお前の同類を治療するがいい」と言って、必要な魔法の薬をすべて男に与えた。》

　神話は起源を説明し、規範を与え、社会の姿を反映し、また儀礼やシャマン行為によって再現実化される限りにおいて実効性をもつが、民族学者はさらに他のさまざまな観点から神話を考察しなければならない。まず第一に、部族の実際の歴史とのあり得べき関係を考える必要がある。たとえば、アリカラ族やポーニー族は、昔はルイジアナで定住農耕を行なっていたが、その後、中央大平原に向かってミズーリ河谷を遡って北や西に移動したことが知られている。ひとたび大平原に住みつくと、彼らは基本的に狩猟民になったのであった。これに対応して、彼らの出現神話では西または北への遍歴が重視されている。また別の神話には同胞を飢餓から救いたいと焦慮する英雄たちが出てくるが、彼らは守護精霊のおかげでトウモロコシ＝女と野牛＝女の両方と山上で結婚するのである。なお、平原インディアンの最も重要な儀礼、《太陽踊り》は、狩の成功と作物の豊作の両方を確保することを実際上の目的としている。

神話や儀礼は二部族の融合の歴史の名残りも反映しているかも知れない。民族誌家カッシングは、ズニ族の道化師の名前にかんして、このことを示唆する事例をあげている。ズニ族では他の多くの社会と同様、最も神聖な儀礼を行なう際に、奇妙な仮面をかぶった演者が祭司の物真似をする。（特別の場合には、彼らはカチナたちと対立する。）ズニ族によると、道化者たちはコイェムシ、つまり原初の出現の直後に溺死した幼い先祖たちを表わしている。彼らはまたアフラシウェ《古い石》とも呼ばれる。ところでアフラシウェという語は、西方から来た御神石に対しても用いられる。したがってコイェムシたちは、異族の神々、つまりかつて西からやって来てズニ族と融合したサラドという民族の神々の名残りであるらしい。

最後に、今日クロード・レヴィ＝ストロースが指摘しているように、北アメリカの神話の研究には構造人類学の方法を用いなければならない。神話の構造の研究は、神話を作りあげた思考の構造の研究である。北アメリカ神話は、対称図式的に、守護者と怪物、天と地、死者と生者、男性と女性、《自然》（狩猟、野生の生の食物）と《文化》（トウモロコシ栽培の技術、料理され火にかけられた食物）を対立させている。これらの対立の存在を自覚する神話は、相同性に基づく弁証法的過程をたどって、諸対立を漸進的に調停していこうとする。実際、インディアンの思考は、仲介の余地のなさそうな二つの項を、それらと等価でありながら中間的第三項をも許容しうるような別の二項で置き換える。《次に今度はその別の二極項のうちの一項と中間項を、新たな二極項と中間項の三つ組で置き換え、以下、同じことをくり返す》のである。

生と死の対立は根本的なものである。しかし、この二つを農耕（生の源）と戦争（死の源）に置き換えることによって、対立を転位させることができる。インディアンが敵から剝ぐ頭の皮は《戦争の収穫》だから、この剝いだ頭皮の観念のうちに農耕と戦争の《調停概念》を見いだすことが可能である。神話において頭皮から露が生じるのもこのためである。

生と死の調停の別の例が、文化英雄のコヨーテやワタリガラスのような得体の知れない登場人物において見られる。彼らは腐肉をあさる動物であり、肉を食べるが自分で殺して食べるわけではないという点で、本格的肉食動物と草食動物との中間に位置している。ところで、本格的肉食動物と草食動物にはそれぞれ相同性によって狩猟と農耕、さらには戦争と農耕が結びつく。ここで改めて生と死を農耕と戦争に引き比べてみると、結局コヨーテやワタリガラスは生と死の調停者だということがわかる。彼らが性格的、機能的に破壊者であると同時に有益でもあるのは、彼らが克服しなければならない生と死の二重性の反映なのである。レヴィ＝ストロースから借用した次の表はこの推論を要約したもので、複雑に見えるかも知れないが、多くの神話解釈の鍵となるものである。

最初の対《つい》	第一の三つ組	第二の三つ組
生	農耕	
		草食動物
		腐肉をあさる動物
	狩猟	
		肉食動物
死	戦争	

死と生の調停方式の追求は、人間の生命の死からのよみがえりを語る神話のなかに、もっと直接的にわかりやすく明示されている。すなわち、ある男が妻の死を嘆き、自分の生を犠牲にして死者の国に行って試練を受ける。そして試練にうち勝った結果、妻はよみがえり、自分自身も再生の権利を得るのである。同じ神話のある異伝では、妻を救うためではなく部族の繁栄のために、戦士たちが自分の生命を犠牲にする。また別の異伝によると、自分を愛したために死んだ首長の娘を生き返らせるために、孤児青年が自分の身を危険にさらすが、彼が試練を克服する場所は、もはや死者の国ではなく、愛する女が息をひきとった家である……。要するに、北アメリカの神話とそのすべての異伝を本当に理解するためには、地理的・文化的な脈絡を考慮し、また神話の構成のもとになっている構造図式を復原することが必要である。しかしこれはすべての神話にあてはまることである。それゆえ北アメリカのインディアンの神話も、神話的思考の営みの一つの個別的事例を提供するものでしかないのである。

参考文献

G.-P. Murdock, 'Ethnographic Bibliography of North America', dans *Yale Anthropological Studies*, vol. 1, New Haven, 1941.

F. Boas, 'Mythology and Folktales of the North American Indians', dans *Journal of American Folklore*, vol. 27, pp. 374–410, 1914.

R.-H. Lowie, 'Ceremonialism in North America', dans *American Anthropologist*, nouv. sér., vol. 16, pp. 602–631, 1914; 'Myths and Traditions of the Crow Indians', dans *Anthropological Papers, American Museum of Natural History*, t. 25, part I, pp. 16–17, New York, 1918.

P. Radin, 'Religion of the North American Indians', dans *Journal of American Folklore*, vol. 27, pp. 335–373, 1914; 'The Winnebago Tribe', dans *37th Annual Report, Bureau of American Ethnology*, pp. 259–262, Washington, 1923.

L. A. White, 'The World of Keresan Pueblos', dans *Culture in History: Essays in honor of Paul Radin*, pp. 53–64, New York, 1960.

E. Sapir, 'Religious ideas of the Takelma Indians of Southwestern Oregon', dans *Journal of American Folklore*, vol. 20, p. 46, 1907.

D. Forde, 'Ethnography of the Yuma Indians', *University of California Publications in American Archaeology and Ethnology*, vol. 28, n°. 4, p. 188, Berkeley, 1931.

M. Bouteiller, *Chamanisme et Guérison magique*, Part 1, pp. 25–162, Paris, 1950.

Cl. Lévi-Strauss, *Anthropologie structurale*, chap. XI, 'la Structure des mythes' et chap. XII, 'Structure et dialectique', Paris, 1958.（レヴィ＝ストロース『構造人類学』荒川他訳、みすず書房、一九七一、第XI章「神話の構造」、第XII章「構造と弁証法」）

——, 'Four Winnebago myths, a structural sketch', dans *Culture in History: Essays in honor of Paul Radin*, pp. 351–362. [*Anthropologie structurale deux*, pp. 235–249, Paris, 1973]

S・トムスン編『アメリカ・インディアンの民話』皆河宗一訳、岩崎美術社、民俗民芸双書、一九七〇

P・ラディン他『トリックスター』皆川他訳、晶文社、一九七四

中央アメリカの神話

M・シモニ

《ああ、何と不幸な民族なのだろうか……ああ、人類のあの宿敵のあまりにも残酷な憎しみ。サタンめ。アダムの子孫を嘘と残虐と裏切りの限りを尽して辱め堕落させようとしおって……》修道士B・デ・サアグン〔十六世紀〕の『ヌエバ・エスパーニャの諸事物の一般史《イストリア・ヘネラル・デ・ラス・コサス・デ・ラ・ヌエバ・エスパーニャ》』――メキシコのインディオにかんするおそらく最も重要な証言であり最も大部な民族学的書物の一つ――には、情報提供者のインディオたちから聞いた話に対する学者僧の嫌悪・恐怖を表わすこのような《著者の叫び》が数多く挿入されている。

メキシコ史に残る諸事件の発生も、このような暴力的で度外れに血なまぐさい土着宗教の性格や、それが初期の宣教師たちに与えた驚愕によって十分に説明がつく。異端に対する宗教裁判所の火刑の薪がヨーロッパ中で激しく燃えていた時代に、キリスト教信仰の代表者たちは、おびただしい血が流れる国、《この悪魔め《エステ・デモニオ》》と呼ぶほかないほど神々がむちゃな要求をする国に渡ってきたのであった。美と愛と若さを守護する若きショチピリ神《花の王子》を表わすのに、引きつって身の毛もよだつような笑みを浮かべた死人の首を用いた国。そこでは今日も子供たちが、《死―マリアッチ》、《死―農夫》またときには《死―死》と呼ばれる操り人形で遊んでいる。キリスト教徒の到来とともに、二つの違った世界観がぶつかったのであり、彼らは《異質》の宗教的宇宙に直面しなければならなかったのである。

メソ・アメリカの諸民族のうちで、マヤ族とアステカ族の二つが他の諸族より大きな足跡を残したが、その理由は両者で異なっている。マヤ族には非常に《文明化》し進化した古帝国があり、完成し過ぎといえるほどの発展段階に達したのち、すでにスペイン人の来る以前から衰え始めていた。これに対してアステカ族は、若い育ちざかりの未完成な民族として、スペイン人による征服の恐るべき衝撃を一身に被らねばならなかった。したがって、征服当時の状態においてアステカ族を評価することには一種の――歴史的には根拠があるとしても不公平な――恣意性が含まれている。彼らは、独自の発達を遂げてしまう前に、すべての価値を引っかきまわされてしまったのである。（一例だけあげると、初期には地名や系図を表わすためのたんなる象形的な刻線の総体でしかなかった彼らの書き言葉も、おそらく一種のアルファベットを成すところまで行ったであろう。）

アステカ族を語ることは、それゆえ、生成のまっ最中に停止させられた民族を喚起することである。《アステカの宗教》は文化の諸潮流の未完の統合、巨大な神界における神々の未終結の戦いにすぎない。そこでは、征服された諸国の古い神々、大地や豊饒や雨の神々、《農業》の神々が、征服者の若く暴力的な太陽神たち、《戦争》の神々と争っている。

アステカ族はもともと流浪の小民族で、すべての肥沃な土地から追われ、すべての他民族から《野蛮人》扱いされていたが、粘り強さ、暴力、信仰、そしてまた裏切りによって一種の覇権を握るに至ったことが知られている。太陽の民は、メキシコ盆地の潟湖に定着（一三二五年）した少しあとに、一種の《国家同盟》――《帝国》ではなく――を支配するようになった。しかし、移動の旅を導いた神ウィツィロポチトリをはじめとするアステカ族の固有神たちが日々の生活において優位を占めていたとしても、他の征服されたりなかば忘却された神々も神界に入って不断の祭祀を受けた（そのうちの最も小さな神々のために首都テノチティトランの聖域の一部が割り当てられていた）。そしてこの神界にイエス・キリストを最後の神として入れることを拒否したことが、多分、恐ろしく激しい宗教弾圧を招く原因の一つとなったのであろう。

このような神界は無秩序に見えるが、実はそうではなかった。逆にそれは非常に構造化された世界であり、神々相互の関係にも歴史があった。だから、神界を築きまた説明する企てとして、きわめて豊富な神話があるのである。

乱暴に停止されてしまったが、スペイン人による征服の時点まで、アステカの宗教は非常に明瞭な発達の道を歩んでいた。メキシコの神官たち——膨大な人数で絶大の力をもっていた（実際、祭祀に専従した人間の数は五千人に達したと考えられており、《帝王》自身もこの巨大な神政制度《テオクラシー》の頂点にほかならなかった）——は、宗教の統一、秩序と位階の導入をはかり、一種の統合宗教を生み出そうと努めた。征服されたり《専門化》された神々は、次第に、より強力な神の諸属性を表わすものにすぎなくなっていった。

この歩みは、《抽象》の塔を建てたテスココ王ネサワルコヨトルによって、最大限まで推し進められた。彼は、《万物を創造し給うた知られざる神》のために、九階建て（魂が永遠の休息所に達するために経なければならない九つの天または段階にあたる）の神殿を建立した。この神を彼はトルケ・ナワケ《最近隣者》あるいはイパルネモワニ《われらを生かし給う御方》と呼んだ。この神殿には神像が一切なかった。こういうふうに理解された至高神は、形に表わしようがないのである。しかし、ここで問題になっているのは個人的な流儀に基づく《第一原因》神の探求であって、ネサワルコヨトル自身も決して彼の臣民たちが信仰する神々を否定しようとはしなかった。それらの神神は大ピラミッドの低段につつましく位置していた。一神論はアステカの世界観には全く無縁である。たとえば、ある創世伝承（トルケマーダの報告する）によると、原初の女神オマシワトルが黒曜石でできた供犠刀——テクパトル——を産んだ。この小刀自身、北部平原（アステカ族の出身地）に落ちるのだが、落下しながら一六〇〇柱つまり《無数》の神々を産んだという。多神論が神話の最初に登記されているわけである。

非常に奇妙なことに、別の創世伝承によると、神々と人間たちは最初の夫婦神の息子である。この夫婦神は、オメテクトリとオメシワトル《二元性の男神と女神》とか、トナカテクトリとトナカシワトル《われらの生計の男神と女神》と呼ばれた。しかしアステカ族は、この原初の夫婦＝創造神をずっと下級神のなかにとどめておき、たいして崇敬しなかった。なお、この夫婦神は、アステカ族がメキシコ盆地に入りこんだ十三世紀ごろに重要性を失ったようである。創造神である彼ら夫婦は、四人の息子を生み、息子たちに世界や他の神々、そして最後に人間を創造させた。この四柱の《現役の》神々は、赤いテスカトリポカ（別名シペ・トテック、カマシュトリ）、黒いテスカトリポカ（つねにテスカトリポカと呼ばれる）、白いテスカトリポカ（ケツァルコアトル）、そして青いテスカトリポカ（ウィツィロポチトリ）である。これらの神々のおのおのが一定の時間、空間、一連の信仰を表象し、一定の基本方位、色、世界秩序と結びついていた。

メキシコの宗教の最も顕著な特徴の一つが、こういう形の《合理主義》である。すべての物、すべての出来事が、何らかの神の顕現、その経歴の思い出のひとこま、その意志の表現なのである。《自然》な現象など存在しない。あるのはただ人間と神々のあいだの緊密な依存関係だけである。この依存関係は相互的であり、そこからアステカ族の義務感、責任感が生じた。彼らは選ばれた民族であり、世界を存続させるという太陽の仕事を助ける任務を負っている。選民が自分の義務を果たさなくなったら、つまり神に食料――血――を提供しなくなったら、世界は停止してしまうのである。

各神話は、採集の時期や場所、転写法の違いなどにより、さまざまな形《ヴェルショシ》が伝わっている。実際、われわれが知っているような祭司階級が思考しカルメカック〔貴族階級の学校〕で教授された宗教と、平民（マセワリ）がとくに都市の外で実践していた宗教とのあいだには、深い溝があったはずである。いなかでは、若い神々や哲学理論よりも、古い神々のほうが重要であった——《アステカの使命》を担うテスカトリポカやウィツィロポチトリのような若く暴力的な太陽神よりも、雨の老神トラロックとか大地やトウモロコシの古女神のほうが。しかしまた、首都メシコの聖域、大テオカリの上には、トラロックの神殿とウィツィロポチトリの神殿が双子のように建てられてもいたのである。そして典型的な戦神＝アステカ神であるウィツィロポチトリにしても、大地の老女神コアトリクエの息子であった。同様に、祭司階級の頂点に立つ二人の大司教は、それぞれウィツィロポチトリとトラロックにつかえていた。

中部メキシコ、アナワクの宗教は、したがって、いくつものかなり特異な性格をもっている。その全部を明示するのは不可能であるが、たとえば、限界のない徹底した多神論、歴史と世界を《戦い》との関連で把える考え方（男神の女神に対する、テスカトリポカのケツァルコアトルに対する、夜の諸力の昼の諸力に対する、太陽の月と星々に対する、善の悪に対する、等々の闘い）。また、人間の責任についての深い見解、これは結果として驚くべき供犠と自己供犠を、そしてまた非常に多くの《手段》の活用を導いた（神々の大部分は呪術師——降神術者《ネクロマンテイコス》と魔法使い《エチセーロス》——であり、人間は呪術的諸行為によってものごとの流れを変えることを試みることができた）。そして、《運命の書》へのほぼ全面的な服従に至った全面的悲観主義（というのも、あとに見るように、世界は呪われており、人も神も死んでしまうのだから）、等々。

メキシコの宇宙論的思考を最もよく表わしている神話は、当然、創世神話である。なぜなら、それらの神話は、永遠に脅かされている世界と永遠に執行猶予状態に置かれている人間とにかんするメキシコ人の考え方を理解させてくれるからである。われわれのもっている資料——コルテス以前の図解《絵文書》、ナワトル語によるラテン文字表記の註釈、初期の宣教師たちの著作、有名な《アステカの暦石》などの遺物——の大部分が、《四つの太陽の伝説》の名で知られる神話をもち出しており、この伝説はさまざまな形が伝わっている。（ここでは《諸太陽の伝説《レヘンダ・デ・ロス・ソーレス》》版に従う。）

四つの時代——《太陽》と呼ばれる——がわれわれの時代に先行していた。いずれも大災厄によって終わらせられた。最初の太陽、つまりナウイ・オセロトル《ジャガーの四》は、六七六年続いた。大地の住民は、《ジャガーの四》の日付をもった日に、ジャガーに食われて滅んだ。《そのとき、太陽は消え……》

これに続いたのは、ナウイ・エエカトル《風の四》という名をもつ太陽である。人類は暴風に運び去られ、残存者は猿に変えられた。この時代は三六四年続いた。

それからナウイ・キアウィトル《雨の四》という太陽が来た。三一六年目に、恐るべき火の雨が生き物と物体を破壊した。人間は鳥に変えられた。

最後の太陽、ナウイ・アトル《水の四》は六七六年続き、その終わりに人間は魚になった。洪水が世界を潰滅させ、一人の男と一人の女だけが生き延びた。われわれが生きている太陽は、ナウイ・オリン《地震の四》という名である。《これ、われわれがいま生きているわれわれの太陽は……》

最初の太陽は、北、寒さ、闇の神テスカトリポカの支配下に置かれ、彼はしばしばジャガーの姿で現われた。第二のは西と魔法の神ケツァルコアトルに従属した。三番目のは南と火の神としてのトラロックに。四番目は東と水の女神チャルチウトリクエに。われわれのはというと、これは中央（五は中央、不安定を表わす数）の太陽で、火の神シウテクトリに捧げられており、地震で滅びるだろう。

太陽の移り変わりはテクストにより異なる。カソ博士は別の順序、つまり水→火→風→ジャガーという順序を採用したほうがいいと考えているらしい。この最後のジャガーたちは、その時代の住民である巨人を食べる。多くの説話や伝承が、帝国の《国境地域》における巨人の存在を語っている（たとえばトラシュカラ関係の諸伝承は、キナメツィンと呼ばれる巨人に対するインディオの戦いを伝える）。この第二の形の神話は、地上住民が順々により完全化したという一種の進化の観念を示している。つまり、魚→鳥→猿→巨人という進化である。各太陽の人類にそれぞれ固有の主食物も同じ漸進を示しているらしく、第四太陽の人類は、トウモロコシの先祖の野生種のセンココピまたはテオセントリを食べ、農耕は知らなかった。

実際、トウモロコシの保管人たるアステカは、《未開人》、北の野蛮人、《赤頭人》、非定住の採集狩猟民を最も軽蔑したのであるが、アステカ自身も二百年ほど遡れば採集狩猟民であった。しかしこれらの民族はナワトルつまり《言葉》をもっていなかった。

こういう伝承は、アステカと民族的言語的に同起源で、征服された当時のアステカの状態と非常に近い状態のままでいる現在のウイチョル族の伝承に似ている。彼らのために、文化英雄マハクァギは野蛮人と戦い、支配の諸原理を教え、農耕、とりわけ聖なるトウモロコシの栽培を発明したのであった。

これらの世界が破壊されたのは、それらが不完全だったからである。そして、アステカ人の非常に重要な考え方がここにある。つまり根本的な悲観主義である。先行諸世界と同様、われわれの世界も恐るべき大災厄によって終止符を打たれるだろう。この決定論ゆえに、この創造という次元ですでに、人間は一刻も気を緩めることが許されない。新しい一日が明け、新しい一世紀が始まること――それは神の勝利であり、それゆえにまた人間の勝利なのであり、ただ供犠のみが人類の存命期間を延ばすことができるのである。

キチェ族が似通った神話を知っている。神々は、現在の人類にたどりつく以前に、四つの人類を相次いで作ったが、どれも不完全だった。彼らが今の人類の創造に成功し、人間からしかるべき祭祀を受けられるようになったのは、ひとえにトウモロコシという高貴な原料を用いたおかげである。したがって、アステカの悲観主義は二つの平面で演じられる。つまり、われわれの世界は終わろうとしている、そして、われわれの世界が終わるのはそれが不完全だからである。われわれの太陽は先行した諸太陽より完全なわけではなく、われわれの人類もまた破壊されるだろう、神々とわれわれをつないでいる《契約を解除》したいと神々が思ったとき……

アステカの思想の一つの根本観念がこの神話にすでに見られる。すなわち、数が異常に重視され、各数がある特定の神、色、方角、ひとまとまりの影響力——善または悪の——と結びつくのである。太陽（四つの）はいずれも四（不吉な数）のつく日に終末をむかえた。それらはおのおの一定の年数続いたが、その年数は、つねに一三という数（時間自身の数、時間系列終了を表わす数）と五二という数（アステカ世紀、シウモルピリ《ひと縛りの年》の数）で割り切れる。最初の太陽は六七六年つまり一三×五二年続き、第二の太陽は三六四年つまり一三×二八または五二×七年続いた。三番目は三一二年つまり一三×二四または五二×六年。四番目は再び一三×五二の六七六年。したがって最初と最後の太陽が、二つの基本数のみを含んでいて、最も《完全》である。

すべての行為、すべての出来事、すべての運命が占い暦、運命の書トナラマトルに支配されていた。各世紀、各年、各月、各週、各日がそれぞれ一人の神に属し、したがってまた宇宙の一定の秩序に関与していたが、人間の運命はこれらの力の交点であり、個人の《自由》はこれらの依存関係の総合であった。最初はたんに運命を意味するだけだったトナルという概念が、次第に《魂》そのものを表わすようになり、将来という意味での《運命》の観念は、《個性》の観念に取ってかわられるに至った。子供の誕生のときとか重要な出来事の前には、祭司たちが偉大な書物と睨めっこして運勢を占った。命名前においてさえ、子供は誕生日で呼ばれた。（チマルポポカ絵文書《コデックス》は、たとえばトルテカ族の大神を、セ・アカトル・ケツァルコアトル《葦の一のケツァルコアトル》と呼んでいる)。新生児の名前自体も、その子の誕生を特徴づける一連の諸影響力に由来したが、それらの力が今度はその子の生涯に影響したのだった。クァウテモク《落ちる鷲》つまり傾く太陽というのが、アステカ最後の皇帝の名前だった。

暦は並外れて複雑であり、大部分の神官の研究教育対象であった。ここではその大筋だけを見ておこう。各日は下記の二十の記号のうちの一つで呼ばれた。

1 シパクトリ　水棲怪物
2 エエカトル　風
3 カリ　家
4 クェツパリン　トカゲ
5 コアトル　蛇
6 ミキストリ　死
7 マサトル　鹿
8 トチトリ　ウサギ
9 アトル　水
10 イツクィントリ　犬
11 オソマトリ　猿

12　マリナリ　草
13　アカトル　葦
14　オセロトル　ジャガー
15　クァウトリ　鷲
16　コスカクアウトリ　禿鷹
17　オリン　震動
18　テクパトル　燧石
19　キアウイトル　雨
20　ショチトル　花

各日付には、したがって、一つの名と一つの番号がつく。しかしこの番号は一三までしかない。だから、《アカトルの一三》の日の次には《オセロトルの一》の日が来る。この一三日周期が《アステカ週》を表わす。同じ日付の日が次に来るまでに、一三×二〇＝二六〇日待たねばならない。この二六〇日周期がトナルポワリで、特別の書物トナラマトルに記され、占い師トナルポウケによって解釈された。

年の名には、《年の運搬者たち》と呼ばれたアカトル、テクパトル、カリ、トチトリという四つの記号のうちの一つがついた。これらの記号にも一から一三までの番号が割り当てられた。同じ記号と番号が重なるには、四×一三＝五二年待たねばならない。この五二年周期が《アステカ世紀》、シウモルピリである。世界が最大の危険にさらされるのは、この周期の末である。この世紀でおしまいなのではあるまいか？　すべての炉は火が消され、祭司たちが先導する全人民の沈黙の大行進が始まり、イシュタパラプス近くの《星の丘《セーロ・デ・ラ・エストレリャ》》というところまで行く。もし真夜中にヨワルテクトリ星が天空を通過すれば、火が再びともされ、最終的大災厄は五二年延期された。

占い暦による日数計算は、他の暦体系がからんで複雑化した。《民間年》は、二〇日を一ケ月とする一八ケ月と、不吉な無記号の五日つまりネモンテミとから成っていた。《金星暦》は五八四太陽日から成っていた。占い暦、大陽暦、金星暦の三つに同じ日付がめぐってくるのは、金星年の六五年目の末であった。この期間はセウェウティリストリ《老年》と呼ばれ、メキシコのトナルポウケたちが研究した最も長い周期にあたる。

上記のように、各記号が特定の一つの神や一つの方位に属しているから（たとえば年の四運搬者は、アカトリが東、テクパトリが北、カリが西、トチトリが南）、各人の運命が演じられる場は空間的・時間的にはっきり画定されていた。

人間の運命はそれゆえ神の意志次第であったが、さらに宇宙の秩序にも依存していた。現われては膨らんで消える月——誕生、成長、老化——が無限の周期性、生のリズムを象徴するのと同じように、太陽の上昇、下降、再帰は万物の死と再生を象徴する。アステカ神話はつねに宇宙解釈の試みである。勝者たらんとたえず願っていたこの部族は、自らを常勝の太陽と同一視した。アステカ族は《太陽の民》と呼ばれた。太陽の物語、夜の諸力に対する太陽の戦いの物語は、神の物語であると同時に人間の冒険の原型である。文明教化神ケツァルコアトルは、典型的な夜の神テスカトリポカとの恐るべき戦いを甘受せねばならなかった。同様に、歴史上のケツァルコアトル、トゥーラの神話的英雄たる祭司＝王は、テスカトリポカ神官によって自分の都から追放された。全メキシコの重要な儀礼である《球戯》は、この戦いの劇的再現である。

アステカの神界のすべての大神たちは、自部族の神々であれ被征服民の神々であれ、太陽的性格をもっており、その属性の何らかの面において、また活動のある時点において、彼らは太陽である。トナティウはあまり崇拝されない古い神だが、典型的な太陽である。《アステカの暦石》の中心部で舌を出して人間の血を食わせろと要求しているのは彼である。

テスカトリポカはいわば《反・太陽》で、夜およびそれが放つ邪悪な諸力の神、闇の神、打ち負かされた太陽、そして勝ち誇る暗闇である。

ケツァルコアトルは沈む太陽、勝利を収めて西に戻る太陽を表わす。彼は色白、ヒゲ面に描かれたが、これは（ヨーロッパ諸民族にかんする記憶あるいは）予示のようなものではなく、彼が老いて賢く《白い》からであった。

ウィツィロポチトリは、天頂で勝ち誇って光り輝く太陽である。若い戦いの神、アステカ族の固有神である。例はもっと増やすことができよう。そして、同じ親神から生まれたわけでもないのに、これらの神々のあいだに近親性が生じたのは、彼らが太陽の聖なる顕現の一部をなしていたからである。

試行錯誤をくり返したのち、ついに現世、われわれの《太陽》が創造された。しかし、世界には太陽がなかったので、存在性、生命がなかった……。神々は非常に当惑した……。彼らはテオティワカンに集まり、《誰が世界を明るくする役を引き受けるのか?》と尋ねあった。呼びかけに応じた神があった。テククシステカトル《海貝の者》である。他の神々は応じるのを拒んだ、《みんなこわがって言いわけした》のである。だから次に、誰も勘定に入れていなかった小神ナナワツィンが指名された、《哀れな膿疱持ちよ、輝く者であれ》。二神はそこでまず贖罪を四日間行ない、次に供物を献げた。テククシステカトルが奉献した物はみな上等で、ケツァル鳥の貴い羽根、宝石製の棘、赤サンゴの放血用の針。《そして彼が献げたコーパルは非常に良質だった……。》ナナワツィンのほうは、三本ずつ束にした茶色い葦、自分自身の血を塗った龍舌蘭の棘、そして、《コーパルのかわりに、彼は自分の腫物のかさぶたを献じた……》だけだった。

真夜中の直前、壮麗な衣装と樹皮紙の服をそれぞれにまとった二神は、四日前から聖火が燃えているテオトシュカリの前に連れて行かれた。テククシステカトルが進み寄り、あとずさりし、そして四回、真っ赤な火に入るのを彼は躊躇した。ナナワツィンのほうは、パッと飛びこんだ。彼らに続いてまず鷲が炉に入り、それで羽根が黒くなった。次はジャガーだったが、《焼けずに焦げただけ》で、以来、白と黒のまだら模様の毛色になった。(アステカの二大戦士団は鷲＝戦士隊とジャガー＝戦士隊であった。そこにも確かに神話の再現が関係していた。)

十六世紀にスペイン人が翻訳した別の伝承《ヴェルシヨン》は膿疱の小神を次のように描いている。

《ナナワツィンは貧しかったから献げるものが何もなかったが、自らを犠牲にし、自分にあるものを献げた、いかに貧しかろうとも……。ナナワツィンは、自分が精通している魔法によって火中に入り……そして選ばれて太陽になった……。》

さらに続けてサアグンによると、《最初に太陽が出てきて、そのあとが月だった》。天体の姿になって二神が再生したのである。しかし、両者は同等に輝いていた。テククシステカトルの臆病を罰するため、ある神が月の面にウサギを投げつけた。このために、今日、月の光は斑点——そこにメキシコ人はウサギの輪郭を見る——で弱められているのである。

だが二つの星は空にじっとして動かなかった。彼らは死んでいた。神々はそこで、太陽を生かすため、自分たちを犠牲にして死ぬことに決めた……。ショロトルだけが逃がれようとした。彼は逃亡して、まずトウモロコシの二股の穂に変身し、次に龍舌蘭の二股の苗（メショロトル）、それから魚（アショロトル）になった。最後に彼はつかまり、神々の自己供犠が完遂された。（ショロトルはケツァルコアトルの分身でもあるが、怪物や双生児や二股穂などの神になった。変身が巧みなため、彼はとくに呪術師の神であった。）

死んでから再生した神ナナワツィンもまた、ケツァルコアトルの分身である。この誰にも相手にされなかった哀れな膿疱、癩病あるいは梅毒持ちの神が太陽になった物語は、アステカ族の歴史、強力な隣人たちに対する貧しい流浪の小部族の勝利を予示している。

だがこの神話にはもう一つ別の意味がある。女性原理・月に対する、男性原理・太陽の勝利である。テクシステカトルという神名は、テクシストリつまり海貝から来ているが、これは月の象徴であると同時に女性器の象徴である。男性神がからんでいるけれども、月は植物、豊饒、水と結びついた女性的な力と見なされている。植物の女神たちはみんな月形の鼻飾り、ヤカメストリ（直訳すれば《鼻の月》）をつけている。こうした性のシンボリズムは、ある神が月の顔に投げる動物としてウサギを選んだところにも見いだされる。センツォン・トトチティン《四百羽のウサギ》は、酩酊と放縦の神々である。

人身供犠の並外れた重要性は、無益な残忍さから生じたのではなく、最も差し迫った必要つまり太陽を養う必要から生じたのであった。各人身供犠は神の自己供犠の継続であった。《メキシコは血の川に浸っている》と言えた。例はいくらでもある。たとえば、メキシコの大テオカリの建立を記念して行なわれた祝祭のときには、都の諸運河は血に染まり……

社会構造の基礎をなす多数の制度の源に、こうした太陽を養う義務があった。神々が要求した聖戦ショチヤオヨトル《花の戦争》は、国が比較的平和な時期に犠牲者を見つける必要から生じた。同様に、太陽の代理たる二種類の戦士たちは、自分らがこのために創設されたことを知っており、自分の任務を特権と考えていた。すなわち、まず捕虜をつかまえることによって、次いで供犠石の上で自分自身が死ぬことによって、太陽を養うのである。彼らは死後の自分の運命が最も羨望に値するものであることを心得ていた。《太陽の御伴》たる鷲になって、その天頂への行進につき従うのである。トラウイコレの物語がこの観念を例証している。このトラシュカラの勇敢な戦士は、捕虜にされた。彼の評判が非常に高かったので、皇帝はタラスカ族に対する戦争のとき、彼に軍隊の指揮権を提供して名誉を与えた。しかし、戦場から帰還したトラウイコレは、勇敢な戦士のみに許された剣闘士の犠牲によって死にたいと願い出た。彼は敵に要求した、《…不幸な日々を終わらせくれと。生きている自分は恥さらしだが、死ねば、この一生がもたらした名誉を勝ち取ることができるのだから。殺してくれるのが一番良いのだと…》（トルケマーダ）。

《かくも非凡で卓越した人物であったがゆえに《ポル・セル・デ・ペルソナ・タン・シングラル・イ・エミネンテ》》、アステカ族は彼の死後、八日間の大祭と舞踏を催した。なお、戦士は捕虜をつかまえると、これを《わが息子》と呼んで、ともに泣いたという。

メキシコ人がスペイン人に恐るべき敗北を喫した歴史的原因の一つに、次のことがあったであろう。すなわち、スペイン人が最大限に敵を殺そうとしたのに対し、アステカ人の目的は、最大限に捕虜を生けどりにして、それを神々に献じて……

捕虜に与えられた死には、それゆえ、軽蔑も憎悪もこめられてはおらず、かえって尊敬と友愛の気持があったのである。神々はきわめて人間に近く、人間に似ていた。だから、人血の献供のみが神々にふさわしいものであった。動物供犠もいくつか行なわれた。そのときは、ウズラのように太陽の伝説と結びついた動物たち、つまりは人間の《代用物》が問題にされた。（いくつかの伝承によると、最後の太陽の破壊ののち、ケツァルコアトルは、現在のわれわれを創るため、先行人類の骨を盗みに、双児の兄弟ショロトルとともに冥界に降った。しかし、《死者の国の主》ミクトランテクトリが怒り、ケツァルコアトルをウズラに追跡させた。）

血流の停止、《貴重な水》の終わりが人間の生命の終わりを意味するのと同様、血の献供の停止は太陽からその食物トラシュカルティシトリを奪い、世界は死ぬ。こうした人間―神、血―水、等等の実体同一性は、真正な《共感》呪術の諸儀礼を生んだ。たとえば、植物およびその再生の神、《皮を剥がれたわれらの主》シペ・トテックを祝って捕虜が矢で殺されると、その血はゆっくりと地面に流れ、土地を《潤し》、神話的に雨を呼んだ。同様に、雨の神トラロックのために人々は子供をいけにえにした。殺されに連れられて行く道中で子供たちは泣いたに違いないが、彼らの涙がすでに雨であった。こうした観念を徹底させると犠牲者の体の儀礼的消費に至るわけで、それはまさに聖体拝受の儀礼であった。

典型的な文明教化神ケツァルコアトルは、宗教に《道徳的》な心遣いをいくらか導入した最初の神で、人身供犠に対して一貫して強く反対した――

《……ケツァルコアトルが生きていたとき、悪魔たちは、彼に人身供犠を行なわせたり人を殺させたりするため、何度も彼を騙そうとした。しかし、彼は決して譲歩せず、また同意もしなかった。というのも、彼は自分の臣民をたいそう愛していたから……》

彼は動物しか神々にいけにえにしなかった。つまり、蛇、七面鳥、蝶であり、どれも神と太陽のシンボリズムがあるものだったが、彼は何よりも自分の血を献げた。

これが真に意味しているのは、人身供犠の廃止ではなく、その精神化である。神々の目から見て重要なのは、人間の血というよりも、私自身の血なのだ。太陽の誕生の神話では、ケツァルコアトルの分身たるナナワツィンが、まず自分自身の血を塗った龍舌蘭の棘を献げ、次に自分自身をいけにえにして真っ赤な火のなかに飛びこんだのであった。別の神話でケツァルコアトルは、死者たちの骨をうまく盗んだのち、新しい人類を創るため、骨に自分の血をふりかけた。絵文書に描かれた彼は、しょっちゅう放血用の針をもっている。

同様に、《聖職者》たちは、戦士《カースト》が神々、とくにウィツィロポチトリに献げるために捕虜をどんどんつかまえようとしたのに対し、祭司の原型たるケツァルコアトルの手本に従って、ますます多くの個人的供犠を行ない、舌や目などを刺して放血を重ねた。人身供犠の形式は、皮剝ぎ、斬首、矢刺しなど無数にあり、それぞれが特定の神に結びついた特定のシンボリズムをもっていた（たとえば皮剝ぎはシペ・トテック専用で、犠牲者の皮をまとう祭司は春の植物の再生を表わした）。いちばん普通の供犠の様式は、心臓のえぐり出しと火あぶりであった。第一のやり方では、捕虜は供犠石テチカトルの上に仰向けに寝かされ、供犠刀テクパトルを手にした祭司が、胸を切開して心臓を引き出し、血のしたたる心臓《鷲の貴いトゥナ（ノパル・サボテンの実）》を天に高く差し上げた……。たとえば、一年のあいだテスカトリポカの代理をしていた若者、あるいはもっと正確に言うとテスカトリポカで《あった》青年は、このやり方で殺された。主要方式の二番目のほうは、火の神シウテクトリ、別名ウェウェテオトル《老神》専用で、彼の再生、自然の更新、死に続く生……を意味したようである。上述の神話では、まず最初の二神が火に飛びこみ、死んでまた生まれ変わり、次に他の神々が、太陽を養い動かすために自己を犠牲にし、ケツァルコアトル・エエカトルもしくはテキストによってはケツァルコアトル・ショロトルの手にかかって死んだ。この二つの場合において、死は生の条件である。死＝誕生、死＝食物。

以上、駆足で触れた諸神話によって、われわれはまず宇宙の誕生、先行諸人類の誕生、次いでわれわれの世界、われわれの太陽の誕生を一般から特殊へと移りながら見ることができた。さて今度は、アステカの太陽の誕生、選ばれた民の選ばれた神、ウィツィロポチトリの誕生を見よう。

これは、そのシウコアトル《火の蛇》で敵を打つ、勝ち誇った天頂の太陽である。彼は年代記作者たちによって次のような描かれ方をしている。

《……これは、もう一人のヘラクレスであり、きわめて逞しく、力強く、喧嘩好きで、諸民族の屠殺者、人殺しである……》

彼は不思議な生まれ方をした。コアテペック山《蛇の山》に、コアトリクエ《蛇のスカートをはく者》という名の女が住んでいた。彼女は、センツォン・ウィツナワ《四百人の南部者》および彼らの姉妹コヨルシャウキの母であった。ある日、とある峡谷で掃除をしていて、コアトリクエは羽根の球を拾い、懐に入れ、妊娠した。それで息子たちは腹を立てた——

《誰が孕ませたんだ。誰がわれわれにこんな不名誉、こんな恥辱をもたらしたのか？》

彼らの姉妹コヨルシャウキは彼らに母を殺させようとした。しかし胎内の子供は、心配するな、と母に呼びかけた。

そして戦士たちが到着したとき、ウィツィロポチトリが完全武装して母胎から現われ、その姉、次いでその兄たちを、彼らが哀願したにもかかわらず、殺した。

こうしてアステカの部族神、〔首都〕メシコ・テノチティトランの名祖神たるウィツィロポチトリは、その一生を虐殺から始めたのだが、その民アステカの歴史を特徴づけるのがこの血だらけの標章である。彼の誕生説話は、世界の最も古い神話の一つ、つまり夜の諸力に対する太陽の戦いという神話の実例である。ウィツィロポチトリとは、絶頂点で勝ち誇る太陽である。彼は大地の古い女神の息子であり、四百（つまり無数）の南の星と、闇（最も熱心に彼を滅ぼそうとした女神）との弟である。彼が勝てたのはシウコアトル《火の蛇》のおかげである。ウィツィロポチトリの誕生は、歴史的に、メキシコ族がその《兄たち》つまりメキシコ中央高原の先住諸民族に対してなさねばならなかった情容赦のない戦いを反映してはいないだろうか。

ナワトルの宇宙論的思考における蛇の役割は無限で、そのシンボリズムを数えあげるのは不可能である。蛇はまず土地の諸力を表わす。ウイツィロポチトリは《蛇でできたスカートをはく女》の息子である。《アステカの暦石》では蛇が中心モチーフを囲み、蛇でもワニでもある怪獣シパクトリが世界を背負っている。蛇はまた力と敏腕の同意語である。ウイツィロポチトリの勝利を確保したたいまつは、すでに見たように、蛇である。同様に、トルテカ族に機織、刺繍、金工芸を教えた文化神の名はケツァルコアトル《貴い蛇＝鳥》である。ウイチョル族は上述のようにアステカ族と非常に近いのだが、彼らの宇宙論で蛇は不可欠の役割を果たしている。実際、すべてが蛇なのだ。人間の足跡も、翻るリボンも、川も、雨も、稲妻も、行列も……。世界を取り巻く海は最も大きな蛇で、頭が二つある。昼が夜に変わるとき、太陽は、蛇の開いた顎のあいだを通っているはずである。だがウイチョル族にとって蛇はまた、器用さの象徴そのものでもある。足がないのに地面を進み、ひれがないのに泳ぐのだから。背中の斑点が非常に美しいので、ウイチョル族の女は、刺繍にとりかかるとき必ず蛇を目の前に置く。同様に、アステカの商人（ポチテカ）が旅行に出るときは、必ず出発日が《コアトル》の記号のついた日にあたることを確かめた。ショロトルに属し、とくに不思議な存在を象徴する双生児は、今でもコアトルつまり蛇と呼ばれる（現代メキシコ語はコアーテ）。ケツァルコアトルという名前は《高貴な双生児》と訳せる。

　水生動物として、蛇はまた水の象徴でもある。雨の神トラロックの非常に特色のある仮面は、蛇で構成されている。蛇にはまた性的なシンボリズムもあるだろう。しかし蛇の神話的役割はこれらにとどまるものではない。秘教的な宗教の言語において蛇は《苦しみ》を意味する、等々。

　神々もしくは人間たちと、ある種の特別な動物たちとのあいだには、それゆえ、真正な《融即《パルティシパション》》があるのであり、蛇はその一例である。メキシコ人の宗教観全体の中心には、人間性もしくは神性の全面的な《流動性》の観念がつねに見いだされる。キチェ族の英雄神グクマツは蛇、鷲、ジャガー、血塊などに次々に変身するが、これらの変態の唯一の公分母は生の観念である。同様に、アステカの神々もみんな状況や行動上の必要に応じて変身する。テスカトリポカはケツァルコアトルを欺くため次々にさまざまな姿をとる。（未来を見、《煙をあげる鏡》という彼の名前自体、彼の呪術神としての能力を示している。）

実際、問題になっているのは本当の変身ではなく、神々が同時に複数の存在であ、る能力である。すでに見たように、一つの神話のなかに同じ神が種々の姿で、種々の名前をもって、あるいは《分身》の形で出てくる。冥界に降ったケツァルコアトルが自分のナワル〔分身〕に

《私はそれらを置いて行くと彼らに言え》

と言うと、ナワルは

《私はそれらを置いて行く》

と叫ぶ。

したがって、一種の会話が二つの姿をした同一神のあいだで交わされているのである。トラロックもまたナワルピリ、《呪術師＝王子》と呼ばれる。

《ナワリズム》の問題ほど多くの論争の対象となった問題も少ない。最も普通の意味は、ある種のあらかじめ定められた存在が、多かれ少なかれ、人聞きのよい目的のために動物に変身する可能性にかかわる。ナワルはまず第一に各人の守護動物を意味し、次に、動物に変身する能力をもつ呪術師を意味する。ナワリズムに一種の反・宗教、権力とキリスト教に対するインディオの一種の民族運動を見ようとした著者たちもいた（ブラシュール・ド・ブールブール、次いでブリントン）。実際には、一種の個人トーテミズムと是非は別として同一視される守護動物信仰は、全アメリカに共通している。したがってこれは、否定的宗教という意味での《呪術》なのではなく、征服よりずっと昔からあった諸観念の発現である。たとえばハシント・デ・ラ・セルナとポンセは、二人の修

道士に虐待されたと修道院の戸口に訴えてきた老女の物語をしている。二人の修道士が驚いて無実を主張すると、老女は言った。

《……でも、あの蝙蝠、あれは私だった、だから私はこんなに疲れてしまって……》

二人の修道士は本当に前日、一匹の蝙蝠を叩いて追い払っていたのである。人間とそのナワルの動物とのあいだの本性の同一性を証拠立てる逸話はほかにもある。

某礼拝堂の非常に興味深い画像は、半鷲・半ジャガーの動物を描き、次のような言葉が付されている。

《われらの主と聖マリア様。平民、哀れな病人、畑や山で働く者が、ジャガーと鷲とお呼びする御二方……》

同様に、現代メキシコにおいて、北部の諸部族は今日、処女マリアを《若き母なる鷲》つまり高地の女神と同一視している。神話はこういう変身に満ちている。ショロトルは犬の姿で描かれている。神々はしばしばその《変装》、そのナワルの姿をとる。シワテテオ、つまり産褥で死んで神化された女たちは、醜悪な姿で地上に戻って人間たちを戦慄させる。原初の球戯では、テスカトリポカはジャガーとしてケツァルコアトルと闘った。ここで問題になっているのは、《裏返しになった》宗教というより、全面的な同質性《コンスュブスタンシャリテ》である。重要なのは生であり、生を運ぶものは血、貴い水である。神々を酔わせたプルケ酒も《血》と呼ばれる……

呪術と宗教の識別は、メキシコでは実際的に不可能である。全体的な唯一の公式宗教が存在したためしがなく、逆に種々の要素が重なりあい混ざりあっている限り、宗教が全面的に呪術的になることはありえない。スペイン人による征服に先行する時代には、敗者の神界の大神たち（やその儀礼）が勝者に採用された。そのたびに、多少とも失効した落ちこぼれ儀礼群が出たに違いなく、それらは深い意味を失いながらも、一部の保守的な祭司や人民によって引き続き執行された。

悪を行ない病気をもたらし生命原理を盗むために動物に姿を変える――一つの宗派とも見なされた――呪術師たちに対する信仰と、神々の最初の変身能力とのあいだには、どういう共通点があるのだろうか？　同じなのは、すべての存在が唯一の流れに属しているという確信である。ナワリズムがもし宗派として存在したとすれば、それは、メキシコのあらゆる形態の呪術と同様、文化――われわれのであれ先行の諸文化であれ――がせきとめることのできなかったエネルギーの過剰から来たものである。

各人は自分と実体を同じくする守護動物、ナワルをもち、それはさまざまな占法（砂の上の足跡など）によって彼に示されたが、彼の運命は占い暦、トナラマトルによって決められた。トナルは最初は《太陽の熱、光》を意味したが、次第に《運命、めぐりあわせ》、さらに《その人に固有なもの》を意味するようになった。今日、個人の守護霊、精神原理、そして実際、その《魂》を呼ぶために《一トナル》とか《一ナワル》とか無差別に言うインディオもいるが、彼らの《魂》はわれわれのよりずっと自由で、運んだり奪ったりできるし、肉体から離れたり戻ったりもできる。

このようなアステカの魂がどうやってキリスト教の啓示を受けいれたのだろうか？　すでに見た

ように、テノチカ〔アステカ〕族にとって一神教は想像も及ばないものであり、彼らの全能にして遍在する宗教は、実際上、倫理観を欠いていた。他界での生き方は、存命中の功罪によってではなく、生を終えるときの死に方によって決まった。戦いで死んだ戦士は、クァウテカ《鷲の御伴》となって東方の楽園トナティウイチャンに行った。溺れたり、癩病のような水性とされる病気で死んだ者は、トラロックの楽園トラロカンに行った。どの特定の神によっても選ばれなかった他の死者は、ミクトランに赴き、そこで四年間、数多くの試練を受けたのち、最終的な休息を得る。つまり消えてしまう。したがって、魂の運命を決めたのは神の専断であって、人間の功罪の報いなんぞではなかったのである。

　神々自身、食料たる血を供給すること、したがって戦闘において勇敢であることしか崇拝者に対して要求しなかった。いくらかの倫理的な心遣いが感じられるのは、彼らのうちの二者、すなわち、すでに何度か触れたケツァルコアトル、およびトラソルテオトル《けがれの女神》においてのみである。後者は、豊饒と性愛に結びついた大地の老女神である。その祭祀は性的な過ちの告白を伴い、彼女ならびにその他の大地の女神たちに当てられた暦月、オチパニストリは、《掃除》を意味した。

　それゆえ、征服後に相対峙したのは、二つの全面的に対立する観念であった。そして、実に多くの古代祭儀の残存が新来者によって邪教と見なされた。神々は人間にとても近かったので、人々は有毒飲料、きのこ、ペヨトル〔麻酔性小型サボテンの一種〕の服用のようなさまざまな幻覚手法によって神々に到達しようと努めたものだった。神々とのこうした一体化はまぎれもない黒ミサ儀礼と見なされた。（事実の上では、ペヨトルの使用は流浪のチチメカ族によってメキシコ、そしてのちには合衆国南部にもちこまれ、祭祀の対象とされ続けている。これには《呪術》はほとんど関係しておらず、北部の今の狩猟部族では邪悪なシャマンや悪意ある呪術師は《ペヨトルの敵植物》を飲んでいるくらいである）（ジムソン・ウィード）。

新しい神々をアステカ族は比較的容易に受けいれていた。そして年月が経つにつれ信仰と儀礼の驚くべき累積が生じていたのだが、宣教師たちはこれと空しく闘ったのであった。メキシコの国民的な聖処女〔グアダルーペのマリア〕は、トナンツィン《われらの尊き母》の聖地があったまさにその場所を自分の聖地としている。神々は随意に姿や名前を変えたので、容易に宗旨替えされてイエス・キリストや聖なんとか様に変身することができた。昔シワコアトルは、地上に戻ってきて四つ辻で泣いた。というのも、自分の子供のゆりかごを市場に捨てたからであるが、なかには供儀刀が入っていた。現代では、《リョヨーラ》つまり泣く女が、空っぽのゆりかごや子供の死体を胸に抱きしめて市場に出没する……。そして、テスカトリポカのために自分の王国から追われたケツァルコアトルは、再帰を人々に約束して東方に去ったのだった……（コルテスの到来はトナルポウケたちによってケツァルコアトルの帰還と見なされ、コルテスは神として迎えられた）。メキシコでは周期的に新しい形のメシア信仰が起きている。

かくして、アステカ族が軍事的また宗教的に打倒されたのは、彼らがその理想を実現しようと試みていたときであった。理想は何よりもまず宗教的な理想であり、メキシコをセム・アナワク・テノチカ・トラルパンつまり《世界、テノチカの地》にし、皇帝をセム・アナワシュ・トラトアニつまり《世界の王》にするという理想であった。このうえもなく恐ろしい諸前兆によって敗北が予告されていたので、スペイン人との闘いが始まったとき、彼らは底なしの悲観主義に陥った。彼らの力であった宗教が、彼らを滅すことになった。メキシコ人の悲観主義は《積極的悲観主義》と形容しうるものだったが、それが、彼らを覇権に導いたのちに破綻に追いやったのである。あたかも、次第に完全な人類を創ろうと試みたのち、今度は神々自身が同じ進化の道をたどり、ついで、滅びることを受諾したかのようであった、すべては死を免れえないがゆえに……

マヤ族

コロンブスのアメリカ発見以前の時期のメキシコ神話を知るうえで、マヤ族は特別の重要性をもっている。なぜなら、比較的確実に解読ができる聖典があるのはマヤ族だけなのだから。他の民族、たとえばトルテカ族、チチメカ族、ミシュテカ族にも同じくらいに充実した宗教的思考があったろうが、それに近づくのはマヤより難しいのである。マヤ神話を知るための基本資料は、《会議の書》（ポポル・ヴフ）と呼ばれる作品である。これはスペイン人による征服の直後（一五五四年ころ）にラテン文字で書かれたキチェ語の本である（キチェはマヤの一分枝）。また、カクチケル（キチェの近隣民族）の年代記や、『チラム・バラム』の名で知られるユカタン地方の歴史にかんする古記録集もある。しかし、マヤ族の神話的思考への導き手として『ポポル・ヴフ』に勝るものはない。この書の解釈は容易ではない。つまり、マヤ帝国（最盛期は紀元後三〇〇—九〇〇年のあいだに入る）の崩壊から何世紀もたって初めて編纂された本書の年代からいって、これは《思い出》集であり、あちこちに歪曲がないという保証は全くないのである。また、その編纂者が、周囲のキリスト教的環境からの影響をつねに排除したわけではなかったが、かといって《聖書》の考えを迎合的に支持したことは一度もなかった、という状況も考えられる。さらに、『ポポル・ヴフ』は本物の神話と歴史的伝承とを非常に緊密に混合しているので、ある伝説がどちらの領域に属するのかを確実に見分けることは不可能である。実際、われわれの目にはいかに明晰に映ろうとも、神話と現実の区別がマヤの思考にとってつねに意味があったとは限らない。なぜなら、神話は歴史的思考の一つの《範疇》であり、歴史は神話的図式を通じてのみ把握され、その図式が歴史をいわば《哲学》に仕立て、歴史に意味を与えるのだから。この書の構成自体も非常に複雑で、矛盾や時代錯誤や反復がたくさんあるが、それらがすべて編纂者の不手際によるというわけではないことは確かであり、マヤの伝統的な宗教的、創世論的思考に内在的なものである。これら諸々の理由のため、マヤ神話についてなしうる描写は非常に不確かであり、また多くが人為的である。しかし、こうした制約にかかわらず、『ポポル・ヴフ』の内容はとにかく大変面白いし、マヤの《神話的》思考様式にかんするほとんど唯一の資料であることに変わりはない。

創造はまず組織化、《分類》として現われる。それは、『ポポル・ヴフ』によると、《天と地のすべての角、四角形化、その測定、四つの基点、天と地の、四つの角の、四つの隅の、角度の測定、長さの測定が完了したときについての物語、偉大な叙述》である。宇宙は、重なりあった三つの四辺形から成り、一つは天、真ん中のが大地、三番目が地下界である。《霊的》な諸力が原初の渾沌のなかに共存していた。創造のとき、それらは渾沌から分離した。世界のそれぞれの角には色違いの標識――赤、白、黒、黄――がつけられ、それぞれに一人の長、《摂政》がいた。この四人の《摂政》はツァコル、ビトル、アロム、そしてクァホロム（またはカホロム）といった。原語音の転写がスペイン語を媒介にして行なわれて不確かであるため、現代の著者たちはさまざまな表記をしている。この四摂政に、まず《天の力》たるテペウとグクマツ、次いでカバグィルつまり《天の心》という名の神が加わった。これらの神はすべて太陽の性格をもっていた。彼らは光で、水に漂っていた。

この七神が一つの会議を形成し、彼らのあいだから言葉つまり創造行為が現われた。つまり、創造は会議の意見一致の結果であり、発現であった。この最初の創造は何よりも植物にかかわるものだった。しかし、この植物創造は創造神たちを満足させず、彼らは動く存在を出現させることにした。こうして動物、鳥、蛇、そして《山の精霊たち》が生まれ、これらすべての生物は植物の《番をする》ため大地に与えられた。各自にすみかが与えられた。各自が自分の言語を受けとった。神々のつもりとしては、動物たちに感謝の言葉を言わせたかったのである。

《しゃべれ、われらに祈れ、と神々は言った》

しかし動物たちは人間のようにはしゃべれず、くわっくわっ、もぅもぅ、かぁかぁ……とおのおの鳴き声を出すだけだった。動物たちの無能な言葉を聞いて《形成主》たちは、

《彼らはわれわれの名前が言えなかった……》

と語り合い、

《よくないことだ》

と《産出主》たちは答えあった。そして彼らは言った、

《お前らは変えられるだろう……お前らの肉は歯でつぶされるだろう。そうなるがいい。それがお前らの重荷になるがいい。》

その後、神々は一連の試みを続けて、人間を作ろうとした。最初の試みは失敗だった。そこで神は湿った泥土で人間をこしらえたが、水がかかると人間たちは泥に変わった。三度目の創造は、もっと手がこんでいた。すなわち、原初の四《摂政》が名前を変えたのである。彼らはイシュピアコック、イシュムカネー、フンアフプー・ヴッチ、そしてフンアフプー・ウティウと名乗り、これに《製造神》のアフツァクとアフビットが加わった。原初の四《摂取》は改名の結果、どうやらおのおのが二神に分解したようで、この三度目の創造は十三柱の神が主宰することになった。他方、この時期にチラカン・イシュムカネーという名の女神が現われたが、名前からして、彼女は創造神のうちの一神と部分的に同一性をもっている。

これらの神々が人間創りの新しい試みにとりかかり、木を刻んで人間をこしらえたが、これは生

きたマネキン人形だった。《このマネキン、この木彫りの者たち、彼らは生き、繁殖し、娘を作り、息子を作った。彼らには精神も知恵もなく、自分たちの製造者、形成者のことも覚えていなかった……彼らは天の諸精霊を思い出さなかった。だから彼らは堕ちた……。》神々はこのでき損いの種族を大洪水によって滅したが、死はひとりでにやってきたのではなかった。死を彼らにもたらしたのは《悪魔》たちで、ショコトヴァッチが彼らの目を食い、カマロッツが首を切り、コッツバラムが肉を食い、トゥクムバラムが神経と骨を砕いた。死の神が姿を現わしたのはこのときが初めてである。この洪水の際、興味深い出来事があった。神々を讃えることのできない人類に対して、生き物や器物が叛乱したのである。今や主人たちは神々から呪われたのだから、これまでに受けた虐待の仕返しをするのだ。餌をもらえなかった犬たちは主人を食べ、ひき臼の石たちは砕き、鍋は焼き、炉床の石は追いかけまわした。この種族は全滅したわけではなく、森に追われて猿になって生き残ったという。

突然、《歴史》のこの時点で、『会議の書』は《創世記》を中断し、双生児――アメリカの他の諸神話系にもよく出てくる――にかかわる伝説群を挿入している。この話群には沢山の伝説が属しているが、明らかにそのうちのあるものは、歴史時代にもまだ行なわれていた諸儀礼を説明するためのものである。『会議の書』は言う、《当時、地上にはぼんやりした光しかなく、太陽はなかった……》。しかしグクプ・カキシュという名の巨人は、自分が太陽であり月であると言い張っていた。これは本当ではなく、グクプ・カキシュは残酷で不器用な自惚れ屋にすぎなかった。真正なる神、フンアフプーとイシュバランケの二兄弟が、巨人に大風呂敷をたたませる決心をした。二人は、グクプ・カキシュがいつも果物を食べにくる場所に行って待ち伏せし、吹矢で病気の種を彼に打ちこんだ。ググプはただちに木から落ちたが、死んではいなかった。フンアフプーが跳びかかると、グクプは彼の腕を片方もぎとって、妻チマルマットと二人の息子シパクナとカプラカンのいる家に帰った。しかし、双生児は祖父母に会いに行った。二人の白髪の老人は、原初の神々のうちの二神にほかならなかった。その助けをかりて双生児はグクプとその妻を罰した。両方とも死に、フンアフプーは腕を取り戻した。残るは巨人の息子二人。兄のシパクナが川で水浴びしていると、《四百人の若者たち》が通りかかった。彼らは家の中央の柱にするために大木を全員で運んでいた。シパクナは彼らに呼びかけ、何をしているのか尋ねた。返事をきくと、彼は自分が運んでやろうと言い、実行した。若者たちは、翌日もまた手伝いに来てくれと頼んだ。だが彼らは、一人で何人分もの仕事をするのは《けしからん》と考えたので、陰謀を企てた。大きな穴を掘って巨人を降ろして埋めようというのである。シパクナは騙されず、穴掘りを頼まれると、掘るには掘ったが逃げ道も作っておいたので、若者たちが彼を埋めたと信じたときには逃げていた。若者たちは勝ったと信じて、四日間、酒を飲んで祝った。そこへシパクナが現われて皆殺しにした。若者たちは星に変えられスバル座になった。仇討ちのため双子神は、木で作ったざりがにを用いてシパクナを罠にかけ、生き埋めにした。

次に双生児は、山と地震の精のカプラカンも殺した。白い土を塗って儀礼的に聖別しておいた鳥を二人は彼に食べさせ、この呪われた食物が最後の巨人に死をもたらしたのであった。

　双生児の冒険は数えきれないほど多い。彼らは造物主として現われ、世界を改造する。彼らの活動は地上にも地下界にも及ぶ。彼らは呪術の創始者であり、彼らの行為は、彼らを模倣する呪術者の動作のうちに《共感》によって反復される。彼らは球戯を司るが、これは遊びというより儀礼で、宇宙論的な意味がある。

　ついに《第四の創造》のときが来て、現在の人類が生まれる。人間の実体は植物、とくに、典型的な食用植物たるトウモロコシから採られた。しかし神々にこの貴重な植物の生えている場所を教えたのは動物たちであった。まず四人の男が創られ、神々の命により世界を掌握した。そしてすぐに創造者たちに礼を言った。最初の男たちの四という数は世界の《四隅》に対応しており、人間と宇宙の調和を表わしているらしい。次に神々は四人の女を創ったが、彼女らは夜間に出現して原初の四人の男たちのつれあいになった。

　マヤ族の神話は、種族の没落後、征服者たちから借りた多くの伝説や信仰を採り入れたが、種族の混淆と移民から生じた混合的宗教に対して、マヤ独自のいくつかの要素をお返しに提供した。マヤ神話は、生きた構造を人々の思考に与えつつ、いくつかの部族で生き続けた。それはまた、メキシコのカンペチェ、キンタナ・ローそしてユカタン諸州に残る無数のマヤ文化遺跡に刻まれていて、解読される日を待っている。

参考文献

Alva Ixtlixochitl, *Obras históricas*, Mexico, 1952.

A. Caso, *El puebro del sol*, Mexico, 1953.

——, 'La Religión de los Aztecas', dans *Enciclopedia ilustrada mexicana*, Mexico, 1936.

Códice Chimalpopoca, *Anales de Cuautitlan y leyenda de los soles*, Mexico, 1945.

Fray A. de Molina, *Vocabulario en lengua castellana y mexicana*, Madrid, 1944.

F. Peterson, *Le Mexique précolombien*, Paris, 1961.

P. Radin, *The Sources and Authenticity of the History of the Ancient Mexicans*, Berkeley, 1920.

C. Robelo, *Diccionario de Mitología Nahoa*, Mexico, 1905.

P. Ruiz de Alarcón, J. de La Serna, *Tratado de las idolatrías, supersticiones, dioses, ritos, hechicerías y otras costumbres gentílicas de las razas aborígenes de México*, Mexico, 1953.

Fray B. de Sahagún, *Historia general de las cosas de Nueva España*, Mexico, 1956.

G. Soustelle, *Tequila, un village nahuatl du Mexique oriental*, Paris, 1958.

J. Soustelle, *La Pensée cosmologique des anciens Mexicans*, Paris, 1940.

Fray A. Tezozomoc, *Crónica mexicayotl*, Mexico, 1949.

Popol Vuh, las antiguas historias del Quiché, Mexico, 1952.（『ポポル・ヴフ』林屋訳、中公文庫、一九七七）

G. Raynard, *Les Dieux, les héros et les hommes de l'ancien Guatemala, d'après le《Livre du Conseil》*, Paris, 1825.

Fray D. de Landa, *Relación de las Cosas de Yucatán*, Mexico, 1959.

Libro de Chilam Balam de Chumayel, Costa Rica, 1930.（『マヤ神話』望月芳郎訳、新潮社、一九八一）

R. Girard, *Le Popol Vuh, histoire culturelle des Maya-Quichés*, Paris, 1954.

J・スーステル『アステカ文明』狩野千秋訳、白水社、文庫クセジュ、一九七一

高山智博『アステカ文明の謎』講談社現代新書、一九七九

松村武雄編『マヤ・インカ神話伝説集』大貫・小池解説、社会思想社、現代教養文庫、一九八四

P・ジャンドロ『マヤ文明』高田勇訳、白水社、文庫クセジュ、一九八一

南アメリカの神話

A・メトロー

四世紀近くにわたって蓄積された資料は一見豊かそうに見えるけれども、南アメリカ神話学には大きな空隙がある。ほかでもない、この大陸の最も高度な諸文化、とくにインカ文化とチブチャ文化にかんしてそれがはなはだしい。この空隙は、ヨーロッパ人が現地の神話にほとんど関心をもたなかったことに主として起因しているが、不幸なことに、今日では埋めあわせるすべもない。考古学から推察すると、古代ペルーの諸民族はきわめて多様な超自然界や、劇的なエピソードに富む神話的叙事詩をもっていたようであり、それだけに一層この空隙を残念に思うのである。インカ文化より千年古いモチカ文化の土器は、神々や英雄たちの伝説から借りた諸主題に、装飾の着想を得ている。容器の側面に塗られたり浮き彫りにされた諸情景の解釈ができることはまれで、そこに表現されているエピソードが、スペイン人が征服後に採集した口伝や、現代のアマゾンのインディオたち——アンデスの民間伝承の一部が彼らのところで生き残っている——の神話に出てくる場合に限られる。

南アメリカのインディオの神話のどんな叙述においても、神話が筆録された文化領域ごとにモチーフを分類するのがならわしになっている。しかし、ここでは土着の諸社会の文化水準の多様性は無視し、一つの全体像を示すことにした。これは、いくつかの範疇の神話に、採集地とは関係なく、一致に近いほどの類似があることを考慮したからである。今日まで保存されているインカの諸神話は、ほぼ例外なく、グイアナからティエラ・デル・フエゴに至る南米大陸の他の諸部族においても見いだされるのである。

インカ族が神殿で拝んだ自然の神々と、アマゾンやグイアナの呪術師たちが掘立小屋でお祓いする名もない諸霊とを、厳密な意味での宗教の領域で比較することができるだろうか？　洗練された文化の聖職者が想像した超自然的存在と、《野蛮人》が怒りを静めようと努めるそれとのあいだには、大きな距離がある。しかし、インカの宗教と南アメリカのいわゆる《未開》部族の宗教とのコントラストは、彼らの宗教生活の他の諸側面に注目すると、それほど目立たなくなる。ある種の物が帯びているように見える曖昧で神秘的な力に人格を賦与するよう、インカの臣民の大部分がつねに気にかけていたわけではないのだから、彼らの信仰はかなり粗野なアニミズムからも、またある種の《アニマティズム》からさえも十分に解き放されてはいなかったのである。

ペルー人は超自然的なものの発現が感じられるすべての事物、すべての現象をワカと呼んだ。山、川、湖、あるいは奇妙な形をしたたんなる岩もワカであった。キリスト教が伝わって四世紀になるのに、ペルーやボリビアのケチュア族やアイマラ族は諸精霊に供物を捧げ続けているが、彼らは自分らが精霊たちに取り囲まれていると感じており、精霊は彼らの日常生活に干渉する。呪術師は夜中の霊会《セアンス》で精霊たちを呼び出し、会話をする。

アマゾン・グイアナの諸部族の民間伝承は、インディオが精霊界について抱いているイメージを反映する説話で満ちている。精霊たちは一般に人間の姿をしている。外見上のちょっとした点——顔の塗色、体の畸形、意識してない癖——だけが彼らの本性を暴露する。たとえば、ひき蛙の精霊は、釜や壺に出くわすとそれを呑みこむ癖がある。

いくつかの精霊群は、胸が悪くなるような、あるいはゾッとするような姿で現われる。たとえば、毛むくじゃらだったり、眉弓《びきゅう》が突き出ていたり、関節がなかったり、シャム双生児のように二体がくっついていたりする。骸骨や頭蓋骨の姿をしたのも多い。友人や親戚縁者に化けて現われることもよくある。しかし、たとえば足の指がないというような何らかの特徴によって、いつも正体がばれる。精霊が近づくと、笛を吹くような音や物がきしむような音がする。これに注意を払わない者が災難に会うのだが、こうした災難を主題にした物語や伝説は無数にある。

人間と一緒にいるのが好きな精霊は、親切で人助けをする。精霊の手助けをした人間は、狩や漁で多くの獲物を精霊から授かる。人間と結婚する精霊もいるが、彼らは感じやすく神経質な配偶者である。ちょっとした無作法やわずかな禁忌違反にも彼らは不満を抱き、家出してしまう。精霊の国への人間の旅や、そこで見た不思議なことを語る神話もある。

これらの分化不全の諸精霊といわゆる神々とのあいだに、個性のもっとはっきりした、《守護霊《ダイモーン》》と呼べるような範疇の超自然的存在がいる。彼らの有する力は限られており、祭祀も未発達である。各動物種はこれらの守護霊の一人の保護下にあり、インディオはこの霊を、場合に応じて《ヘソイノシシの父》とか《カイマン〔ワニ〕の父》、《猿の父》などと呼ぶ。守護霊は、自分が主である動物種の巨大型の姿をしているが、気が向けば人間のかっこうをすることもできる。

動物の《父》や《母》は、自分たちの《息子》が人間の食用に殺されることには反対しないが、必要を満たすためにではなく遊びに動物を殺す狩人や漁師は情容赦なく罰する。ペルーのインディオにおいては、この信仰が星座の崇拝の形をとっており、星座のなかに人々は地上動物の番人・守護者としての天上の同類動物の形象を見る。たとえば西洋でいう琴座は、妻子を連れた雄リャマである。牧者は畜群の繁盛をこれに祈願する。同様に、さそり座のいくつかの星は、神話や祭祀に出てくるある種の猫科動物を天に描いている。

いくつかの守護霊は自然の諸要素や自然現象の権化であり、神と呼ばれるに値するが、にもかかわらず真正な祭祀の対象にはなっていない。インカ族が太陽、インティに、王家の祖先という高い地位を与えたことは周知のとおりである。国家神の位に昇ったインティの天上の至上権は、インカ皇帝の地上権力と対をなし、インティ崇拝と皇帝に対する尊崇は混じりあった。太陽崇拝の痕跡は森林インディオ、とくにグアラニ族やカリブ族に見られる。他所では、太陽と月はたんなる神話的人物で、人間の運命に対する影響力は全く認められていない。そのかわり、この二つの人間化された天体が英雄として現われる冒険譚は神話の重要部分をなしている。

インティの次には、稲妻を投げ、雹と雨を支配する《雷》が、インカの最も重視した神であった。彼は棍棒と投石機で武装して天空を駆けまわり、発弾時に投石機の出す音が雷鳴のとどろきとして知覚された。インカ族は雷神のシルエットが天に大熊座の星々によって描かれているのを認めたが、そばには《川》つまり天の川があり、雷神はその水を汲んで地上に撒きちらしたのである。

パラグァイやブラジルのグアラニ・インディオは、雷を、木槽に座って大音響を立てながら天を横切る人間と想像している。稲妻は彼の唇飾り（下唇に刺した樹脂棒）の反射光である。宣教師たちがキリスト教の神と同一視したのは、このトゥパンと呼ばれる神である。グイアナやアマゾンのいくつかの部族は架空の鳥が雷を起こすと言っており、嵐のあいだ、この鳥は激しく羽ばたく（北アメリカ神話のサンダー・バード）。かつてインカの農民が畑と畜群の豊饒を祈願した地母は、彼らの子孫たちにとっても、最も重要な非キリスト教の神である。彼らは女神の正確な性格づけはせず、聖マリアと同一視しがちである。大地を人間化したアマゾン唯一の部族は、ヒヴァロ族である。彼らの呪術師は、大地が夢に現われて会話が交せるようにと、タバコ汁を飲んで酔う。

世界や社会諸制度の起源を神聖な人物に遡らせない部族はないが、この人物の性格や役割がいつも明確に定義されているとは限らない。あるときには彼は創造神または大祖先で、地上での使命を果たし終えると、宇宙のどこかに退く。またあるときには、善良だが気まぐれな一種の守り神《ジェニー》で、自分の創った大地にとどまって、その地形を改造したり、人間に技術や慣習を伝授して生存と社会生活を可能にしてやったりする。そういう者として、彼は《文化英雄》の役目を引き受けている。創造神と祖先と文化英雄と変形者〔既存の自然や文物を変えて新しくする神や英雄〕が同一人物のこともあるし、一家の諸成員として仕事を分けあっていることもある。最後に、往々にして、文化英雄は理性を備えた動物である。

自然が人間に投げかける大小さまざまの謎の説明は、これらの超自然的存在を中心にして結晶した。彼らの冒険や行動が真の諸神話群を構成し、それらは宇宙生成論であると同時に博物誌でありまた部族年代記なのでもある。

南アメリカ神話の創造神や変形者の長いリストは、いくつかの種類に分類できる。神秘的な雰囲気に包まれた崇高な人物たちが一方におり、他方には、ほとんど尊敬しがたい呪術師にすぎない人物たちがいる。コロンビア東部のウィトト・インディオは創造神を形而上学的にとらえている。彼は《言葉》から、つまり、万物に先立って存在し、魔力をもった呪文と神話とから、生まれたという。これらの文句を人間に教え、儀式や儀礼に特別の力を授けたのは彼である。彼はまた草木の権化であるが、その力にもかかわらず、人間たちは彼に訴えかけることはしない。

コロンビアのチブチャ族が語った創造を紹介しよう。《この世界がまだ存在せず、夜だったころ、光はムイスカ〔チブチャ〕が《チミナグワ》と呼んだ何か大きな物のなかに閉じこめられていた。このチミナグワと呼ばれる物――神を意味する――が起き上がって輝き出し、体内に納めていた光を解き放った。そのとき、この光の出現とともに、万物が創造され始めた。まず最初にこの神は、黒い大きな鳥たちを出現させ、形ができるとすぐ、鳥たちに世界を飛び回って、純粋で輝かしい光の蒸気をくちばしで撒きちらすよう命じた。鳥たちがそれを実行すると、全世界が今日のように明るく光で満ちあふれた。インディオはこの神を万物の全能の主と見、本質的に善良なものと考えている。世界に存在し、世界を満たし、世界をかくも美しくしているすべてのものを、彼が創ったのである。》

万物の起源を一人の共通の母に遡らせる部族もある。チャマココ・インディオは天上の位階の頂点に、大いなる精霊の妻として天界を支配し、世界に君臨した女神エスチェテワルハを置いている。彼女は、雨を降らせる鳥（雲）たちの母である。ウカヤリ川地方のシピボ・インディオにとって、世界とその内容は一人の天女の創作物だが、この女はおそらく太陽の擬人化だろう。ときとして創造は、レングワ・インディオにおける黄金虫とか、オカイナ族における鷹などのような、神話的動物によってなされる。

創造神はもう一人の神話的人物、つまり変形者ないし文化英雄と混同される。後者の特徴は、変身を過度に好むということである。彼がこの世で行なう一連の変化のために、彼の創造者としての役割がぼやけているほどだ。諸神話の描く彼は予言者のようであり、地上を遍歴して創造事業を完成させ、文化生活に適わしい工芸や慣習を人間たちに教える。

文化英雄が単独者と見なされることはめったにない。ふつう彼には、彼の邪魔をし、彼の創造物を片っ端から壊乱するおせっかいな間抜け者の《裏切者》という連れがいる。彼はしばしば北アメリカの神話のペテン師、いたずら者、《トリックスター》に対応する。南アメリカの大部分の部族が双生児の冒険譚を知っているが、二人は真の文化英雄のこともあるし、文化英雄の後継ぎ息子のこともある。〔旧〕英領グイアナのカリブ・インディオは、マヌナイマを天・人間・動物の創造者としたり、たんなる《変形者》としたりする。この変形者は兄弟を連れており、動物たちを今のような姿にし、洪水を起こすが、決断が裏目に出て死にかけるたびに兄弟に助けられる。

グイアナのワピシアナ族やタルマ族の文化英雄トゥミニカルは本質的に善良で賢いが、その兄弟のドゥイドは怠け者で、いつも彼にいたずらをする。人間にとって不愉快なこと困ることは、すべて彼が生み出した。この双生児はしばしば太陽と月と同一視される。

南アメリカに最も広く見られる神話の一つに、創造神または文化英雄を父にもち、ジャガー（または別の怪物）に食べられた母から生まれた双生児の冒険を語る神話があり、多くの異伝がある。ジャガー（または怪物）の母が自分の腹に双生児が入っているのに気付き、養子にする。二人は超自然的本性を発揮して急速に成長し、万事に熟練した。鳥または全然別の動物が、二人にジャガー（または別の怪物）の罪を暴露する。復讐するため、二人は仇敵を罠におびき寄せ、皆殺しにする。双子は父を探しに出かけるが、彼に出会う前に、さまざまな不愉快な出来事を体験する。それらは双子自身が森や水の精霊たちに喧嘩をふっかけて惹き起こしたものである。双子の一人は馬鹿で、いつも殺され、寸断される。もう一人がバラバラ死体を集め、息を吹きかけて甦らせ、殺人者に復讐する。彼らはまたさまざまな試練に遭遇する。たとえば、衝突しあう二つの岩のあいだを通らねばならない。兄弟のうちの一人は当たって死ぬが、危険を逃れたもう一人が生き返らせる。最後に、双生児は父を探し出し、一緒に暮らす。

ティエラ・デル・フエゴのインディオの神話によると、私たちを取り巻く自然は、世界を秩序づけるため至高神が派遣した最初の人間、大祖先のケノスの作品である。ケノスが今の人類を創った。つまり彼は泥炭をこねて男女の性器を作り、そこから最初のオナ族が生まれたのである。ケノスは人間に言葉を習得させ、社会を制御するための諸規則を教えた。最後に彼は天に飛び去り、星座になった。彼の文明教化者および世界成形者の機能は二人の兄弟に引き継がれ、彼らはオナ族に基本的な道具類を与えた。そのかわり、二人はケノスが定めた法則を修正した。彼らは人間から、短い眠りののちに蘇生する能力を奪った。弟より頭の悪い兄は、人間が努力せずに食べていけるのが望ましいと考えたが、より慎重な弟はこれに反対し、得るための苦労が大きいほうが得た喜びも大きいのだと理屈をつけた。以前は夜が長すぎたが、双生児がこれを短くした。彼らは人間に火のおこし方、アザラシの獲り方、魚油の取り方を教えた。

〔ブラジルの〕バカイリ・インディオは、双生児のケリとカメが人類を創り、人類に恩恵を施したとする。二人は、羽根の球だった太陽と月を、禿鷹から盗んだ。彼らは《眠りの主》のトカゲから瞼を盗んで睡眠をもたらした。

インカの至高神ヴィラコチャは、不完全に転写され混乱している諸神話から彼の性格を読み取れる限りでは、創造神でも文化英雄でも変形者でもあった。彼はいくつかの連続的な創造に姿を見せるが、大地に人間を住まわせると、創造神の役目を捨てて文化英雄に変わる。彼は人間に法を授け、遵守を厳命する。彼は不思議な連れと一緒にアンデスを巡るが、この連れには文化英雄に対立する《裏切者》の性格が認められる。ヴィラコチャが善人たちを創ると、タグアシパは彼らを邪悪にする。ヴィラコチャが山を起こせば、《裏切者》がそれを平原にし、平原を作れば山にする。自然の諸特徴の起源の説明となる多くの冒険を終えたヴィラコチャは、海辺に辿り着き、舟のかわりに外套を浮かべて海の彼方に消える。文化英雄の多くは任務完了後、死者の国に住むため日没方向に旅立つのだが、彼もそういう神話に従っているわけである。インディオ諸部族はめったに創造神や文明教化者を大神や至高神の位に昇進させない。インカが彼をどこか遠い天界に追放しなかったのは、彼が神界に組みこまれていたからであり、そこでは他の神々も明確に位置や役割が定められているのである。

古代チブチャ族の文化英雄ボチカの神話も、二元論と無縁ではなかった。東から来たこの人物は、創造ののち、大地を巡歴して人間に厳しい法を課した。彼は岩に足跡を残し、西方に消えた。彼には妻のチエが従っていたが、彼女は彼とは反対のことを教えた。彼女は人間に、浮かれ興じ大饗宴を催すよう強要した。ボチカは彼女を罰してミミズクに変えた。くやしまぎれに、チエはチブチャチュムを援けてボゴタ平野に洪水を起こした。ボチカが虹に乗って現われ、金の棒をテケンダマに投げて山を裂き、水が流れるようにした。チブチャチュムは罰として大地を背負わされた。彼が肩を変えるたびに、地震が起こる。

ティエラ・デル・フエゴのインディオ（オナ族、ヤーガン族、アラカルフ族）の至高神は、神格化された文化英雄ではなかったらしい。南アメリカで最も原始的な部類に入るこれらのインディオは、至高神を、飲食せず星の彼方の天空に住む精霊と考えた。祈願のときはふつう《強者》、《最高者》、《天の住人》または《父》という呼び方をした。彼が実際に世界を創ったが、世界は文化英雄や祖先たちによって改造された。やっとのことで創造者といいうるこの神は、良俗の番人である。病気や死は、良俗をおかした人間に対し、この神が怒るから起こるのである。

人類の起源

地上への人間の出現は数多くの神話の題材となっているが、これらの神話の中心テーマには二つの対立的な考え方が見られる。第一の考え方によると、人間は神が何らかの物質（粘土、木、葦）を原料にして創ったものである。第二の見方によると、最初の人間は天から、あるいは地下界からやってきた。モセテネ族が言うには、文化英雄ドヒトが粘土で最初の人間たちをこしらえた。バカイリ族にとっては、葦を人間に変えたのは双子のケリとカメである。チブチャ神話では、太陽と月が粘土で最初の男を作ったが、最初の女には葦を用いたという。

多くの神話が創造神の失敗を語っている。タウリパン族の《文化英雄》は最初の人間を蠟でひねったが、陽にあたると溶けるのに気付き、粘土を用いて太陽で乾かした。チョコ族の文明教化者についていえば、彼は木を削って最初の人々をこしらえた。人間たちは木彫者の手を離れると次々に、永遠に生きるよう誘われて他界へ旅立って行った。ところで文化英雄は仕事中に指を切ってしまったので、木はやめて粘土で人間を作ったのだが、これと同時に人間から不死性が失われた。

創造のやり直しがいつも原料の選びちがいから起こるというわけではない。創造した存在が罪を犯したりけしからぬ振舞いをするため、創造神が彼らを破壊したり変形させたりせざるをえなくなることもある。人類の全民族の祖先たちを石で刻む以前に、インカの大神ヴィラコチャは粘土をこねたり岩を削ったりして別の人類をこしらえていたが、この《人類が神の掟を破ったので》、絶滅させねばならなかった。チョコ族もまた、食人に耽ったために絶滅させられた人類や、動物に変えられてしまった第二代の人類や、文化英雄が粘土で作った第三の人類について語る。

他の諸部族の神話は、人類の創造についてではなく、人類の移住の原因や状況について語るが、人類起源地は地下のこともあれば天のこともある。この種の神話の見本として、ムンドゥルク・インディオの伝承を要約しておこう。創造神の仲間が、アルマジロを追ううちに地下界に誘いこまれ、ムンドゥルク族を発見した。創造神は棉の木を創り、その繊維で綱を作った。彼はそれを人間の国に通じる穴に送りこんだ。こうして人間はわれわれの大地の表面に出てこられたのである。綱はすべての人間が登ってくる前に切れてしまった。たくさんの人が地下に残留しており、毎日、太陽の訪問を受けている。

カラヤ族の祖先もまた、われわれの世界の下に位置する世界から移住してきた。地上に出ると死ななければならなくなると予言した首長の言葉にもかかわらず、彼らは地下界をあとにしたのだが、もといたところでは人間は不死を享受していた。

インカのあらゆる共同体の成員たちは洞穴、山あるいは湖を自分らの原郷と考えていた。祖先が外に出て来た地点は神聖視された。これらの神話はヴィラコチャによる創造の神話と矛盾する。二つの伝承を両立させるため人々は、石を刻んで最初の人間たちを作ったのち、ヴィラコチャが彼らを地下道に送りこんで世界を横断させ、次に洞穴、湖または川から出現させたのだと考えた。

オリノコ地方のワラウ族について言うと、彼らは先祖を天に配置し、そこから先祖たちは獲物を取りに綱伝いに地上に降りてきたのだとする。グラン・チャコのトバ族は女は天から来たことにしている。女たちは毎晩、綱を伝って降下し、男たちが取った魚を盗んでいた。一羽の隼がこの綱を切り、女たちは地上に男たちと一緒にとどまらざるをえなくなった。

ペルー沿海部の人々がスペイン人に語ったところでは、人間は金と銀と銅の三つの卵から生まれた。グラン・チャコのカドゥヴェオ・インディオもまた、巨鳥がかえした卵から自分たちが出てきたと信じていた。

栽培植物の起源

人間が栽培植物を入手した方法について数多くの神話が語っている。いくつかの伝承によると、文化英雄がそれを贈物として人間にくれた。彼自身はそれを持主の何らかの動物から盗んだのであった。こうして、バカイリ神話の双生児の一人は、鹿が魚からもらったキャッサバ〔マニオク〕を盗んだ。チリグアノ族の狐神アグアラ・トゥンパは、ヴィスカチャ〔齧歯《げっし》類の一種〕が保有するイナゴマメを策略によって幾莢か奪う。ボリビアのアイマラ族は、天に招かれた狐がトウモロコシの粒をもち帰ってくれたことを憶えている。往々、精霊たちが有用植物の独占的な所有者であるが、誰か人間か動物かが、ある日その種を盗んでしまう。いくつかの神話は栽培植物と人体を緊密に対応させている。つまり、ある神秘的な存在が打ち負かされて果実や根茎を自分の周囲に落としたり、男や女が殺され埋められて有用植物に変わったりする。このモチーフをもつとくに有名な伝承は、十六世紀にペルー沿海部で採集されたものである。はじめ、パチャカマクによって創られた男と女は、何も食べるものがなかった。男は飢え死にした。ある日、野生の果実を摘んでいた女は、自分を見殺しにするのかと太陽を責めた。太陽は女を孕ませた。女の産んだ子供をパチャカマク神が殺し、切り刻む。ばらまかれた歯はトウモロコシの穂に変わり、骨はキャッサバの根になり、肉からはカボチャその他の植物が生じた。カインガング族の文化英雄は、自分が死んだら死体を野原に運ぶよう強く要求した。彼の性器からトウモロコシの茎とソラマメが、頭からはヒョウタンが生えた。人間や神話的動物の灰から植物が生じることもしばしばあり、トバ・インディオに焼かれた人食い女はタバコの葉に化生した。

　グイアナのいくつかの部族（とくにカリブ諸族）の伝承によると、すべての栽培植物はただ一本の木から生じた。アメリカ版の生命樹である。この無尽蔵の食料源はオオテンジクネズミが発見し、誰にも秘密にしていた。この動物の肥満ぶりを双生児神の一人マクナイマが怪しみ、監視したが、何も見つけられなかった。その兄弟神のマナペは、いくつかの冒険ののち、問題の木を発見した。そこでマクナイマは木を切り倒すことにしたが、オオテンジクネズミは、樹幹から世界を沈めてしまうほど大量の水が噴出すると警告し反対した。マクナイマは無視し、洪水が起きた。不思議な木の倒壊後、木を覆っていた諸植物が地上に広がった。

同じ神話のクナ族版によると、木の頂には植物園ばかりでなく魚の全種類と諸動物も載っていた。太陽神が木を切ろうとするたびに、動物たちがやってきて木の傷をなめて治した。雲（蔓植物）が木を支えており、木を倒すにはリスが金の斧で雲を攻撃しなければならなかった。太陽は木が倒れる前に金銀の網を張って、木の頂に載っている物を全部集めたのであった。

火の起源

インディオは火の獲得が人間の条件に及ぼしたさまざまな結果を強く意識している。火を所有する以前の人間は、動物とあまり変わらなかった。火が創造された、とは語られていない。火はつねに存在していたのであるが、ある動物——まれに精霊——が所有して大事に見張っており、人間は分けてもらえなかった。だから、人間は火を盗まねばならなかった。その冒険をするのは文化英雄であり、あるいは人助けをする動物であった。一般に、火の所有者もそれを盗む者も、火と関連のある身体的特徴を備えた動物種に属している。たとえば、禿鷹は赤く禿げた頭、蜂鳥は輝く羽毛、家ウサギは喉の黒い斑点、ジャガーはその毛色のために、火の征服の物語の出演者に選ばれたように思われる。

禿鷹が火の主として現れる諸伝承（とくにグアラニ族の）では、火を奪うため文化英雄は腐りかけの動物の死骸に変身する。禿鷹がそれを火に投げこむと、英雄は元の姿に戻って火のおきを散乱させ、一つ拾って逃げる。この手柄はしばしばヒキ蛙に帰されるが、彼はおきを呑みこむことができるのである。火を所有していたころのジャガーは、焼いた肉を食べていた。彼が生肉で我慢せねばならなくなったのは、家ウサギとヒキ蛙に火を盗まれてからのことにすぎない。火の持主が豪雨を降らせて泥棒から盗みの成果を奪おうとしたが、おきが水で消えないよう鳥たちが保護の翼を広げたとも言う。

グイアナのいくつかの部族では、火は何らかの生き物——ふつう女——が自分の体の穴から取り出すことのできた実体だと考えられている。この火を文化英雄がうまく何かの木に移したのである。

死の起源

多くのインディオにとっては、もし文化英雄や偶然が別な働き方をしていたら、人間は死に服従せずにすんだだろう。昔、オナ族は老衰すると眠りに落ち、目覚めると文化英雄ケノスに体を洗ってもらった。彼らは若返り、また生活を始めた。こうした再生に終止符を打ち、死を決定的なものにしたのは、双生児の一人であった。ある偉大な呪術師は、チパヤ・インディオを不死にしようと思った。見知らぬ人が訪ねてきたら暖かく迎えるよう、彼はインディオたちに勧めた。インディオたちは、彼らにとって不幸なことに、腐肉で一杯の籠を担いだ男を死と思い違いしてこれに背を向け、愉快な若者の姿で現われた死を心から歓迎したのだった。ペルーのインディオ、少なくともワロチリ地方のインディオは、死を無分別な振舞いによって起きた事故と見なした。昔、人が死ぬとその魂は五日後に戻ってきた。どういうわけか遺体に戻るのが一日遅れた魂があった。苛立った死者の妻は夫を激しく非難し、叩きさえした。気を悪くした魂は本当に去って行き、以来、死は取り返しのつかないものになってしまった。

アマゾンのいくつかの部族に見られる伝承によると、もし人間が与えられた命令に従っていたら、あるいは文化英雄や誰か他の人物からの通達をよく理解していたら、人間は死と再生を交互にくり返すことができただろう。こうして、カシナワ族では、文化英雄の父親が、自分の言葉をよく聞きとるよう人々に申しつけて天に昇り、《変われ、変われ》と叫んだ。不幸なことに彼の息子はそれを《終われ、終われ》と聞いた。そしてこの聞き違えのために、人間は体を蛇やトカゲのように一新することができなくなったのである。

天体神話

南アメリカの起源説明論的神話において、天体現象と星座はとくに選ばれた地位を占めている。なかでもインディオが太陽と月に対して示した関心は、何人もの学者を刺激し、その結果、彼らはインディオの神話の主要モチーフをひたすら天文的に解釈したのだった。しかしそうした説明は、それらのモチーフのうちの限られた数のものにしか有効性をもたない。

月の満ち欠けを説明するため、さまざまな部族が、月は一人の男で、妻が十分に食事を出すか否かによって太ったり痩せたりするのだと考えている。バカイリ族その他のインディオの宇宙論によると、月はトカゲやアルマジロといった動物にかじられ、次いで呑みこまれる。

月の斑点について言えば、これはふつう恋物語の助けを借りて説明され、その恋はしばしば近親相姦的である。夜、一人の青年（月）が自分の姉妹（太陽）を訪れ、夜明け前に去る。娘は恋人の正体を知るため、彼の頬に引っかき傷をつけたり、顔に水で落とせない樹液を塗ったりする。若者は正体がばれたのを恥じて天に昇るが、天にいても彼の斑点が見えるのである。

南アメリカのインディオのあいだでは、月蝕は天上の猫科動物が月を食べようと襲いかかるたびに起こると非常に広く信じられている。そういうときインカ人は、ありとあらゆる騒音を立てて怪獣を驚かせようとしたのだった。ほかのところ、とくにバカイリ族では、巨大な蝙蝠が翼で天を覆うために蝕が起こるとされている。

星座は夜空にさまざまな生き物または物体の輪郭を描いているが、神話は彼らを主役にして、星座がなぜ空にあるのかを説明する。いくつかのカリブ部族の目には、大熊座もしくはオリオン座のいくつかの星は、一本の人間の脚を描いているように見える。この脚をある人がなくした事情は、非常に微細に、しかしいろいろに語られる。

南十字星は巨大なアメリカ駝鳥で、二人の若者（ケンタウルスのα星とβ星）とその犬（十字星のα星とβ星）に追跡されている。天の川は一本の天の木の灰からできている。チャコでは三マリア星は世界火災を逃れた三人の老女である。

貧しく醜い若者と恋に落ちた星（ふつう金星）の物語を、多くの部族が知っている。彼女は地上で彼と一緒になり、その世話をする。彼女には収穫を増やす力があった。いくつかの伝承では、夫の家族に見られたくなかった星＝女は、ヒョウタンまたは壺のなかに閉じこもるが、夫の母に発見される。星は天に帰ることにし、若者を連れて行くが、彼は天上の寒さに耐えられない。というのも、チャコのインディオが言うには、星々は《凍った火》なのだから。トバ・インディオは、星＝女が夫の食事のためにイナゴマメを粉にしたスリ鉢があるよ、と夜空を指し示す。

虹は天の蛇である。ミミズの大きさしかなかった頃に人間に拾われた彼は、しっかり食べて巨大になった。彼が人間の心臓を餌として要求したため、やむなく人間は彼を殺した。鳥たちが彼の血に体を浸すと、羽毛は鮮かな虹色に染ったという。

インディオは、太陽――人間の姿で現われる――と、照射する光熱――金剛インコの羽根の冠、あるいは全く別の輝く装身具と同一視される――とを区別している。チパヤ・インディオによると、太陽は色黒の男で、羽根冠をかぶっていた。太陽は人食いだったが、餌食にしかけた一人の男に殺された。殺した男は、太陽の羽根冠を取ったものの、それをかぶることはできなかった。このため世界は、太陽の末息子が羽根冠をつけて父のかわりをつとめるようになるまで、闇のなかに沈んだ。同様に、グアラユ・インディオの太陽神が住む土地は、鳥たちが照らしている。チブチャ・インディオのところでは、創造神はまず太陽を世界に送りこみ、それから光の担い手たる鳥を派遣した。ボロロ・インディオの創世神話によると、太陽は白熱した金属片で、これを精霊たちが空を横切って運んで行く。バカイリ族やカラヤ族は曙光、太陽そして月を羽根の束として描き、双生児が首尾よく奪い取る以前は、禿鷹がでたらめに飛んでそれを動かしていたとする。

太陽の運行もまた神話の主題となる。カラヤ族の話では、昔は太陽が全速力で空を通過したので、誰も仕事をやりとげることができなかった。枯枝拾いがうまくいかない若い娘の祈りに応じて、文化英雄が太陽の脚を切りに行き、運行速度をおそくさせた。

太陽と月の出てくる話では、月がいつも弱虫である。太陽がすべての危険や障碍に打ち勝つのに対して、月は失敗し、ずたずたにされて死ぬ。太陽は月のバラバラ死体を拾い集めて生き返らせる。これは、双生児の神話――兄弟の一方は月と同一視される――のときとそっくりである。

世界の破壊

四度にわたって大災厄が世界を襲い、生物をすべて――あるいはほとんどすべて――滅ぼした。最初は世界火事である。その原因は、部族により、天体が落ちてきたからとも、創造神や文化英雄がわざとやったとも説明される。アパポクヴァ・グアラニ族の確信しているところでは、時間の原点で生じたこの大災厄は、将来、創造神が大地の支えの柱を引き抜くとき、また起こるだろう。大地に火がつき、永遠の夜が世界をおおう。そのとき、創造神は青い虎を放って人々を食い殺させるだろう。

火事による蹂躙ののち、大地には一組の男女が再び住みついた。彼らは穴に避難して世界的大火を免れたのだった。焼滅してしまった植物について言うと、精霊たちが人間を援けに来たり、人間が燃えずにすんだ種子や挿枝を見つけたり、また魔法で木の灰を発芽させたりしたので、植物が大地の表面を再びおおった。

《大いなる火》に次いで《長き夜》が来た。人間は家から出られなかった。大部分は餓死した。アラウカノ族が言うには、二人の神話的人物――双生児――が太陽を盗んで壺に閉じこめたため、世界は闇に沈んだ。鳥たちは食物を見つけられなくなり、太陽の解放を条件に、女を双生児に献上しに行った。だが二人は拒否した。人類にとって幸いなことに、いわしゃこが壺を引っくり返したので、太陽はまた輝けるようになった。家庭用品が叛乱したのは《長き夜》のときだった。人間に使われるのにうんざりしたスリ鉢や槌や釜が、人間に背き、人間を殺そうとしたのである。ペルー北部のモチカ期の寺院の壁画に、諸物の戦いが描かれている。古代ペルー人が知っていたこのエピソードは、アンデス東斜面に住むさまざまな現生部族にとって、今なおなじみ深いものである。

豪雨や川の氾濫や津波がもたらした洪水による人類の破滅の話が入っていない神話集はない。この災難は、自分が創った人類に不満を感じた文化英雄が怒って起こしたとしばしば言われる（ペルー）。人間たちが、文化英雄の定めた法に違反したり、何か彼を傷つけるようなことをしたのである。たとえばパリアカは、彼に対して不親切だった罰として、ペルーのワロチリの人々を溺れさせた。ヤーガン族は月に洪水の責任を負わせる。男たちが女のイニシエーションの秘密を発見したとき、月を棒で打ったので、それに復讐するために月は津波を起こすのである。

ときとして、洪水を起こすのは動物である――たとえば、軽率な人間に傷を負わされた水蛇が川を氾濫させる。つまらぬ事件がしばしば惨事の原因になる。ウィトト族においては、ヒョウタンの持ち主が美しいオウムの尾を切ったので、オウムの所有者は仕返しに世界を水没させる。グイアナのカリブ・インディオやパナマのクナ族のところで洪水のテーマが生命樹神話と結びついていることはすでに述べた。最も突飛なのはアラウカノ族の伝承である。すなわち、カイカイとトレントレンという二匹の蛇が、ただたんに自分らの魔力を見せあうために海水を上昇させたというのである。

ノアの箱舟のモチーフは南アメリカではまれである。インカの洪水伝承を記録したスペイン人年代記作者が、一組の男女の乗って逃げた《箱》のことをほのめかしている。チリグアノ族によると、インディオがヒョウタンに入れた少年と少女が、世界の人口を再び増やしたという。他の諸部族においては、洪水で生き残る男女や家族は丸木舟や筏に乗る。

大抵の場合、洪水の生存者は、山や木のてっぺんによじ登ることのできた男や女である。水位の上昇につれて山の背も伸びたと言われることがある。聖書の話と同様、大洪水の生存者に水位低下を知らせるのは動物で、ふつう鳥だが、哺乳動物のこともしばしばある。

洪水説話には二次的エピソードが数多く結びついている。たとえば、樹上に避難した人々がいろいろな魚に攻撃され、鋸鮫は木を切り倒そうとさえする。いくつかの動物の特徴は、洪水のときにそれらがこうむった災難によって説明される。狐の尻尾は、水中を引きずったので黒くなった。恐怖にかられた人々は、吠え猿に変わった。木から下りられなかった人々は蟻や猿や蛙になった。北アメリカに非常に広く見られる世界建設者としての水鳥のモチーフが、洪水と結びついてカインガング族やアレ族のところに現われている。さまざまな水鳥が土を探しに行き、それを海に落として最後には埋め立ててしまうのである。

洪水のあと、大地には全面的破壊から逃れた単数または複数の対の男女《カップル》の子孫たちが住みついた。エクアドルのカニャリ・インディオのところで採集された伝承によると、水上に突き出たワンヤン山に二人の若者が避難した。この二人の洪水生存者は、毎日森に食物をさがしに行ったが、小屋に戻るといつも食事がたっぷり用意されているのだった。謎を解明するため、兄弟の一方が家の近くで待ち伏せしていると、二羽のオオムが娘に変身するのが見えた。一度失敗したのち、兄弟は鳥＝娘のうちの一人をつかまえることに成功した。カニャリ・インディオは全員この娘の子孫である。

参考文献

H. Baldus, *Die Jaguarzwillinge. Mythen und Heilbringer-geschichten, Ursprungssagen und Märchen brasilainischer Indianer*, Kassel, 1958.

P. Ehrenreich, "Die Mythen und Legenden der südamerikanischen Urvolker und ihre Beziehungen zu denen Nordamerikas und der alten Welt", *Zeitsch. für Ethnologie*, 37, supplément, Berlin, 1905.

M. Gusinde, *Die Feuerland-Indianer*, 2 vol., Mödling bei Wien, 1931-1937.

T. Koch-Grünberg, *Indianermärchen aus Südamerika*, Iena, 1920 : *Geister am Roroima. Indianer-Mythen -Sagen und -Märchen aus Guayana*, Eisenach und Kassel, 1956.

W. Krickeberg, *Märchen der Azteken und Inka Indianer Maya und Muisca*, Iena, 1928.

A. Métraux, "El Dios Supremo, los creadores y heroes culturales en la mitología sudamericana", dans *América indígena*, vol. VI, nº 1, México, 1946 ; "South American Indian literature", dans *Encyclopedia of Literature*, vol. II, New York, 1946 ; "Twin Heroes in South American Mythology", dans *Journal of American Folklore*, vol. LIX, nº 232, Philadelphia, 1946 ; "Ensayos de Mitología Comparada Sudamericana", dans *América indígena*, vol. VIII, nº 1, México, 1948.

C. Nimuendaju Unkel, "Die Sagen von der Erschaffung und Vernichtung der Welt als Grundlagen der Religion der Apapocuva-Guarani", dans *Zeitschrift für Ethnologie*, vol. 46, Berlin, 1914.

K. T. Preuss, *Religion und Mythologie der Uitoto. Textaufanahmen und Beobachtungen bei einem Indianerstamm in Kolumbien, Südamerika*, Göttingen, 1921.

B. Ribeiro, *Religiao e mitologia kadiuéu*, Rio de Janeiro, 1950.

O. Zerries, *Wild- und Buschgeister in Südamerica*.

C・レヴィ＝ストロース『悲しき熱帯』川田順造訳、中央公論社、一九七七

N・ワシュテル『敗者の想像力』小池佑二訳、岩波書店、一九八四

アフリカの神話

R・バスティード

アフリカの諸宗教について人々が考えていた諸概念が、近年、批判を受けた。たしかに、それらの宗教の定義をしようとすると今でも時々、フェティシズム、アニミズム、マニズム、トーテミズムといった術語が、ふと頭に浮かんでくることがある。そして、こうした言葉はなるほどそれらの宗教のある種の側面に対応している。たとえば、アニミズムは精霊信仰に、トーテミズムは氏族《クラン》の長と動物とのいにしえの結合に、というように。しかし、これらの言葉では、アフリカの諸宗教の豊かな内容は汲み尽せはしないのである。従来の立場への一つの反動は、シュミット神父とともに現われた。彼はピグミー族の神話における至高神の重要性を明らかにし、フェティシズムまたはアニミズムからの多神教への移行という旧来の進化主義的図式にかえて、原始一神教からの漸次的退行という逆の図式を提出したのである。だがこれも、旧来のと同じくらい恣意的なものである。再検討は、シュミット神父の学派の諸業績を出発点とするのではなく、グリオール学派のそれを通じて行なわれなければならない。昔の民族学者は農民レベルのアフリカ宗教を記述したのだが、さて、ヨーロッパで農民だけに質問し、農民の振舞いだけを記述することによって、カトリック教の正確かつ完全な定義がくだせるだろうか？　グリオールとその後継者たちは、そうした思考されるというより生きられる信仰の上に、祭司階級の洗練された信仰があることを証明したのである。そしてもしイニシエーション儀式についてもっと正確な知識が得られるようになれば、ほとんどあらゆるところで二重の知識、つまり《皮相な知識》と《深い知識》（バムバラ［Bambara］族のイニシエーション修了者自身の用語）が発見されることだろう。

しかし、《深い知識》を対象とするこうした研究は、始まったばかりである。アフリカの諸神話系の確かな姿を描くのは、今はまだ難しい。手もとの資料は、あながあいたままだし、多くの民族にかんして不確実である（寓話や昔話とされている多くの説話は、実は、より深い神話の部外者用の大衆版なのである）。この深い知識には秘密保持の掟がつきまとっているので、門外不出の諸神話は、大抵の場合、象徴や神秘的照応の研究から間接的に析出したり、家の間取りや楽器の構造といった物質文化の諸特徴や、農耕儀礼、手工業儀礼あるいは宗教儀礼の式次第のような型にはまったある種の振舞いの諸特徴の観察から、辛抱強く推論しなければならない。このようなきわどく誤りを犯しやすい方法をとる調査者に、いかに多くの忍耐、批判的精神、相手の民族の魂を共有しようとする感情が要求されるか、察しがつくだろう。最後に付け加えておかねばならぬが、聖職者たちの争いや宗教団体の対抗のために、もとの説話が歪められたり、同一の神話のいろいろな異伝

――そのなかから選択を行なうことはしばしば困難である――が現われたりする。それゆえ、なしうることは、アフリカの諸神話系についての初歩的かつ暫定的な総括でしかない。

私は、諸神話系について、と言ったのであり、単一の神話系についてではない。というのも、黒い大陸には、実に多様な民族がひしめきあっているからである。そして、歴史を通じて続けられてきた絶え間のない移動によって、これらの民族が時には一つの地域で混ざり合ってきたにもかかわらず、また、神格や神話や象徴の一連の借用のために、諸宗教のあいだの境界が混乱しているにもかかわらず、これらの神話系の研究に取り組む最良の方法は、依然として、いくつかの文化的、言語的、民族的な領域を設定してかかることであるように思われる。

ピグミー、ブッシュマン、ホッテントット

形質人類学的基準（短軀）からも民族学的基準（狩猟・採集）からも、赤道森林のピグミーは独自の人種と認められる。シュミット神父の弟子たちはピグミーを根拠にして、祭祀と祈禱と初物供犠を伴う非常に純粋な原始一神教の存在を主張した。しかし、ピグミーはバントゥー諸族との緊密な共生関係のなかで生きており、また、バントゥーからその至高神の名をしばしば借用しているので、われわれの知識の現状では、この原始一神教の問題は未解決のまま残しておくべきである。われわれに言いうることは、ピグミーの神はバントゥーのそれとは逆に、何よりもまず森と獲物の文

配者だということであり、最初は恐らく動物の姿をしていると考えられたのだろうが、天神になる傾向があるということである。

この至高神コンヴゥムは、実際、今日では、天空の現象を指揮または監督する者として現われる。太陽が死ぬと、彼は星々の破片を袋に集め、それらを幾抱えも太陽に投げてやる。こうして太陽は翌朝まぶしく光り輝いて甦ることができるのである。しかし彼は、虹の形で目に見える、二匹の蛇をつないだ弓をもっており、大狩人としての原初の性格をまだ保持している。彼は実在する動物カメレオンや、夢に現われるゴル象という想像上の動物を仲立ちにして人間と関係し、カメレオンは彼の通達を伝え、ゴルの力強い鳴声は雷鳴となる。コンヴゥムの下には、子供を呑む人食い鬼のンゴーグノグンバルとか、爬虫類に変身する小人のオグリグワビビクワといった一連の怪物たちがおり、人々は夜の集いで彼らの物語をする。付言しておかねばならないが、森の奥に押しこめられる前のピグミーの分布地域はもっとずっと広かったのであり、ほぼ全アフリカで聞かれる小人、妖魔、森の精霊についての諸神話のうちに、黒人とピグミーとの最初の出合いの記憶が認められる。

ブッシュマンもまた至高神を知っていて、部族によりカーン、ク、コ、トラと呼ぶが、祭祀は全く行なわない。トラには、天に住む死者の霊たちの長であるゴナまたはガワという敵対者がいる。これらの霊は、風や暴風や嵐や稲妻や雷鳴の悪霊たちでもある。これらの大神たちが何に対応しているのかが問題となろう。ガワはダマラ族の至高神であるから、これが悪神に変えられているのは、おそらくダマラに対するブッシュマンの民族的対立の表現であろう。カーンについて言えば、これはバウマンによると、至高神というよりは呪力をもった原初的人物のようで、バントゥー諸族の影響で創造神となったらしい。

いずれにせよ、ブッシュマンの神話系を主として特徴づけているのは、ハイラックス（*Hyrax capensis*）〔ウサギ大の臆病な哺乳動物〕と結婚した宗教的なかまきりのイ・カッゲンとか、多様な冒険譚の英雄で各種の天体現象の源をなすかもしかややまあらしといった、動物精霊たちの存在である。カッゲンはカグンと区別しにくいが、カグンはほかのところでは至高神カーンと混同されており、このことがブッシュマンの至高神についての上記のバウマンの解釈の説明となる。カグンは《いかさま師》、《魔法使い》である。彼の力は一本の特別の歯の所有に基づいており、鳥たちが彼の使者または密使として働く。彼は人食い鬼のクワイヘムに食べられ、次いで吐き出される。またカグンは棘＝人間に攻撃されて殺され、蟻がその死体を食べて骨だけ残すが、その骨が接合して彼は蘇生した。彼の娘の一人は蛇たちと結婚したが、それらの蛇はまた人間たちでもあり、彼らはこうしてカグンの臣下となった。これらすべての冒険譚、そしてさらに、古い短靴からの月の創造の話のような他の多くの神話は、男子のイニシエーション儀礼の過程で語られる。したがって、これらの話はこの儀礼の説明と見なすことができ、カグンの呑みこまれや彼の死と再生のうちに、動物に変装した祭司が主宰するイニシエーション過程での男子の死と再生の象徴的表現を看取できる。そして蛇との結婚には、宗教的かまきり＝男の集団と蛇＝女の集団のあいだの古い婚姻結合の思い出を。

ダマラ族は、あるよく知られていない民族の生き残りで、彼らの文化はブッシュマンのそれとホッテントットのそれの中間に位置する。実際、彼らの至高神にして世界創造者であるガマブは、ブッシュマンではゴナという名で悪神に格下げされて現われ、ホッテントットではゴナブと呼ばれてやはり至高神の敵対者である。ガマブは星天の向こうにある上部天界に住み、自分の選んだ人間たちを自分の矢で殺す。殺された者は、幽霊の姿で地上にとどまらずに、奈落の上を通って難路をガマブのもとへと登って行く。彼らはガマブのもとで、老人と老婆――ガマグまたはガマティ――の姿で、天の木の蔭に住み、人肉をむさぼり食う（死者を埋葬すると墓はやがて骨だけになるが、それはこのためである）。彼らは生きるために狩をする必要はない。また子供を生みたいとも思わなくなる。というのも、子供の霊も天国に来てガマグとガマティを楽しませるからである。

ホッテントットは技術的により高い文化水準にある。しばしば彼らは、東北から来たハム系の牧畜民とブッシュマンとの交雑によって生じたと見なされる。彼らの神話はこの二重の出自を反映しているようだ。彼らの至高神ツイ・ゴアブは大祭司もしくは呪術師の性格をもち、移住民に属するらしいが、ヘイジブ《大樹》（ブッシュマンの叢林の精霊ヒセを思わせる）に由来する名をもつ民族英雄ヘイツィ・エイビブは、人間に狩を教えており、ホッテントット構成二民族のもう一方に属するらしい。ツイ・ゴアブはすばるの出現時にお祭りされ、赤い天に住む。彼は嵐を支配し、恵みの雨を降らせ、雷鳴を通じてしゃべる。その名前は《膝の傷》を意味する。実際、彼には黒い天に住む敵がいる。のちにブッシュマンのゴナと同一視された死者の長のゴナブである。ツイ・ゴアブは最後にはゴナブを殺すが、その前に戦いで負傷し、以来びっこになったのである。ホッテントット神話の第二の重要人物ヘイツィ・エイビブは、ある種の草を食べて孕んだ雌牛から生まれた。最初の祖先、叢林の霊、狩猟民の文化英雄である彼は、一種の神秘術師として現われ、奇跡を行ない、死んでまた蘇り（このため彼を月と結びつける神話学者もいる）、怪物たちを打ち負かす。しかしながら、月と結びつけうる限りにおいて、彼はこの世の死の原因である。というのも、人間が再生し不死になることを告げる役目を負わせて人間のところにウサギを派遣〔訳注1〕したのは月なのだから。だがウサギはこの生の通達を伝えず、月を欺いて逆に死の言葉を人類にもたらしたのである。

南部と東部のバントゥー諸族

民族学者は、当然のことながら、バントゥーにおける王国や家族の祖先の祭祀の重要性を強調してきた。しかし、人間と至高神の仲介をする祖先たちが儀礼で大きな位置を占めているとしても、彼らは信仰や神話の領域における他の聖なる存在たちを排除するものではない。

カフィール諸族（ズル族、コサ族）の神話系の主役はウンクルンクル《非常に老いた者》で、彼は、ウンヴェリンガンゲ《先在する者》の息子として至高神の創造力を保持する限りにおいて、人類の祖先たる最初の人間のイメージと造物主のイメージとを一身に兼ね備えている。彼は葦の寝台から、したがって土、地母から生まれ、カフィール諸族の文化に特徴的な技術や慣習の創造者となった。しかし、文化英雄つまりは人類に恩恵をもたらす者でありながら、彼はまた間接的に死の発生に責任がある。彼はカメレオンに、《行け！　人間は死なない、と言ってこい》と命じた。だが、のろまで怠惰なカメレオンの道ははかどらず、立腹したウンクルンクルは第二の使者のトカゲを人間のところに派遣し、これが死の言葉をもたらす。カメレオンが着いたのはトカゲの来たあとで、このために人間は死すべきものになってしまった。これは、バスト族やバランダ族など、他の多くのバントゥー諸族に見られる神話で、《歪められた通達》という名のもとによく知られている。この神話はカメレオンが最初の生物の一つだったという観念と関係している。すなわち、大地が原初の水からまだ完全に分離していないときに彼は出現した。そして、死の発生の原因となったのろまでどう見ても怠惰な歩き方を彼がするのは、泥のなかで歩行を覚えたからなのである。

　南バントゥー諸族は創造神としての至高神を知っており、部族ごとに多かれ少なかれ明確なイメージをもっている。トンガ族の至高神ティロ――天――は、ジュノーの著作のおかげでよく知られている。ティロは雨や嵐を通じて現われ、雷によってしゃべり、子供のひきつけとか、《天の子》と呼ばれる双生児の誕生といった、宇宙における不可思議なものすべてに関係している。南バントゥー諸族はまた、狡猾で人を煙に巻いて喜びしばしば動物の姿をしている英雄も知っており、これにかんする特別の滑稽譚群が生まれている。バヴェンダ族についてのステイトの著作によって、こうした煙に巻く英雄の一人サンカンビはよく知られている。セスト族のある説話によると、昔怪物が人間をみんな食べてしまい、地上には老婆が一人生き残るだけになった。彼女は隠れて、男の助けなしに、護符で飾られた子供を産み、その子を神、リトゥオロネと名づけた。生まれたその日に子供は大人の身長に達し、他の人間たちはどこにいるのかと母親に尋ねる。こうして怪物カムマパの存在を知るや、彼はナイフをとり、戦う仕度をした。神話的動物に呑みこまれた彼は、獣の内臓を裂き、その腹から何千もの人々を脱出させた。ところが人々は彼に感謝しなかった。女だけから生まれ、子供の遊びを知らずに育ったこの存在の力を恐れたのである。人々は彼を厄介払いすることにし、穴に投げこんだり、火中に落としたり、毒を盛ったりした。しかし彼は、策略のおかげで、いつも切り抜けることができた。似たような英雄は、ズル族のフラコヤナ、バペディ族のフヴェアネ、スビア族のセエディムウェなど、この地域全域に少なからずいる。これらの煙に巻く英雄《ミスティフィカトゥール》は、神話学者に多くの問題を提起する。ブッシュマンの至高神の名前フヴェがバスト族のフヴェアネに近いことに気付くが、狡猾な造物主と至高神とのあいだにどんな関係があるのだろうか。両者が混同される傾向が見られることもあるし、逆に、両者が対立者として現われ、征服民の神話系と土着民の神話系が戦っているように感じられることもある。いずれにせよ、これらの煙に巻く英雄すべてに共通したいくつかの特徴がある。すなわち、奇跡的に誕生し、急速に成長し、人食い鬼や怪物と戦い、家族や同胞民族の敵意から自分を守らなければならなくなり、魔法を用いるが、その魔力ゆえに、彼らは至高の創造神に類似し、あるいは少なくとも文化英雄の趣きをもつ。

ハム系遊牧民のヘレロ族は、バントゥーと一緒にはできないが、バントゥーからンディアムビ＝カルンガ神を借用している。これは複合神で、西アフリカ人から借りた天の神と、アンゴラの農民から借りた大地の神が結合している。しかしながら、この神は神話では最初の人間ムクル――ナイル諸族またはズル族と結びつけられる――のために背景に押しやられている。ヘレロの現在の首長たちはムクルの化身であり、ムクルの文明化事業を継続していると見なされている。ンディアムビとカルンガという二つの言葉は、さまざまな形で多くのバントゥー諸族に見いだされるが、たぶんこれは、キリスト教の神を表わすための土着の言葉を求めた宣教師たちの影響によるものだろう。ンディアムビ、ンザムビ、ンヤムといった名前が聞かれる。カルンガはすべての神秘的なものや恐ろしいもの、大洋の底や地下世界、死者の国を意味する。しかしオヴァムボ族はこれを、雨を降らせ収穫を増やし、伝統的慣習に対するすべての違反を罰する人物と考えている。ヘレロ族はこれに妻ムフィフィがいるとさえ言うが、この主張には異論が多い。

　ウガンダからザンベジ川の南まで、ハム系遊牧民が土着の農耕民に混じっているが、農耕民と融合しないで、牧畜民＝支配者層（バヒマ）と農奴層（バヘラ）から成る階層社会を作っている。この地域の神話はこの民族構成を反映している。たとえばバジバ族では、バヒマ層はワマラを崇めている。ワマラの母はニャンテ、先在する宇宙だが、父は知られていない。ワマラには四人の息子がおり、彼らに世界の諸領域を分配した。その四人とは、神話的英雄カゴロ、水の神ムガシャ、太陽と月の神カゾバ――その息子ハンジが天蓋を支える――、そして家畜の神リャンゴムべである。ここから非常に複雑な創世神話が始まり、カゴロの妹へのムガシャの恋、二兄弟の闘い、ムガシャの脚の負傷といったいろいろな冒険に富んでいる。これらのバヒマ層の神々は、バヘラ層の神である土地神たちを抑圧し、土地霊や精霊の地位に追いやってしまった。

東南アフリカ北部ではマサイ族に、天と雨とに結びついた至高神ンガイがいる。彼から派生した黒く善なる位格《イポスターズ》と赤く邪悪な位格とが、嵐のなかに現われて闘う。他に、大地の女神ネイテロゴブがいる。《初め地上にはキントゥという男一人しかいなかった。天の娘が彼を見て夢中になり、父に彼を夫として与えてもらう。天に召し出されたキントゥは、天の娘の魔法の力のおかげで、大神が課した試練に打ち勝ち、神なる伴侶を連れて地上に戻ったが、彼女は嫁資として家畜と有用植物を持参した。新婚夫婦を送り出すさい、大神は彼らに道を引き返してこないようよく申しつけた。大神は息子の一人――死――の怒りを二人のために恐れていた。死は結婚のことを知らず、そのときは留守だった。道中でキントゥは家禽用の穀物を忘れてきたのに気付き、妻の哀願もきかず、天にまた昇った。今度は死の神がちゃんとそこにいた。彼はキントゥの跡をつけて行き、家の近くに陣取り、キントゥと天の娘のあいだにできた子供たちをみんな殺した。》類似の神話をあとでマダガスカルで見ることになろう。これらの神話は、最初の人間の天界訪問、したがってまた、上界と地上を結び、人間の過ちでいつか断たれてしまう道の存在についての、ほぼ普遍的に見られる信仰の異伝の一つである。

コンゴのグループ

バントゥー諸族の生活様式はさまざまであろうが、それでもやはり、彼らの諸神話系のすべてに見いだされる共通特徴がいくつかある。まず第一に、ザムビ、ンザメというような一柱の至高神の信仰がある。たぶん、キリスト教の影響があったのだろうが、この創造神が古い神々に取ってかわったりそれらを抑圧したりしたために、古い神々は造物主とか、至高神の敵とか、さらにはたんなる森の霊にまでも格下げされたらしい。その証拠として、創造活動を意味する語根ムバとかムビの存在があげられる。こういう語根がこれらの霊や造物主のいくつかの名前――ヤンゴムビ、コムビ等々――に見いだされ、彼らがかつて真正な創造神だったことを示唆しているのである。またコンゴ川迂曲地方でも、ンザコムバ、ギァコムバ、ムボムバという名が聞かれる。

ンザメは最初の人間ファムを創って万物の主にしようとしたが、ファムは尊大になってンザメに逆らった。ンザメは大地を破壊し、ファムは穴に閉じこめられた。神は第二の人間セクメを創り、これが現人類の祖先となった。セクメは木でムボングウェという女を作った。しかしファムは死んでおらず、穴から不幸を送り出して人類を襲わせる。そのころ、ンザメが地上に下り、旅行中にムボヤという美女に出会って愛し、ビンゴという息子をもうけた。だが、夫婦は嫉妬しあい、子供の愛情を得ようと争った。あるとき腹立ちまぎれにンザメはビンゴを大空から投げ落とした。ビンゴはオトヨム老人に拾われ育てられた。母親は子供を探すが見つからず、世界中をむなしくさまよいつづける。父親も後悔して息子を見つけようとしたが、偉大な呪術師オトヨムのはからいにより、ビンゴはいつも最後の瞬間にンザメの追跡を逃れ、洞穴の奥とか木の空洞に隠れるのだった。成長すると、ビンゴは文化英雄、人類の教育者になった。この一連の説話はファン（パウイン）族の神話から引いたのだが、その歴史意識が注目される。ところで、創造の諸段階の循環、もしくは多重的創造の基礎をなすこうした観念は、同じ地域の多くの民族のもとで見いだされる。低コンゴの一神話によると、ある日、太陽が月と喧嘩をし、月に泥をかけて輝きを鈍らせたが、この喧嘩のあいだに洪水が大地を破壊した。そのとき、人間たちは、粥を混ぜる棒を尻に着けて、猿に変身した。このため神は、洪水が終わると、また新しく人類を創り直さねばならなかったという。

　神の息子を文化英雄とみる観念も、さまざまな形でコンゴ圏全域に見いだされる。たとえばカメルーンのニョコン族では、占い蜘蛛のニイコが至高神ニョコンの長男だが、彼が母ムファムの愛人になったため、父は彼を追う。しかし、ビンゴと同じように天から放り出されたこの勘当息子は、父の秘密を保持していたので、それらを占いを通じて人間に教えた。もちろん、文化のすべての要素がこの失墜した息子との関連で説明されるわけではない。これらの諸要素のあれこれの起源を説明する伝説は、実に多様である。とくにコンゴのバントゥー諸族には王制があったし、各王が人類の進歩への自分の貢献を言いたてたので、なおさらである。だからションゴ族では、火、割礼、毒による神判をもたらしたのは名祖英雄のウォトまたはオトだが、四大臣を組織したのはニイミ・ロンガであり、狩猟網の製作を知ったのはミンガ・ベンガレの治世においてであり、樹皮の衣服はマンチュ・ムシャンングのときで……という具合になる。ときには、これらの発明をめぐって激しい競争が起こる。たとえばバクバないしブションゴ族では、ブムバ神がケリケリという男の夢に現われて、火のおこし方を教えた。ケリケリはこの秘密を一人占めし、料理に必要な火のおきを人々に非常に高く売りつけた。秘密を暴くため王女ムシャンガは、自分がケリケリに愛されるよう仕向けた。夜がくると、彼に身を任せる前に、彼女は村の火を全部消させておき、ケリケリが寄ってきたとき冷たく言った、《何よ。あなたは私を愛していないんだわ。寒さで震えながら私にどうして愛のことが考えられるというの！》そういう訳でケリケリは、彼女の前でいそいそと火をおこし、秘密を漏らしてしまった。《私が、王女の私が本気でお前を愛していると思ったの？　私はお前の秘密が知りたかっただけよ。もうお前は火をおこしてしまったんだから、奴隷女でも探して火を消してもらうがいい。》こうして、発火術は平民から王家に移ったのである。

したがって女が神話では重要な役割を果たしている。しかしこの役割は曖昧である。ここでは火の秘密を暴露するのが女である。別のところでは、女が初めて仮面を発見するが、あとで男たちがそれらの仮面を奪い、最終的には女たちを締め出してしまう。最後に、女はしばしば死をもたらす。西コンゴのロロ（レレ）族は、神が最初の人間たちに二つの包みを与えたと語る。一方には真珠とナイフと宝石が、他方には不死が入っていた。だが浮気な女どもが第一の包みにワッと飛びつき、不死の贈物は失われた。バルバ族のところでは、最初の人間たちは不死であった。年をとると蛇のように脱皮して若返ったのだが、この変身は密かに行なわねばならなかった。だが、ある老婆が穿鑿好きの隣の女に脱皮中のところを見つかってしまい、世界に死が導入された。キヴ湖地方の黒人にとって、人間が死んだのは確かで、埋められもしたのだが、そのあとで生き返ったのだった。ある老婆が墓からのそのそと出てきていると、息子の嫁の一人が飛びかかり、頭を立て続けに叩きながら叫んだ、《死ね、死んだ者はずっと死んだままでいろ》。しかし、女がコンゴの神話系において死の出現の唯一の責任者だというわけではない。上述の《取り違えられた通達》のテーマも見られるし、神の罰のテーマもある。バコンゴ族ではンザムビが男と女を一人ずつ創り、あいだに一人の子供ができた。神は二人に、《この子は死ぬかも知れぬが、埋めてはならない。私が戻るまで待て》と言いつけた。しかしながら両親は神の約束を信じないで息子の死体を埋めた。神は彼らの不服従を罰して、人間を生まれながらに死すべきものにした。バムバラ（Bambala）族のところで罰されるのは、思い上りである。人間たちは月がどういうものか知ろうとした。彼らは地面に大きな棒を打ち込み、その上に男が別の棒をもって登って継ぎ足した。これに三本目を足し、以下同様に続けたのだが、ついにこの新《バベルの塔》は崩れ、原初の人類は滅ぼされたのだった。

　このバントゥーの神話系を固定的なものと考えてはならない。それは歴史的諸事件の鋳型に合わせて自らを作ってゆくのであり、植民地化という現象を自分の枠組のなかに組みこんでさえいる。ファン族が言うには、神はアフリカの中心部に黒人、白人、ゴリラという三人の息子と一緒に住んでいたが、黒人とゴリラが背いたので、白い息子を連れて西洋に身を寄せ、白人には自分の富をすべて授けて報いた。ゴリラは森の奥に行ってしまった。黒人はどうかと言えば、貧しく無知な彼らは、太陽の進路に沿って村から村へと渡り歩き、とうとうアフリカの沿海地方にたどり着いたとき、白人の子孫たちに再会した。白人は黒人をじわじわと毒殺し（マラリアのことを言っている）、黒人は今や抵抗する力もなく海辺に沿って死んでゆく、神と結ばれていた幸福な時代をなつかしみながら。

ナイル諸族

ナイル諸族の文化は古ネグロ文化といわゆるハム文化の両方の性質をもっている。そこから、侵略民と服属民の地位や役割の違いとの関連で、重層的な神話系が生まれた。

シルク族には創造神ジュオクがいるが、これは非シルク族の神で、世界をこしらえはしたものの、秩序づけはしなかった。彼は至高神になっているけれども、無人格的な力でもある。《彼は万物のなかに、多かれ少なかれたっぷりと存在している。》したがって彼は、一であると同時に多であり、創造神でありかつ宇宙のエネルギーである。彼と並んで、シルク族の祖神ニイカンがいる。これら二柱の神は、服属民と征服民が共存しているのと同じように、共存している。しかし、ニイカンは人間とジュオクのあいだの仲介役を義務づけられており、人々がジュオクに達するのはニイカンを通じてである。だから共存は支配を伴っている。ニイカンは、天から下りてきた最初の人間オマラの孫ともいうし、神が川で創った最初の牝牛の子孫とも、また母鰐の息子ともされる。いずれにせよ、彼は父の王座の継承をめぐって異母兄弟と争って負け、王権の標章をもって逃げる。シルク王国となるべき土地にたどり着いた彼は、野生動物を人間に変えて自分の新王国の臣民たちを創った。あるいは、彼は水中から人間たちを釣ったのだとか、ヒョウタンから出現させたのだとも言われる。

ヴェスターマンはニイカンを農耕と雨の神と見なした。実際、太陽と闘う彼を描いた伝説がある。しかし彼はまた、シルク族の最初の王であり、兄妹婚、トーテミズム、七年ごとの儀礼的な王殺しを創設した文化英雄でもある。彼は首をつったとか、旋風のなかに消えたとかいう。しかし彼は死んではおらず、後継者たちのなかに生き続けている。王の即位式は、かつてニイカンが占めていた座に新王を即かせることを目的としている。というのも、ニイカンが死ぬと、彼と一緒に全シルク族が消えてなくなるのだから。ニイカンが国民、領土もしくは国家、そしてまた（彼が雨の供給者である限りで）宇宙——彼の肉体的存在において社会構造と緊密に結びついている——の総体を表わしているという観念を、これ以上うまく表現することはできない。

似たような階層化がディンカ族にも見られる。世界の創造者にして精霊たちの主人たる至高神ニャリッチ（またはニャリック）が天に住んでいて、人間たちに雨を送る。そして、二柱の祖神デンとアイウィルがいる。デン（雨）はまた天上の創造者とも見なされているが、ニャリッチとは別であって、セリグマンによると、ニャリッチの発現もしくは投影と見なされている。しかし彼は、古ネグロ諸部族と接触してから、ディンカの祖先の性格を帯びたらしい。彼もまた激しい嵐の最中に姿を消したが死んではいない。アイウィルはディンカの宗教の創設者らしい。彼以前には、人々は霊媒の憑依を通して神を崇めていた。アイウィルは、これらの仲介者によらずに神を崇めることを覚えた。彼は人々に、自分の息子デンとその母アブクを通して祈らねばならないこと、彼らのみが仲介者であることを教えた。しかし、最初の人間ディインが新法に反対して闘いが起こり、結局、アイウィルとその息子たちは天と雨を、ディインとその息子たちは恵みの大地をそれぞれ保有するという取り決めができた。ぶつかりあう二つの住民層の共存の痕跡をとどめる取り決めである。

高ナイル地方とその近隣諸地方では、犬が文化英雄として現われる。火を人間にもたらしたのは彼である。実際、火はもともと蛇、虹、あるいは天の神々に属していた。犬が炉に駈けこみ、尻尾を焼き、吼えながら藪に飛びこみ、乾草に火をつけた。人間はそこから炎を拾いさえすればよかったのである。だが犬はまた、自分を大切にしてくれない人間に復讐する。ウガンダのある伝承によると、犬は人間に不死をもたらす役を神から仰せつかったが、人間たちが馬鹿にしたので、《人間はみんな死ぬ。月だけが再生する》と宣告したという。

スーダン〔訳注2〕の諸神話系――ヴォルタ、高ニジェル、大西洋岸西部圏

二大文化がここで混ざっている。大地の祭祀に中心を置くいわゆる古ネグロ文化と、マリやガーナに見られるような神聖王をもついわゆる新スーダン文化である。イスラム教が上にかぶさっているが、非イスラム地点が残っているし、イスラム教を選んだ諸民族でさえ自分らの古い信仰を数多く維持している。

ドゴン神話はグリオールの著作以来、とくに馴染み深い。至高神アムマが大地を創り、それを娶った。しかし大地の陰核――白蟻の巣で表わされる――が神の男根に反抗したので、アムマは妻を

我がものにするため陰核切除を施さねばならなかった。この結合からユルグが生まれた。世界に無秩序をもち込むのは彼である。だがアムマは雨で大地を再び孕ませ、この二度目の交りから男女の双生児ノムモが生まれた。彼らが以後の創造のモデルになる。ノムモが母の裸体を恭しく繊維の腰巻で覆ったのに対し、一人ぼっちのユルグは、自分の女性分身を見つけたがって、母の腰巻を剝ぎとり最初のインセストを犯した。その結果、藪林の悪霊たちが生じた。しかし大地はこれで不浄となり、不浄のしるしとして最初の経血が現われた。そこでアムマは彼女から遠ざかり、一人で創造事業を続けた。彼はまず男女四人ずつ八人の最初の祖先たちを作ったが、彼ら自身が繁殖して八十人の子孫を生み、大地に人が住む出発点となった。後日、ノムモが最初の鍛冶屋を人間たちに送った。すべての生物、鉱物そして技術を一通り納めた箱舟とともに、鍛冶屋は虹をつたって降りてきた。原初の箱舟で全社会制度の基礎をもってきたのだから、彼がドゴンの文化英雄である。

クルンバ族には、ドゴンのノムモに似たドムフェという水の神がおり、雨と風、そして最初の食用穀物類をもって地上に降下した。グルンシ族の文化英雄は、ドゴンのそれと同じく鍛冶屋であり、水の神の使者である。東から来たモシ族がこれらの土着住民の上に重なり、神聖王権の観念をもたらした。最初、天の神が四兄弟を創り、自分の地上王国を彼らに分配した。長兄は鉄のある場所を選び、最初の鍛冶屋になった。次兄は牛が草を食む場所にし、最初のプール人になった。三番目は、荷物とロバが一杯の場所を分け前に貰い、最初の商人となった。末弟は壮麗な宮殿を相続して、最初の王、地上の長となった。兄たちは彼に敬意を表したが、モシ国家の組織は彼らの協力から生まれたのだった。

バムバラ（Bambara）族にはドゴンと同じく連続的創造の観念があり、万物は《空虚の声》から次々に渦と螺旋状の言葉とになって出てきたという。原初の霊が大地に小球と水を落とし、前者がペムバに、後者がファロになった。ペムバ――木の切株――は土をこねて最初の女を創り、女は植物と動物を生んだ。ペムバは、まだ渾沌としたこの世界を支配しようと肚をきめ、妻ムソ・コロニに言って自分を土地に植えさせた。彼はこうして全樹木の王バランザとなり、すべての女との性交を強く要求した。ムソ・コロニは、木の棘との初期の性交で損傷を受けていたので、嫉妬し、爾後、割礼と陰核切除を施しながら世界を巡り歩き、至るところに無秩序と悪を運びこんだ。その間、ペムバのほうは血の供犠を創設し、血を浴びて日に日に力を増した。この権力膨張をファロは容認できなかった。げんに水を通じて生命を諸存在に与えているのは、何がどうあれ、彼だったのだから。彼はバランザと闘い、それを引き抜いた。そうして彼は創造事業を再開し、宇宙を再組織した。宇宙を自分の賢い言葉通りに秩序づけ、諸生物を分類し、飢えた人類に農耕を教え、すべての場所に自分の代理仲介者として精霊を配置した。今なお彼は、四世紀ごとに中央点に戻ってくることによって、諸事物の調和のとれた運行を統御しつづけているのである。

ソンガイ族では、地上で最初に神に創造され、水や大地や風を分け合ったジン（イスラム教徒のいうジン）たちと、人間の前または人間の直後に創造され、エジプトまたはハウサ地方から来たさまざまな種族を分け合う人喰いもしくは土地の主であるオレイたちとを、同時に崇めている。オレイたちが着いたとき、ジンたちは全能であった。ソンガイ神話は、基本的に、オレイに対するジンの戦いの話である。漁師の息子ファランは、父に漁撈の技術を習い、母の精霊から魔法を学んで、盲目のジン、ジンキバルとの一騎打ちに勝利した。このジンキバルは魚の主で、またオレイのトルという一家を捕虜にしていたのだった。それでトル一家は、他のオレイすべてや、彼らが屈服させたジンたちをも押えて、花形になることができた。彼らのなかからドンゴが分かれて雷の精霊、天の主となり、ファランにイニシエーション儀礼を教えた。それらの儀礼のおかげで、諸オレイの祭祀は、爾後、別々に分かれ、各々が現実界に自分の一区画をもって発達することができた。

プール族は自分たちを黒人とは別だと考えている。しかしながら、彼らに牝牛を与えたのは水の精霊であり、そのために彼らは牧畜民になったのだった。人々が語るところでは、鍛冶屋＝猿がこの牝牛を捕え、自分が仕事をする洞穴の近くに革紐でつないだ。プール人が通りかかり、牝牛を撫でて乳をしぼった。彼は鍛冶屋＝猿に牛を譲ってくれと頼み、そのかわりに、鍛冶屋の尾を切り毛を剃って、人間に変えてやった。鍛冶屋のほうも、最初のプール人に割礼を施してやった。両者の血が流れ混ざり合った。それ以来、牧畜民プールと鍛冶屋＝職人は緊密な同盟で結ばれることになった。つまりセニンク同盟であり、相互の流血と通婚（結婚では必ず血が出る）の禁止と、出会ったときにつねに儀礼的な冗談または悪口を交換することを特徴としている。

スーダンの諸神話系——中央および東部スーダン

中央スーダンの神話系では氏族・民族の祖先たる英雄——バチャマ族やバッタ族の穀物神になったンゼアンゾとかヌペ族のツォエデのような——が主要な役割を果たしているが、東部スーダンでそうした位置を占めるのは、道化＝神で、しばしば文化英雄と見なされる。

あるとき、旅行中にイガラの王のエディナが地方首長の娘と関係し、ツォエデが生まれた。別れに際し、王は息子に自分の環と《お守り》を与えた。子供が成長して三十歳になると、おじは彼を奴隷としてイガラの王のところへ送った。家臣の習しとして、首長は姉妹の子供を王に献じなければならなかったのである。王は彼を自分の息子と認めたが、異母兄弟たちの嫉妬をかきたてたため、父王は彼に王権の標章を渡して逃がした。ツォエデは、異母兄弟たちの追跡をうまく切り抜けると、まず母方のおじを殺してその領土を奪い、最後には各地を征服してヌペ王国を興した。同時に彼は、臣民に最初の技術（鍛冶、造船）を教え、最初の社会制度（婚資）、最初の宗教制度（人身供犠、豊饒儀礼）を設けた。バッタ族の宗教においては、天下りした母の腿から生まれたンゼアンゾ、《子供ではない子供》が、多少とも忘れられた至高神たる天神を退位させた。神話は、おじ、死の神に対する彼の戦いを語り、彼は、雨と豊饒をもたらす神であると同時に、人間に冶金術と医術を教えた文化英雄とされている。

サラ系諸部族が語るには、天神のヌバが、スに穀類を託して竹づたいに下降させ、人間のところにもって行かせた。神が竹を引き上げられるよう、スは地上に降りたら太鼓を叩いて合図する手筈になっていた。しかし、スは降りる途中で豆をちょっと食べてみたくなった。まずいことに、豆がいくつか落ちて太鼓の皮を打った。ヌバは竹を引っこめ、スは地面に激突して脚を折ってしまった。別のサラ系の伝承によると、至高神ヴァントゥ・スにはヴァントゥという甥がおり、彼もまたこの甥に、自分が天上に所有する物をすべて少しずつ入れた太鼓を与え、人間のところにもって行かせた。甥は、綱を伝って降りて太鼓で着地を知らせることになっていた。ここでは下降中に、ワタリガラスがくちばしで太鼓を鳴らしてしまう。太鼓は落ちて砕け、人間や魚や植物が、新しく創られた世界にでたらめに散らばった。バンダ族では、神に二人の息子がいた。一人はンガコラといい、父の作った最初の人間に生命を吹きこんだ。もう一人はテレで、動物や植物の種子を地上に降ろす仕事を担当した。ここでもまた、テレが合図の太鼓を早く鳴らしすぎる。籠の中身が地上にこぼれ、神の容器から恵みの水がでたらめに流れ出し、鳥が飛びたった。テレはあとを追った。彼が取り戻した動物は家畜の祖先となり、逃げたものは野生動物になった。同様にして、植物も栽培種と野生種が分かれた。東部スーダン諸族のどこにでも、いま紹介したテレに類似したいたずら者の神がいる。彼は悪ふざけが大好きで、人間に文化をもたらし、半獣半人である。たとえば、マンジャ族のベレ、ザンデ族のトゥレ、マンベトゥ族のアザパネ、バブア族のムバなど。それで、バンダ族のテレはさまざまな策略を用いて天に上るのだが、神に対してあまりにもたちの悪いいたずらをしたので、神は彼を追い払おうとする。しかし、許されて、彼は結局、南十字星の姿で天に残った。ザンデ族にはトゥレをめぐる愉快な話があり、夜の団欒で楽しく語られる。彼は、ある老婆が秘匿していた水を盗んで人間に与え、また、意図したわけではなかったのだが、火ももってきた。つまり、鍛冶神を訪ねたとき、運悪く、彼の樹皮布の腰巻に火が点いた。びっくりして彼は逃げ、藪のなかを駈けながら、火に懇願して彼から離れて木に移ってくれと頼んだ。それ以来、火は木に宿るようになり、人間が木を摩擦すると火が出てきて利用できることになった。トゥレは土蜘蛛とも関係があるが、蜘蛛はザンデでも後述のアシャンティ族と同様、アナンセと呼ばれる。また、マンジャ族のセトは蜘蛛に化身し、バンダ族のテレは最後にはオリオン座に変えられる。このように、この文化領域のほぼ全域において、道化＝神は人間、動物そして天体という三種類の姿で現われる。

大西洋岸東部圏

西アフリカに住む諸民族の宗教を人々はしばしば多神教と定義したが、これは民族学者のあいだでアニミズムがとくにもてはやされていた時代においてすらそうであった。つまり、この地域では神話が重要だということである。主要な例として、アシャンティ族、フォン族そしてヨルバ族を取り上げることにしよう。

アシャンティ族には、農民に雨を送る天の神ニャメ（またはナナ・ニャンコポン）と、その妻と見なされるアサセ・ヤという大地の母神がいる。彼の四人の息子から、水や樹木の神々たる諸アブソムが生じたが、今日、彼らは何百もいる。最も有名なのはタノで、稲妻の象徴たる斧をもって踊ることからみて、元来は雷の神だったらしいが、今は河神である。ガーナの人々が語るには、タノは、末子だったにもかかわらず、盲目の父ニャメを騙すことによって、長子ビアが相続すべきものを横領した。彼はこうしてガーナの肥大な土地を不正に入手し、長兄ビアにはコートジボアールの不毛な土地しか残してやらなかった。しかしながら、ここの神話系全体を通じて間違いなく最も興味深い登場人物は、蜘蛛のアナンセである。アナンセが最初の人間たちの素材を準備し、ニャメがそれらに生命を吹きこんだ。主人の知らぬ間にアナンセは、鳥に化けて太陽、月、星、昼夜の交替を創造した。アブレ族では、蜘蛛はニャメと人間の仲介役を果たし、人間の苦情を至高神に伝える。たとえば、畑の重労働のあいだに休み時間がないというので、神は夜と眠りを創った。夜の暗さに息がつまるといわれて、神は闇を和らげる月を創った。日中が寒いと聞いて、神は太陽を創った。しかし、太陽が焼けつく光を放って燃えたので、蜘蛛は神に、叢林の火を消す雨を降らせてもらった。ところが、雨が長引き、火事のあとが洪水になったので、アナンセの要請に基づき、神は海と河川の範囲を定めた。六日目に、神は自ら大地に下りたが、雨季でさえも暑いと苦情を言う人間たちをなだめるため、乾いた風を送る約束をした。次いで、それ以上の人民の苦情が耳に入ってこないよう、神は一目散に天に戻って行った。ほとんどの説話において、アナンセは狡猾な道化者として現われ、首尾よく神の娘と結婚しさえするが、岳父の忍耐心を玩びすぎて、最後には罰されてしまう。しかし同時に、彼は国の最初の王と見なされており、また、種蒔き用の穀物や耕耘用の鍬を人間にもたらす文化英雄の役割を果たしている。彼はだから非常に複雑かつ含蓄のある人物であり、上述の道化＝神と比較して論じることができるだろう。

フォン族は、征服した諸民族の神々を自分のものにしている好戦的な民族で、彼らの祭祀は混淆的であり、至高神の性格にかんしても若干の混乱が見られる。《神々の父》は、マウだとも、ナナ・ブルクだとも、また、セだとも言われる。しかし、ダオメ人がこの至高神よりもずっと気にかけているのは、自然のさまざまな領域の主たるヴォドゥンたちである。その主要な二神はマウとリサで、ナナ・ブルクの双児の子供であるが、マウは女性原理、大地、月そして豊饒を表わし、リサは男性原理、天、太陽、力を表わす。双生児の観念は、天と地、昼と夜、労働と休息のあいだに保たれている均衡――もしそう言いたければ、対立の共存と相補性――を良く表現している。この夫婦神には、宇宙における生の循環を表わすダンという息子がいる。そしてダンは、双生児の片方でもあるけれども、世界の統一性を表わしている。《ダンは生、マウは思考》とダホメ人は言う。ダンはいろんな姿で現われるが、最もよく知られているのは、世界を囲繞して諸部分を統合するダン・アイド・フウェド、つまり虹であり、自分の尾を咬む蛇によって象徴される。宇宙の動的統一性をこうして承認しているからといって、フォン族が現実界をさまざまな領域に分け、各領域の頂点に大ヴォドゥンを置くことが妨げられるわけではない。しかし、ヴォドゥンたちはダンの力によってしか動かないのであり、だからこそ、それらの神々の祭壇に非常にしばしばダンの諸象徴が飾られているのである。これらのヴォドゥンは、天の神々の一族、雷の神々の一族、大地の神々の一族、運命の神々の一族という四大家系を成しており、またもちろん、祖先、とくに王の祖先たちの一族も忘れてはならないが、注目に値するものとしては、天然痘をつかわして人間を罰する大地の神サグバタ、斧を口から吐く牡羊の姿をした雷の神ヘヴィオソ、鉄の神のグン、そして海のヴォドゥンのアヴレケテやアグベを挙げることができる。この神話系で文化英雄の役を果たしているのは、マウ＝リサ夫婦の長男としてのグンである。だが、グンはまた、フォン族の思考の主要特徴たる双生児的宇宙観に従って、ヘヴィオソと双子の兄弟である。そしてヘヴィオソは、豊饒の雨を雷とともに送る者である。したがって人間の生は、技術活動が宇宙自身の創造活動と双子＝結合しているという、この相補的な二重活動に由来しているのである。

ヨルバ族の神界の頂点にはオロルンがおり、至高神だが、いかなる祭祀の対象でもない。彼は上方に君臨していた。下方には原初の水、オロクン、つまり海だけがあった。彼らの結合から二人の息子が生まれるのだが、兄をオバタラ、弟をオドゥドゥアと言った。オロルンは上の息子に少量の土と五本指の若鶏を与え、水に降りて大地を造るよう言いつけた。しかし彼は、しゅろ酒を道中で飲み、酔って寝てしまった。そこでオロルンはオドゥドゥアを派遣した、《下に行く道の途中でお前の兄は酔っぱらった。さあ、砂と五本指の若鶏を取り、オロクンの上に大地を作ってこい》。オドゥドゥアが一握の土を投げ、それを若鶏が引っかいて海面に散らせると、大地ができた。別の神話は、オバタラを天の主、オドゥドゥアを母＝大地にしている。天が大地を覆い、この結合から第二のカップル、すなわち乾いた大地アガンジュと湿った大地イェマジャが生まれた。その息子のオルンガンが近親相姦の欲望に駆られて母に飛びかかるが、母は抱擁を逃れ切れず、この不義の愛から神界の十六大神が噴出して、現実界の諸領域や人間の諸活動を分け合った。ダダ、シャンゴ、オグン、オショシ、シャンクパンナンなどである。これらの神々はそれぞれ自分の伝説群をもっている。たとえば、シャンゴはオヨの王と見なされており、戦争が大好きで、自分が握っている雷の魔法によって敵を打ち負かした。しかし、臣民は彼の暴政に倦んでしまい、退位を求めるため王のもとにモクワとティミの二将軍を行かせた。《わしは偉大な魔術師、誰の指図も受けぬ、が、生きるのも飽いたわい》と彼は返答した。彼は綱をもって森に首を吊りに出かけたが、人々が死体を探しに森に行ってみると、シャンゴは消えていた。大地のなかに下降し、オリシャ、つまり神になったのだ。モクワはこの失踪の意味を群衆に説き明かし、最初のシャンゴ祭司を設けた。シャンゴにはオヤ、オシュン、オバという三人の妻がいた。オヤがその《最初の女》で、彼の《魔法》を盗み、これによって彼の力を分かちもち、嵐の暴雨を体現した。夫の死もしくは失踪ののち、彼女はニジェール川になった。オシュンも河神であり、シャンゴが鉄と鍛冶の神たる兄弟神オグンと争って勝ち取った最愛の妻であった。彼女は自分が秘密の料理で夫の愛を確保していると断言していた。そこで、顧みられない第三の妻オバは、ある日、愛されるための秘訣をオシュンに尋ねた。耳を切ってスープにするのよ、とオシュンは教えた。オバは、夫に気に入られるために、自分の耳を切って料理した。皿に人肉片が入っているのを見つけて、シャンゴは怒り、オバを呼んで暇を出した。彼女は川になり、オシュンとオバの二つの川が合流するところは、二人が永遠に争い続けているかのように波立つ。おそらく、これらの神話のいくつかには、ちぐはぐなところがあろう。これは驚くにはあたらない。これらの自然神は諸氏族の祖先でもあり、伝説の相反はこれらの氏族の競争を表わしている。彼らは他を犠牲にして自分らの始祖を美化するのである。その結果、各信者団体は、世界の起源やオリシャの系譜にかんする自前の伝承をもっている。

げんに各オリシャにはそれぞれの信者団体がある。しかし、それらを指導する祭司の上には、ババラウォ、つまり占い師がいる。奴隷海岸の占術についてのB・モーポワルの書物は、ひとまとまりの未知の神話を報告しているが、これらは、イファ（ヨルバ）またはファ（フォン）の半割り果殻の数珠の落ち方で占うさまざまな運勢と結びつけられた神話である。しかしながら、これらの神話が最初のとは独立した別個の神話系を成していると考えてはならない。というのは、それらは二つの意味をもち、一方の神話系から他方へ翻訳できるからである。もっとも、こういう対応の体系はババラウォの秘教的知識に属しているので、われわれにはほとんど分かっていないのだが。この不明点がどうであれ、二つの体系はまた、占いの起源にかんする諸伝承によって結ばれている。つまり、イファもしくはファの祭祀は、エシュ（ヨルバ）またはレグバ（フォン）のそれと緊密に結びついているのである。エシュとレグバが同じものであることは確かだが、ヨルバ族はとくにこの神の意地悪な性格――この点でエシュは先にしばしば言及した道化＝神とつながる――を強調し、フォン族はその男根的性格をどうやら重視したようだ。しかし、両方とも神々の奴隷、召使い、あるいは使い走りであり、したがって神と人間の仲介役をさせられる。だから人々は、聖と俗のあいだの通路を開けてもらうために、どんな祭礼においても冒頭で彼らに最初に供犠をするのである。そしてまた同じ理由で、彼らは神々の《言葉》を人間に伝える。換言すれば彼らが占い活動の基礎そのものをなしている。むかし、忘れっぽい人間たちが神々を崇めなくなったので、オリシャたちは、献供を人間に再開させるため、使者を地上に送った。彼はオルガンに会いに行った、《神々が飢えておいでです》。オルガンは答えた、《十六神が何か彼らを満足させる物をもっているに違いない。私はそういう物を一つ知っている。十六個の椰子の実でできた偉大な物だ。君が十六個の椰子の実をうまく手に入れ、それらが意味するものを知ったなら、君は人間たちを取り戻せるよ》。エシュはそれらの実を集めに行き、それらの意味を理解した。こうして彼はイファの宗教をもたらした。というのも、至高神の息子のイファが椰子に変身していたのであり、神の言葉を伝える実は、その奇跡の椰子の子供に外ならないのだから。しかしまた、ババラウォたちとオリシャ祭祀の神官たちとの闘いを表明する神話も知られている。ときとしてエシュはイファ老人の奴隷と見なされており、イファに占いの術を譲ることを余儀なくさせられる。また逆に、最初にこの術を保持していたのがイファのこともある。その奴隷としてのエシュは、豪華な贈物を依頼人から受け取る主人の家の前で餓死したり、ストライキをしたり、頼みにきた人がイファの家に入るのを策略や嘘で妨害したりする。イファは、そこで、やむをえずこの従僕に知識を少し譲ってやることにし、椰子の実は自分のために取っておいたものの、エシュに貝殻（宝貝）を通じて未来を読むことを許すのである。

同じように発達した諸神話系が、ギニアからナイジェリアまでの沿岸地方のどの民族にも見いだされるだろう。しかしながら、それらの異様なまでの豊かさの大体の様子を知ってもらうには、上の三つの例で十分であろう。

アフリカ神話の意味と機能

これまでに何度か指摘したことからも明らかなように、今日われわれが見ているようなアフリカの諸神話系は、さまざまな起源をもち、またさまざまな段階を経てきたものである。それらはその説話のなかに、古ネグロと新来者の出会い、同盟や戦い、封建制や大王国の形成を刻みこんでいる。われわれは若干の異伝を素描できただけだが、地域や宗教団体により伝承が変化することは確かである。しかしながら、これらの時間的もしくは地理的な変化は、アフリカ人の思考と生活における神話の意味に、何ら大きな変更を加えていない。フロベニウスはそれを見抜いていた――《ヨルバ族においては、神話的創造、社会の諸特性、そして社会のトーテム的な有機的基礎のあいだに統一性がある。……社会的諸概念と宗教的諸概念の調和があり、両者がここでは共通の基礎、不可分の統一体をなしているが、それは、それらの根底から生じた比類のない統一体である》。よく注意していただきたいが、ここで問題になっているのは、次のような考え方ではない。すなわち、神話を儀礼と結びつけ、宗教儀式を神話的原型《アルケテイプ》の反復と見なし、儀式はこの原型を継続したり表現することによって聖なる力を活性化すると見なす古典的な考え方ではない。というのも、これではまだ、われわれは同じ宗教という領域内に留っているからである。実際には、人間の実存がアフリカでは丸ごと、あたかも聖と俗の区分が存在しないかのように、神話的枠組のなかに浸っているように思われる。種蒔きの動作から愛の抱擁の仕方まで、家の建造から太鼓の鼓面上での手の動かし方まで、人間の諸行動を規制する〃範型《モデル》〃を神話は人間に提供しているのである。

アフリカ神話のこの側面を最も見事に明らかにしたのはグリオールの諸著作である。われわれは間もなくそこに立ち戻ることにしよう。しかし、アフリカ神話の独創性を把握するためには、まずこれを別の神話系と対比させる必要がある。レーナールがニューカレドニアで研究した神話系なら、ことによると、別種の神話圏をなしているかもしれない。そのカナカ人の神話系は、思考されるというよりは生きられているものであり、象徴の体系というよりもむしろ、人間と自然、女とトーテム、貨幣と蔓植物の融即《パルティシパション》の総体であり、個人はあたかも事物のなかに搦めとらえられて、社会や宇宙からいまだ分離していないかのようである。アフリカの神話系は、逆に、融即と戯れながらも、現実界の諸レベルのあいだに《距離》を設けており、混同は存在せず、あるのは、神話的なもの、宇宙的なもの、社会学的なもの、そして個体的なもののあいだのミメーシス〔模写〕である。すべてはあたかも世界が水も漏らさぬ諸領域に分割されているかのように生起するが、これらの領域は呼応し合っており、それぞれが互いに《類比的《アナロジック》》である。そしてそのとき、一方から他方に移ることを可能にする交通《コミュニカシヨン》の鍵を、神話がわれわれに提供してくれるのである。融即——げんに融即はこれらの類比、照応あるいは交通の土台となる存在論的、実存的基盤としてちゃんと存在しつづけている——の世界は、象徴の体系に席を譲っている。ドゴン族においては、とグリオールは書いている、《他所の別のスーダン諸族と同様、すべてが象徴と見なされうる。とにかく、この民族においては、これまでに観察されたもの（物体、存在、状況、行為）がすべて何らかの程度において象徴であったことは確かである。そしてこれは分類体系自身に起因している。ある科《ファミーユ》に属するある要素は所与の系《セリー》において一定の位置を占めているから、その要素が果たす役割の本質的特徴は、それがその系の他の諸要素、名祖《エポニム》要素、そして——後者を通じて——その科（これ自身も普遍的機能のなかで分節されている）の残余のものとのあいだで保っている象徴的諸関係のなかに要約されている。それゆえ、照応を予想すべきであるが、その第一——最も分かりやすい——は、一つの科を構成する二十二の系において同じ位階を占めている諸要素に適用される。しかしこの内的照応は、別の外的な照応、他の諸科に属して同位置を占めている諸要素との照応を予想させる。連結のこのような膨張によって、一方では、象徴するものと象徴されるものとが可逆的になり、……他方では、一つの象徴されるもの《サンボリゼ》が多くの象徴をもつようになり、また逆に、象徴が広範囲の象徴されるもの《サンボリゼ》に値するようになる》。しかしおそらく農民は、体系の規則に従いながらも、ちょうど我国のカトリックの農民がカトリック神学のデータを観察者に提供しえないのと同じように、誰も自分の振舞いの象徴的意味を説明できはしないだろう。ほぼ今日に至るまでアフリカの諸宗教についての知識が現実の表層に停滞していたのは、このためである。しかし、ごく最近の労作でザーアンは、象徴的言語の実習が秘儀結社においてきわめて巧みな教育法によって、子供の結社から大人の結社や《賢人》結社へと漸進しながらなされる有様を、バムバラ（Bambara）族にかんして明らかにした。

ここでは、こうした観念について二、三の事例しか挙げることができない。まずドゴン族から始めよう。家屋の平面図は、一方では人間の姿をしたノムモを表わし、また、子供を作るときの姿勢で右を下にして寝た男を表わす。村およびその各地区は、創造を土地に投影したものである。耕地は、祖先たちが大地に触れた三つの古い大きな畑を出発点にして、螺旋曲線を描いている。これは創造の運動を写し取ったものであり、耕地を理論的に秩序づけて配列しているのである。同時に農民は、自分の農作業が宇宙形成の道そのものに従って秩序づけられるように、北から南へ進みながら東―西、西―東とジグザグに耕して行く。もちろん、各神話範型《モデル》は一連の道具、事物、制度、あるいは動作において反復され、多様化されている。それで、指導員＝鍛冶屋が操縦して天から大地に降りてきた箱舟は、ニジェール川の漁舟、機織の杼《ひ》、道具箱、鍛冶屋の鉄《かな》敷・大鎚・前掛、穀物倉、家の座席、太鼓、ハープ＝リュート……によって再現される。一般に、世界は二十二の存在範疇に分かれ、それらは要素ごとに緊密に照応し合っている。二十二種の昆虫、二十二種の動物、二十二種の植物があり、人間は二十二の部分に分けられる、等々。当然のことだが、社会組織も規則の例外をなさず、父方の出自集団《リニエ》は、万物の源たるアムマ、母方の出自集団は創造の総体たるノムモを表わす。アムマはユルグによって創造に疵をつけられたのだった〔二四七ページ〕が、それと同じように、子供というものは母親の一部だから、ユルグ同様、母親とのあいだで近親相姦的な状態にある。そこで、子供は母方のオジの妻に母の代替物を求める。彼は彼女を自分の《妻》と呼び、彼女と性関係さえもつかも知れない。しかしオジは、自分自身の妻をオイに譲れないので、結局、自分の娘を譲るのである。このように、親族と婚姻の規則もまた、神話範型から引き出されるのである。結婚すると、男は右、女は左を下にして寝る。二人の上には葬式の覆いが広げられ、寝台の下には播種用の種子が置かれる。結合において男は大地に恵みの水を降らせる水の精霊を再現し、女は種子を再現する。農業活動と夫婦活動がこうして結ばれる。しかし二人が葬式の布の下に横たわるのは、寝台が祖先レベ――彼自身、ノムモの一つの位格《イポスタース》である――の墓でもあるからで、女性的な穀種を発芽させるにはまず大地に播かねばならないことを思い出させるのである。種蒔く人の動作から愛する者のそれへというわけだが、同様に、ドゴンの土器作り女の動作から商人のそれへというのを挙げることもできよう。いずれも神々の神話の顕現、啓示である。

同様にしてディテルラン女史は、バムバラ族の宇宙が一つの体系をなし、天体から日用品まで、霊から塵芥に至るまで、すべてのものが各々の位置と役割をもっていることを明らかにした。農作業はムソ・コロニの神話的旅程をまねる老婆の夜間巡歴から始まる。藁細工品の藁の茎はファロによる存在の秩序付けと分類を象徴し、それらを編み合わせる藁の渦巻は宇宙創造の諸震動を追っている。創造における種子と、種播き用の種子と、人間の体とのあいだには同一性がある。人間の一生は七つの時期を経るが、それらは七つの天、七つの大地、七つの水、モロコシの七つの成長段階と対応している。また、伝統衣装の仕立てに使う《帯の科学》があり、各帯が形而上学の一側面、バムバラ神話の一断片を表現している。白帯はファロ、輝きを表わし、カヨの帯は虹を再現し、シラケレ帯は天の第七部から大地の第七部へのファロの下降を表わす。藍色と白色の碁盤目模様が二十二個あるバグニ・ニャマは、調和のとれた創造全体にあたるが、それが二つの段模様に分かれているのは双生児的二元性を想起させる。また別の帯は夫に捨てられたムソ・コロニの絶望の旅を描いている。例は増やせる。首長の座席はさまざまな構成要素が祖先の骸骨を表わしているので、継承者の力の保全に貢献している。D・ザーアンは神話の統一性よりもそれらの諸異伝に驚嘆したため、秘儀結社の組織を創世神話に関連づけていない。しかし彼は、これらの結社で動物、植物、人体部位、宇宙領域、知識段階……を連結している象徴と類比関係の体系全体を明らかにした。そして、新加入者が一つの結社から次の結社に移行しながら全身の骨を次々に引き渡して宇宙に組みこんで行く様子や、同じ宇宙からそのかわりに、宇宙との一体性を感じることのできる別の自分の本性を一切れ一切れ受け取って行く様子を十分に示した。これはやはり、これらの類比や象徴が神話に基礎を置いているのではないとしても、神話がそれらを映す鏡であると考えうることを示唆しているのではなかろうか？

最近の著作においてルブフは、スーダンの別の民族、ファリ族の神話が、いかに世界観と社会制度の基礎をなしているかを明らかにした。世界は二つの卵、ひきがえるの卵と亀の卵とから生じた。両者は逆向きに回転したが、それらの中身は外殻とは反対の向きに回転した。この二つの卵が宇宙の最初の分割の起こりであり、それは双分的な分割であった。その後、最初の鍛冶屋が天から隠元豆の蔓を伝って箱舟と共に下りてきたが、箱舟は地面で対角線に沿って四つの三角錐に砕けた。双分的な分割――野生の大地と人間の大地――に彼は新しい四分的な分割を導入したのであり、箱舟に入っていた動物、植物、物は四方向に散った。そしてこれらの存在の数は十二だったので、四分割が拡大して十二要素ずつの系が形成された。これらの系は一つの図式に従って緊密に照応しており、次表で大体の様子が分かるだろうが、社会的なものも人体構造も包含されている。

人体	**家族**	**食用種子**	**野生哺乳類**	**鳥**
頭	家長	赤もろこし	かば	こうづる
胸	父	すいか	かもしか	はいたか
腹	母方のオジ	出さかりの粟	いぼいのしし	はげたか
右腕	父方のオジ	隠元豆	ウォーターバック（大かもしか）	とび
左腕	第一妻	落花生	コク・ド・ビュフォン（黒足かもしか）	犀鳥
脚	第二妻	野生の瓜	リードボック（かもしかの一種）	ワタリガラス
性器	第三妻	早生の粟	長耳金狼	こうのとり
尻	第四妻	白えんどう	オリビ（小かもしか）	みみずく
肛門	長男	赤えんどう	ガゼル（かもしか）	鷹
鼻	長女	黒ごま	猿	きじばと

耳	その他の息子	白ごま	うさぎ	さぎ
目	その他の娘	その他のごま	やしねずみ	かんむりづる

この段々重ねの分割が、ファリ族の生活全体を説明し、正当化する。人類は亀の氏族とひきがえるの氏族の二つに分かれ、両者は通婚により結ばれている。家は原初の卵を再現し、双分的、四分的な神話地理を地面に投影している。しかし、世界には逆向きにくり返す二つの相反する運動が内在するので、家も同じように、一方の氏族の居住が他方の氏族のと逆になるように《回転》している。家の男衆と女衆も、卵の中身と外殻の動きと同じように、互いに逆向きに回転している。つまり、一家の父は、昼間は一つの仕事から次の仕事へと歩き回ることにより、夜は完全四日周期で四人の妻を回って結ばれることにより、すまいにおいて世界の普遍運動を確保している。他方、女たちは、部屋から穀物倉へ、穀物倉から台所へと、反対の旋回運動を維持している。同様にして、親族関係の規則も婚姻同盟もすべて神話のさまざまな時点をくり返している。この結果、人間の生活はどんな細かな事柄に至るまでも神話の体系内に納まることになり、家にいても外にいても人間の活動は世界の秩序と運行を継続し維持することになるのである。

上の三例はスーダンの住民から取ったものである。そこで、神話範型《モデル》と象徴思考の重要性はアフリカの文化諸領域のうちの一つを特徴づけるにすぎないのではないか、という疑問が浮かぶかも知れない。他の文化領域の神話に関心をもった民族学者は神話を宙にぼんやりと漂うがままにしているので、そういう著作を読めば、この疑問はますます当然のこととして出てくる。しかしながら、われわれは上記の特色が一領域に限定されるとは考えないし、一連の事実からもそう確言して差し支えないのである。まず第一に、神聖王の君主制は、神話的創造の諸法則を現象的現実に刻みつけたものにすぎない。それは上述の王権起源神話のいくつかの例にすでに見えている。フォン族の例（メルシエによる）で説明しよう。王はダン・アイイド・フウェドつまり天の蛇と比べられている。というのは、虹が世界を支えるのと同じように王は社会を支えるからであり、ダンが宇宙的な生の根源であるのと同じように王は社会学的な生の根源だからである。また、ダンと同様、王は色を変える。つまり王は決して死なず、後継者のうちに生まれ変わる。そしてダンが豊饒の父であるように、王は王国の富の父である。われわれがダオメ神話の基礎に見た双生児的二元性もまた、二重王制（バートンの表現によると二重《ダブル》であって二元《デュアル》〔二元の説明にバートンは日本の天皇と将軍の例をあげている。〕ではない）の形で政治組織に見いだされる。すなわち、王は一人いるだけだが、二つの宮廷、釣合った二系列の役人たち、王家の祖先のための二つの儀礼、母＝王妃の宮殿と王＝男の宮殿がある。結局、社会の統治は宇宙の統治を模写しているだけであり、双生児の神話範型がヴォドゥンの世界から生者の世界に投影されているのである。同じ文化領域内のヨルバ族に宇宙の四分構造があることを、まずフロベニウス、次いでデネットの研究が明らかにしたが、そこでは四方位が四大神（東はシャンゴ、北はオバタラ、南はオドゥドゥワ、西はイファ）と結びついている。一週間は四日から成る。すなわちオヂョアウォ（秘密の日、したがってイファ＝エシュの日）、オヂョ・オグン（オグンの日、鍛冶場と戦争の日）、オヂョ・ジャクタ（雷を落とし雨を降らせるシャンゴの日）、オヂェ・オシェ（オバタラの日）である。またイエマジャの腹から生まれた十六オリシャは四分法を二乗した体系に対応するが、同時に彼らは、上述のように椰子の実の占いの十六の相に対応している。そしてフロベニウスはこう結論する、《それゆえここには、太陽進路に対応して東と西を主線沿いに結び、次に副線沿いに北と南を結ぶ体系があり、それはまた東から出て円を描きながら世界一周して北へ行く体系でもある。エシュの帽子……、イファの板を飾る四つの顔、仕切り付き大箱の中身が、正確に照応しあっている。それゆえ、われわれが見ているのは、ただの偶然で寄せ集められた諸事実なのではなく、一つの体系化された全体、壮大な世界観なのである》。そして、社会生活と政治生活の諸細部が右側と左側――イファの板の主線が暗示している――に配分されていることも、この世界観で説明がつく。たとえば、王の宮廷における右の大臣たちと左の大臣たち、家の建築における光の領域と闇の領域、媒介神としてのエシュの祭壇を入口に置いた都市整備。しかしこの双側性《ラテラリテ》のために四分法というより基本的な分割を忘れてはならず、政治会議は四人の長、つまりイヤロデ（女祭司＝母）、オバ（神聖王）、バログン（将軍）、バシュン（首相）によって構成されている。

スーダン領域ほど明確でないにしても類似の現象がこうして大西洋岸領域にあることが見抜けたわけだが、そのかわりバントゥー世界に行くと克服しがたい障碍にぶつかりはしないだろうか？この方向での研究は始まったばかりだ。バルバ族とルルア族（ティアルコ・フルシェとH・モルリゲム）は世界を、天、地、善い精霊のすみか、悪い精霊のすみかという四つの平面に分けている。この四つの平面は中央で交叉する十字を成し、各平面もそれぞれ同じ十字形をしている。創造神は天の平面の十字路にいる。同様に家庭では、夫が中央の家に、四人の妻が十字の枝の四端に住んでいる。首長家では、殿がござの中央の玉座に着席し、四端に玉座の殿、友情の殿、戦争の長、そしてスポークスマンが座る。呪術結社――氏族に統合されており、藪の隠れた道の四辻に集合する――では、大いなる師が中央に位置し、四人の高位者が四つの道の出口にいる。しかし中心からの距離は等しくなく、これには別の神話的観念が介在している。つまり宇宙をめぐっている生命の大流の観念で、流れは螺旋状にとぐろを巻くにしきへびのイメージで表わされる。それで四人の高位者は、中心から等距離のところにいないで、四辻の中央から徐々に遠ざかる螺旋のどれかに位階順に位置するのである。バランディエはガボンでブウィティ秘密結社の政治的側面を研究したが、結社の祭祀家屋や楽器を見ると、結社の神話は象徴性の豊かなものらしい。最後に、若い研究者たちがアフリカ南部のバントゥー諸族のイニシエーション儀式における秘教的教育に興味をもちはじめている。こうしてアフリカ全体について、今後、神話の本源的な重要性が確認されるだろう。神話は認識論であり、《象徴的》とも呼ぶべき知の理論全体の基礎である。同時にそれは家族、社会、政治、さらには（技術を通して）経済の諸構造の基礎であり、これらの構造は神話の諸範型の例示でしかない。

それではわれわれの目の前にあるのは、原初の神々の行為のミメーシスの〔模写〕のなかに存在や社会を釘付けにする凝固した体系なのだろうか？　しかし創造にはつねに段階があったし、至高神による現実界の組織化事業は文化英雄が引き継いだのだった。それゆえ、神話は生の運動のなかに、歴史の持続のなかに取りこまれてもいるのだ。征服民と土着民の出会い、絶え間のない移動、そして大地の古い神、土地の主との出会い、それに広い領土をめぐる都市間の戦い、あるいは勢力の温存に執着する宗教団体間の闘い。これらが神話の異伝、借用、歪みのなかに示されているのである。ときには、たとえばフォン族やヨルバ族のように昔からの旅行者たちの記録が使える場合、こうした変化を史料の上で追跡できることもある。ところで、観察者の心を打つのはまず第一に、新しいものを古い鋳型で成形しようとする意志である。たとえばスーダンの冗談交換《アリヤーンス・ア・プレザントリ》を伴う同盟関係を説明する諸伝承は、数が多く互いに矛盾してもいるが、すべてが同一の意志に従っている。すなわち、同盟を双生児性に基づいて説明しようとする。換言すれば、民族の歴史が課した新たな現実——さまざまな民族集団の出会いとかカースト間の関係——を伝統的な形而上学ないし神話系に組みこもうとするのである。これはまた、あたかも歴史的諸事件には神々のいにしえの行為を事実の展開のなかで表現する以外に何の能もないかのように、神話系が歴史解釈の方向を定めるということである。たとえばヨルバ族の部族戦争は、先に川の女神オシュンとの関係で触れたシャンゴとオグンの鞘当て〔二五六ページ〕の継続であり、この二神のそれぞれの祭祀団体によっていわば請負われている。また、自分を祀ろうとしない人間たちに天然痘をもたらすサクパタンは、天を崇める神話系をもった新来者たちに対する大地の反乱を表わしている。しかしすでにこの最後の例から窺えるように、一方において歴史が神話の流れに従うとしても、他方では歴史が神話を新たに発展させ、終いにはこれを変形させてしまうおそれがある。そうなると神話は、次第に生態学的、社会学的、世俗的な現実から乖離して、もはや諸現実の存在論的基礎ではなくなり、下部諸構造の変化のあとからついて行く《説明》になってしまう。要するに《イデオロギー》と化すのである。

マダガスカルの神話

インドネシア、メラネシア、それに南アフリカからの民族——そして影響——の交叉点たるマダガスカルの独自性は、広く認められている。

マダガスカルの神界の頂点には至高神がいる。たぶんインドネシア系の神であろう。いずれにせよデュボア神父は、《マダガスカル人は至高神ザナハリには何の恐れも抱いていないが、死者の魂は恐れている》と書いている。祖先たちは継続的な祭祀の対象であるが、人々の祈りを至高神に伝える仲介者のようで、諺にも《至高神のところまで上ると人は目が眩む》と言われる。しかしながらザナハリは単数なのではない。実際、典礼資料では上界のザナハリたちと下界のザナハリたち、男女、東西南北のザナハリたちが区別されている。至高神は実は最も位の高いザナハリであるにすぎない。つまり、他のすべてのザナハリたち（銀の鎖を伝ってときどき天から下りてくる上界の領主アンドリアナホアボ、大地の主のアンドリアナムボアテナなどが最も強力）の長たるザナハリべである。天と地のカップルをめぐって重要な神話群が生じている。ときには、天（女）と大地（男）は離婚志願の不仲な夫婦と見なされる。《私は唐辛子で、あなたは目だわ。唐辛子と目が触れ合ってはいけないことは御存知でしょ》と天が言い、大地の哀願を振り切って上昇する。またあるときには、天と大地はきょうだいとされ、二人は年長者の権利について争う。《私が年上よ、だって私は全生物を養う母なんだから》と大地が言えば、《いや、僕の方が高いところにいるじゃないか、僕が上だ》と天がやり返す。とにかく、反目する二人のあいだで戦争が起こり、大地は軍隊を上昇させて天を攻め、天は石や雨の弾丸を発射した。しかし両ザナハリが戦闘員を途中で停止させたので、上昇しかけていた大地――もとは平らだった――は今日、山あり谷あり凸凹になっている。また天が敵に吐きつけた痰が湖になった。この対立の枠組はマダガスカルの神話系でとくに重要であるように思われるが、火の起源にかんする神話もこの枠組に入れることができる。むかし、雷が大地の上に無敵の支配者として君臨していたが、太陽が大地を援護するために炎を送った。雷と炎のあいだで戦いが始まり、雷は勝利を得るために旧友の雲の助けを求めなければならなかった。雲はどっと大雨になって降り注ぎ、炎は負けた。しかし炎のなかには山の内奥に隠れたものもいて、ときどきそこから出てくるが、これが火山である。また石や木の幹のなかに隠れた炎もいた。それで今日、人間は火打ち石を打ったり乾いた木片を摩擦したりして火をおこせるのである。

この大きな島に住む諸民族は人間の創造をさまざまに語っている。往々、ザナハリたちが分業して人間を作ったとされる。まずラムパノヒタオラナが骨を寸法通りに作り、次にラムパナオホザトラが腱を使って骨を組み立て、ラムパナオノフォが骨格の各所に肉を付け、ラムパナホディトラが全体を皮膚で包み、ラムパナオラが体内に赤い血を流れさせて生命を授け、ラムパメロムベロナが気息つまり魂を与えたという。別の伝承によると、むかし天に善良なアンドリアマニトラと邪悪なアンドリアナハリが住んでいた。一つの場所にじっとしているのに退屈したので、二人は大地を創造し、それから最初の人間夫婦を創った。しかし二人は喧嘩をし（またも反目のテーマ）、《もう共同作業はやめ、各々がやれることをやって別々の物を発明することにしよう》とアンドリアマニトラが言った。アンドリアマニトラは家畜を作り、アンドリアナハリは野生動物を作った。前者が蜜蜂と蜜を作ると、後者は雀蜂の巣を作った。アンドリアナハリが怒って叫んだ、《そっちが最初、俺は二番目ばっかりだ。よし、俺の作った物をもっと強くしてそっちの分を台無しにしてやる》。弟が創出したあらゆる呪いに対する治療や呪術に使うため、アンドリアマニトラは新しい諸植物を考え出さねばならなくなった。これらの神話のほかに、ある神が彫った木像に他の神が生命を授けるという創造の主題もある。この主題はアフリカにもときにはあるだろうが、とくにインドネシアによく見られるものである。もちろんマダガスカルではこの主題は天と大地、上界のザナハリと下界のザナハリの闘争のなかに組みこまれている。すなわち、下界のザナハリが木と粘土で像を作ったが、それらに生命を与えることができなかったので、上界のザナハリが気息を与えて生かした。しかし両者は新作品を奪い合い、上界のザナハリは生者から自分の与えた生命を引き抜こうと絶えず努めている。これが死の起源であり、下界のザナハリは自分の所有物たる死体を、天のザナハリは自分の気息をそれぞれ取り戻すのである。

　人間創造が大神ではなく媒介神の仕事とされることもある。天の王ザナハリとその妻アンドリアマニトラには、ラザナジャナハリという息子がいた。この子が退屈しているので、ザナハリは遊び相手をさせるためランギディマオラという者を呼んだ（ランギディマオラは、神によって創られなかった者、という意味で、これは多くの神話系において媒介神、またはしばしば道化神の定義そのものである）。不幸なことにランギディマオラは天上生活中に余りにも高慢で不愉快な存在となったので、ザナハリは彼を天から地上に落とした。けれどもラザナジャナハリは昔の遊び友達を忘れず、訪ねて行った。彼は父から許しを貰ってやることはできなかったものの、自分で木片を三つ旧友にもって行った。その木片をランギディマオラが人間の形に彫り、これにラザナジャナハリが生命を授けたのだという。

上界と下界のザナハリの闘争による死の起源説明はすでに述べた。しかし別の説明もあり、たとえば死は人間の自由な選択から生じたとも言われる。神が最初の夫婦に言った、《お前らは死なねばならぬが、月の死とバナナの死のどちらかを選ばせてやる。月の死を選んだら、子供はできないが、月が満ちたり欠けたりするように再生することができる。バナナの死を選べば、お前らはバナナと同じように腐ってしまうが、子孫が沢山できるだろう》。人間は不死よりも子供を通じて生き続ける方を選んだのだった。

神々によっては作られなかった者という興味深い人物は、マダガスカルの別の地方ではザトゥヴゥという名で現われる。彼は大呪術師と考えられているが、高慢にも神に娘を嫁にくれと要求したという。さまざまなエピソードを伴う彼の天への上昇（彼は切妻の上まで跳び上がる。彼は神の銀の聖座にすわる……》はインドネシアの神話群を想起させるが、ザトゥヴゥが策略で勝ち取った娘は夫を試そうと思い、彼の母の肝臓を所望する。ザトゥヴゥは最初、仔牛などの肝を次々にもってきて何とか彼女を騙そうとするが、最後には母を殺してしまう。すると妻は逃げる、《だって欲に駆られれば自分の母親でも殺せる人ですもの、自分の子供も、この私自身も殺しかねないわ》。ザトゥヴゥ話群の最も有名なエピソードの一つは、稲の起源にかんするものである。天の食物たる米を食べ慣れていた神の娘は、地上のマニオクやトウモロコシに馴染めなかった。彼女は父に少し稲を貰いに行ったが拒絶された。しかし、娘を哀れに思った母親が稲を雄鶏と雌鶏に食べさせ、その鶏を贈物として娘に与えた。地上で鶏を殺すや、娘は鳥の胃から稲の種を取り出して播いた。収穫の前に神は雹を降らせて破壊しようとしたが無駄骨に終わり、稲は人間の生活に入った。

ザナハリたちや半神もしくは媒介神たちの下には、一連の精霊や死者がいて、祭祀や伝承の対象となっている。たとえばヴァジムバたちがいる。これはメリナ族が来る前に島に住んでいた土着民の死者たちで、彼らの石の墓や聖地を侵略者は崇めている。人々が語るには、あるヴァジムバ女にラソアラオとラヴォラという二人の娘がいたが、女は死ぬ前に財産を娘に分け与えた。元気な姉娘ラサオラオは野生動物を、弱くて内気なラヴォラは飼い馴らした動物を貰った。人々が狩に行く前に前者に祈り、後者が牧畜を司っているのはこのためである。次にラザナつまり祖先たちがいるが、人々は適切にも、《彼らは神になるために去った》と言っている。さらにまた、ザザヴァヴィンドラノ、水の精たちがいる。この水の娘たちはマダガスカル神話の最も優美な物語のうちのいくつかの主題になっており、彼女らが男を誘惑して水中に引き入れて夫にしたとか、漁師が水の精の一人を奪って妻にしたといった話がある。どの場合にも結婚にはタブーがあり、これは一般に塩のタブーであるが、あるとき男がそれを破って水の精は永遠に姿を消してしまうのである。

神の名前は民族や地域によって異なる。ザトゥヴゥつまり《私は自分の体を創った、私は神によっては創られなかった》と言う者は、他の場所ではラトヴォアナ《自分自身を創った者》として現われるし、サカラヴァ族の青年ラトゥヴゥアンタニとも比較された。しかしこうした差違にもかかわらず、島全体に主題や発想の大きな統一性がある。マダガスカルの神話系は次のように定義できるだろう。すなわちそれは、身分・位階・特権の確立を目指す兄姉と弟妹、天上の神々と地上の神神、夫と妻、呪術師と善行者のあいだの対抗・勢力争いの神話系であるが、それは敗者に対してすらも聖なる諸領域のどこかで、したがって人々の祈りのなかで、何らかの役割を果たすことをつねに許す神話系である。

〔訳注1〕 原文――lèpre（癩病）とあるが、これは lièvre（野ウサギ）の明白な誤りなので、訂正しておいた。
〔訳注2〕 エジプトの南のスーダンではなく、旧フランス領の西アフリカ方面を指す。

参考文献

H. Baumann, *Schöpfung und Urzeit des Menschen in Mythus der Afrikanischen Völker*, Berlin, 1936.

——et D. Westermann, *Les Peuples et les civilisations de l'Afrique*, Paris, 1948.

B. Cendrars, *Anthologie nègre*, Paris, 1947.

A. Dandouan, *Contes populaires des Sakalava et des Tsimihety de la région d'Anabalava*, Alger, 1921.

G. Dieterlen, *Essai sur la religion Bambara*, Paris, 1951.

J. Faublée, *Récits Bara*, Paris, 1947.

D. Forde (ed.), *African Worlds, Studies in the Cosmological Ideas and Social Values*, Oxford, 1954.

L. Frobenius, *Und Afrika sprach*, 3 vol., Berlin, 1912-1928.

——, *Atlantis, Volksmärchen und Volksdichtungen Afrikas*, 12 vol., Iena, 1921-1928.

M. Griaule, *Dieu d'Eau*, Paris, 1948.（マルセル・グリオール『水の神——ドゴン族の神話的世界』坂井他訳、せりか書房、一九八一）

R. Pettazzoni, *Miti e leggendi, I, Africa-Australia*, Torino, 1948.

R. S. Rattray, *Ashanti*, Oxford, 1923.

——, *Religion and Art in Ashanti*, Oxford, 1927.

——, *Akan and Ashanti Folktales*, Oxford, 1930.

C. Renel, *Anciennes Religions de Madagascar. Ancêtres et dieux*, Tananarive, 1923.

P. W. Schmidt, *Der Ursprung der Gottesidee*, IV, Munster, 1933.

E. W. Smith (ed.), *African Ideas of God*, London, 1950.

H. Tegnaeus, 'Le Héros civilisateur', dans *Studia Ethnographica Upsaliensia*, 1950.

H. Trilles, *Proverbes, légendes et contes fang*, Neuchâtel, 1905.

A. Werner, *African Mythology*, The Mythology of All Races, VII, Boston, 1925.

——, *Myths and Legends of the Bantu*, London, 1938.
阿部年晴『アフリカの創世神話』紀伊国屋書店、一九八一（新装版）
——『アフリカ人の生活と伝統』三省堂、人間の世界歴史⑮、一九八二
山口昌男『アフリカの神話的世界』岩波新書、一九七一

なお、世界全体の神話を概観するのにふさわしい日本語の文献として、以下の二つを挙げておこう。〔訳者〕

大林太良編『世界の神話——万物の起源を読む』ＮＨＫブックス、一九七六
『世界の民話』全二十五巻、ぎょうせい、一九七九

あとがき

神話というと多くの人たちは、『古事記』や『日本書紀』にのった日本古代神話とか、あるいはギリシア神話や北欧神話を思いうかべるであろう。なるほど、みな立派な神話である。けれども、それらは遠い昔に語られていた神話であって、文字に記された形でしか知られていない。その意味では死んだ神話である。

これに反して、生きている神話もたくさんある。多くの民族、ことに最近まで文字の使用を知らなかったような民族のところでは、神話が口承で語られ、伝えられ、また人びとの行動の手本となり、自然や制度を基礎づけてきたし、まだしつづけているところも少なくない。このような生きている神話は、たんに神話とはどのように語られ、どのような機能をもっているかを教えてくれるばかりでなく、ストーリーにおいても、変化にとんだ世界を目のまえにくりひろげてくれる。古典神話にもみられるような筋やモチーフもあるが、他方では、そこにはみられないようなものも多い。それぞれの文化、それぞれの民族が興味深い、個性ある神話をもっている。

今世紀に入ってからの神話研究は、まさにこのような無文字民族の神話の研究を通して発展し、また、いろいろの新しい見方を出してきた。フランスの民族学者クロード・レヴィ＝ストロースの研究などは、近年におけるその著しい例である。

ところで、世界の諸民族の神話資料については、すでに多くの蓄積がある。それだけに、基礎的な資料によって全体を見通すことは、個々の地域の専門家をわずらわさなければ困難になっている。そこで何人かの地域専門家の力をかりて、世界の神話を概観する試みが何度か行なわれた。ことにグレイ編『すべての民族の神話』(L. J. Gray (ed.), The Mythology of All Races, 13vols, Boston 1916-1932, 重版は、Cooper Square Publishers, New York, 1964) は有名であり、近年では、これよりも一般向けの『世界の神話伝説文庫』(Library of the World Myths and Legends, 8 vols, Newnes Books, Feltham, Middlesex 1982 f.) が刊行中であり、後者は、一九六〇年代にポール・ハムリン社 (Paul Hamlyn, London) から出版されたシリーズの再版である。

このような世界の神話の概観中、特異な地位を占めているのは、この本の原書にあたるフランスのピエール・グリマル編の『世界の神話』(Pierre Grimal (ed.), Mythologies, 2 vols, Librairie Larousse, Paris 1963) である。比較的少ないスペースで、手際よく世界の神話を鳥瞰し、かつ個々の章の内容も、一般の読書人が読んで面白いばかりでなく、研究者が読んでも参考になるものをもっている。私がこの本を知ったのは、一九六七年にちょうど出たばかりのドイツ語訳 (Mythen der Völker, 3 Bde, Fischer Bücherei, 1967) を手にしたのがきっかけであった。以来、パノフ執筆のオセアニアの章や、ロット＝ファルク執筆のシベリアの章などは、しばしば参考にしている。

原書には本書に収めた諸章のほかに、古代文明諸民族の神話を記した諸章がある。しかし、ギリシア神話にせよ古代オリエントの神話にせよ、わが国ではすでにかなりよく紹介されていることもあり、本書では割愛した。他方、原書には東南アジアの章がないが、日本の読者に関心の大きい地域でもあるので、大林が旧稿(大林『神話と神話学』一一六―一二三頁、大和書房、一九七五)を大幅に増補したものを、「東南アジアの神話」の章としてつけ加えた。その他の章は、宇野が訳し、大林が目を通した。またアフリカの章に関しては、固有名詞の読み方等について阿部年晴氏の教示を得た。

本書の標題の無文字民族については、東南アジアなどで文字のある民族の神話をとりあつかった章もあるものの、全体としては無文字民族のものがほとんどであるので、『無文字民族の神話』という題にした。

最後にこの本の成立に努力された白水社の関川幹郎氏、佐藤英明氏にお礼の言葉を述べておきたい。

一九八五年一月二十日

大林太良

国名・地名・部族名等索引

事 項 索 引

本書は1998年刊行当時の原本を使用して印刷しているため、
まれに文字が欠けていたり、かすれていることがあります。

無文字民族の神話《新装復刊》

二〇一三年四月二〇日 印刷
二〇一三年五月三〇日 発行

著訳者 © 大《おお》林《ばやし》太《た》良《りょう》
宇《う》野《の》公《こう》一《いち》郎《ろう》
装幀 天野昌樹
発行者 及川直志
印刷所 株式会社 三陽社
発行所 株式会社 白水社
東京都千代田区神田小川町三の二四
電話 営業部〇三（三二九一）七八一一
編集部〇三（三二九一）七八二一
振替 〇〇一九〇-五-三三二二八
郵便番号 一〇一-〇〇五二
http://www.hakusuisha.co.jp
乱丁・落丁本は、送料小社負担にてお取り替えいたします。

松岳社株式会社青木製本所

ISBN978-4-560-08291-1

Printed in Japan